学前融合教育丛书

总主编 周念丽 唐 敏

U0722240

学前融合教育中个别化教育计划的拟订与实施

主　编　陈　晓　王丽娟
副主编　杨淋先　杨成艳　杨建华
　　　　马　蕊　王亚男　陈秋蓉
　　　　车晓媛

重庆大学出版社

图书在版编目(CIP)数据

学前融合教育中个别化教育计划的拟订与实施／陈晓,王丽娟主编. -- 重庆:重庆大学出版社,2022.8
(学前融合教育丛书)
ISBN 978-7-5689-3112-0

Ⅰ.①学… Ⅱ.①陈…②王 Ⅲ.①学前教育—教学研究 Ⅳ.①G612

中国版本图书馆 CIP 数据核字(2022)第 125738 号

学前融合教育中个别化教育计划的拟订与实施
XUEQIAN RONGHE JIAOYU ZHONG GEBIEHUA JIAOYU JIHUA DE NIDING YU SHISHI

主编:陈 晓 王丽娟

责任编辑:陈 曦 版式设计:张 晗
责任校对:邹 忌 责任印制:张 策

*

重庆大学出版社出版发行
出版人:饶帮华
社址:重庆市沙坪坝区大学城西路 21 号
邮编:401331
电话:(023)88617190 88617185(中小学)
传真:(023)88617186 88617166
网址:http://www.cqup.com.cn
邮箱:fxk@ cqup.com.cn(营销中心)
全国新华书店经销
重庆市联谊印务有限公司印刷

*

开本:787mm×1092mm 1/16 印张:13.75 字数:263千
2022 年 8 月第 1 版 2022 年 8 月第 1 次印刷
ISBN 978-7-5689-3112-0 定价:48.00 元

总　序

学前融合教育是一个国家闪现人性光辉的重要篇章。我国学者在探索具有中国特色的学前融合教育之路上筚路蓝缕、艰苦卓绝地走过了近 30 年,取得了初步的成绩。但从全国学前教育范围来看,其普及度和影响力还不甚显著。

从中国目前的现状来看,由于各种原因所致,有特殊教育需要的幼儿与日俱增,但我国众多在托幼机构工作的学前教育工作者对这些特殊幼儿如何进行学前融合保教和教育康复并非都了然于胸,虽有助特殊幼儿之心,然因缺少对学前融合教育相关理论的了解和实践,在实施学前融合教育时会有难以找到抓手之惑,或有捉襟见肘之感。由此,教学实际情况呼唤着学前融合教育相关的理论和实践书籍的出版。

昆明学院的学前教育与特殊教育学院唐敏院长率领其团队顺应现实之需,倾情全力撰写了这套由《学前融合教育理论与实践》《特殊幼儿心理与教育》《特殊幼儿教育康复》《学前融合教育中个别化教育计划的拟订与实施》四本著作构成的"学前融合教育丛书",兼具理论性、渗透性和实操性等特点。

理论性体现在对理论和模式的具体阐述上。

《学前融合教育理论与实践》一书开宗明义地说明了学前融合教育的含义及意义,特别着重于多元文化、建构主义以及人类发展生态学等理论的介绍;对学前融合教育中的体系、形态以及联合模式都进行了认真梳理。

《特殊幼儿心理及教育》则将陈鹤琴等学者的特殊教育理论以及皮亚杰等学者关注特殊幼儿发展的理论纳入视角。

渗透性体现在与幼儿园课程及家园乃至社区共育的紧密结合。

《学前融合教育理论与实践》介绍了对各类特殊幼儿进行学前融合教育之际应关注"家园共育"和"社区共育"。

《学前融合教育中个别化教育计划的拟订与实施》一书陈述了为各类特殊幼儿设计与实施了个别化教育的教学活动。

《特殊幼儿心理及教育》一书将对各类特殊幼儿的教育纳入"家-园-社区-康复机构"协同教育的范畴。

《特殊幼儿教育康复》着重于在幼儿园的生活活动、学习活动、游戏活动以及户外活动中对各类特殊幼儿进行教育康复。

实操性体现在对制订计划、教育和康复方法清晰而详细的陈述。

《特殊幼儿教育康复》一书针对各类特殊幼儿,翔实地说明了如何通过幼儿园的生活活动、学习活动、游戏活动以及户外活动对其进行认知、言语、运动、情绪和社会适应的教育康复方法。

《学前融合教育中个别化教育计划的拟订与实施》一书则阐述了对各类特殊幼儿进行个别化教育计划制订的流程、内容以及教育评估与诊断、课程评量、个别化教育计划会议等细节。

鉴于上述这套丛书兼具理论性、渗透性和实操性等特点，我们有理由相信，阅之能让学前融合教育理念更加深入人心，广大一线幼儿园教师据此也能掌握更多的学前融合教育相关的方法和策略，从而真正促进特殊幼儿和普通幼儿的身心发展。

是以欣为序。

华东师范大学　周念丽

2022 年 7 月 13 日于瀛丽小居

目　录

第一章
学前融合教育中个别化教育概述

◎ **本章聚焦**

　　1.学前融合教育的基本内容。

　　2.学前融合教育中个别化教育的概念与价值。

　　3.学前融合教育中个别化教育的理论基础。

　　4.学前融合教育中拟订个别化教育计划及个别化教学活动设计、实施的基本内容。

◎ **内容导览**

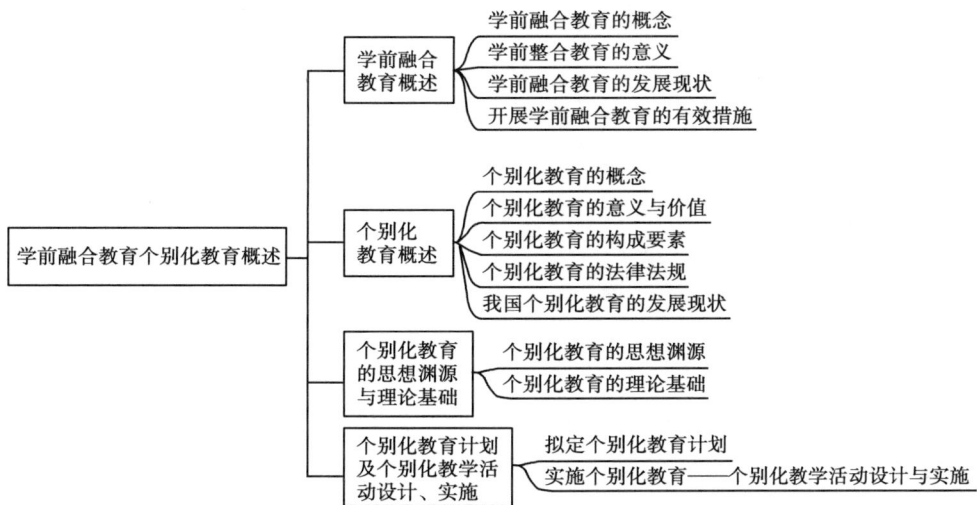

◎ **小案例**

　　冬冬,患有唐氏综合征。冬冬还未出生时,妈妈做过唐氏筛查,唐筛结果是1/300,属于高风险,但是冬冬妈妈不了解相关知识,也未与医生进行及时、详细的沟通,直到冬冬出生,父母才意识到冬冬的问题。冬冬有明显的特殊面容特征:眼距宽、鼻根低平、舌胖、身材矮小、四肢短、头围小于正常等。此外还伴有喂养困难,智力水平、动作发育等都低于同龄正常儿童。

　　冬冬两岁左右,父母就带冬冬进入康复机构进行认知、动作等康复训练,三岁时父母也希望冬冬能够像普通孩子一样进入幼儿园,接受学前教育。咨询多家幼儿园,幼儿园均以没有专业教师为由拒绝接收冬冬。后经多方努力,找到一家私立幼儿园愿意接受。但是进入幼儿园后,冬冬因为身心状况,并不能很好地参与班级学习,老师除了给予更多的关心以外,也不知该如何更好地引导。

2019年9月,冬冬进入某幼儿园,该幼儿园愿意接纳学龄前特殊儿童,组建专业团队,积极探索符合本省教育需求的学前融合教育之路。

◎ 大思考

1.学龄前的特殊幼儿是否应该进入幼儿园接受学前教育?

2.幼儿园接纳了特殊儿童,应该为特殊儿童提供哪些更为专业的教育服务?

3.幼儿园接纳特殊儿童后,应该怎样了解特殊儿童的身心发展现状、教育教学需求以及在园学习的长短期目标?

第一节　学前融合教育概述

融合教育是一种用来描述障碍学生融入正常学生的班级、学校、社区、环境,参与学习和社会活动的专业术语。基本含义是不要把障碍学生孤立隔离在封闭的教室、学校、交通设施和居住环境之内,主张那些有特殊需要的学生能真正地和正常发展的同伴一起参加学前教育、基础教育和高等教育,最大限度地发挥有特殊需求学生的潜能。

> 一、学前融合教育的概念

学前融合教育(Inclusive Preschool Education)是指将学龄前(3~6岁)的特殊幼儿安置到普通幼儿班接受教育的形式,学前融合教育强调有效掌握特殊幼儿的特殊需求,以及把握障碍发生的时效性,依照个别差异,及早施行适切的教育服务,并提供医疗、教育及社会资源等各方面的协助。

> 二、学前融合教育的意义

学前融合教育的实践和探索,是一种新的教育思潮,它给特殊幼儿提供了平等的、常态的学习环境,也促进普通儿童的社会化发展,提高了幼儿园接纳各类儿童的能力,提升了幼儿园教师的专业技能,是消除对特殊幼儿的歧视,让特殊幼儿回归主流社会,实现教育公平的必然途径和趋势。

(一)落实教育公平、公正理念,为特殊幼儿提供平等的、接纳的学习环境

特殊幼儿的身心发展规律和普通儿童是一样的,只不过发展的速度、质量都会因

为障碍而受到影响。儿童身心各方面发展的关键期,绝大部分都在学龄前,例如语音发展的关键期是2~4岁,数学概念发展的关键期在5~5岁半,智力发展的关键期在4岁以前,坚持性、耐力发展的关键期在4~5岁。但是在学龄前阶段,家长发现特殊幼儿身心成长出现问题时,第一选择是去医院或康复机构接受治疗与康复训练,往往忽略教育。当特殊幼儿成长至6岁、7岁时,家长才意识到应该给孩子寻找学校让其学习,而此时儿童身心发展的关键期已经错过,即使去弥补,也难达成效。

学前融合教育的开展可以为特殊幼儿提供一个常态的学前教育环境,使其在接受必要的治疗、康复时,也能够像其他学龄前儿童一样接受正常的学前教育,从而确保其身心各方面的发展得到专业、有效的引导。

学前融合教育的开展,使特殊幼儿拥有了与普通儿童共同生活、学习的机会。有实践研究表明,在同伴交往中,特殊幼儿的语言表达能力、社会交往能力等都会得到很大提升,在老师的引导下,特殊幼儿能够发展出较好的学习能力、模仿能力、适应能力,为下一阶段的学习提供了保障。

此外,融合教育幼儿园会设有资源教室,资源教室的教师能够准确评估特殊幼儿的现有能力以及在园学习的长短期目标,会有专业的教育康复老师为特殊幼儿提供必要的康复训练,通过团体教学、小组学习与个别训练相结合,使得特殊幼儿在园接受适合其教育的同时,也享有必要的康复服务,从而进一步促进特殊幼儿身心健康发展。

(二)促进普通儿童的成长和社会化发展,提高普通儿童家庭的包容性

学前融合教育的开展不仅让特殊幼儿及其家庭受益,普通儿童在融合教育幼儿园学习的过程中也会受益颇多。

普通儿童在家中属于"弱势群体",需要成人给予无微不至的照顾。在融合教育幼儿园中,普通儿童发现特殊幼儿比自己更需要他人的照顾,在老师的正确引导下,普通儿童逐渐认识"不一样",慢慢学习如何去照顾和帮助他人,理解如何与自己不一样的伙伴更好地相处,从而培养孩子的爱心和责任心。王宇通过学前融合教育促进普通儿童幼儿亲社会行为获得的实验研究得到的结论是:学前融合教育能够促进幼儿对他人的接纳和关注;学前融合教育能够促进幼儿的主动帮助行为;学前融合教育能够消除幼儿在关注他人方面的性别差异。普通幼儿在学前融合教育中的受益变得越来越明显。

同时普通儿童家长在参与融合幼儿园的建设过程中,认识了各类特殊幼儿,了解了特殊幼儿家庭的不易,理解了幼儿园开展融合教育的意义,并学会了如何用宽容、和善的态度接纳这群不一样的孩子,能够积极引导自己的孩子去正确看待班级中的特殊幼儿,教育孩子在游戏、交往和学习中友爱互助、接纳和包容,共同助力融

合教育幼儿园的积极发展。

由此可见,无论是特殊幼儿还是普通儿童,无论是特殊幼儿家庭还是普通儿童家庭,在学前融合教育中均是受益者。

（三）提高幼儿园接纳各类儿童的能力,提升幼儿园教师的专业技能

接纳特殊幼儿入园,对普通幼儿园而言,无论是对物理环境还是人文环境均是极大的考验和挑战。

一是需要无障碍的物理环境。接纳不同障碍类型的特殊幼儿,对园方物理环境创设以及康复训练设施设备的购置,均提出较高要求。例如,招收到动作障碍的特殊幼儿,使得园方要重新考虑幼儿园的硬件设施设备（楼梯等）是否达到无障碍环境建设标准,能否确保动作障碍儿童在园活动方便、无障碍。招收语言障碍儿童入园,园方是否能够为其提供专业的语言、言语康复训练的设施设备等。在物理环境的调整过程中,幼儿园的接纳能力也在不断提升。

二是需要有爱的人文环境。特殊幼儿入园,要求全园工作人员,包括普通班级教师、班级保育老师、保健医生以及后勤工作人员等都要接受专业培训,了解各类特殊幼儿,补充特殊幼儿相关知识,把握特殊幼儿的身心发展特征,共同构建"有爱"的融合环境,确保特殊幼儿在幼儿园是被"接纳"的。对于班级专任教师,要求其学习各类特殊幼儿比较能够接受的、具有针对性的教育教学方法,树立个别化教育教学的理念,学会课程调整的技能以及融合教育班级管理的办法,这样方能确保特殊幼儿在普通班级学习的有效性。在举全园之力构建融合教育环境的过程中,幼儿园所有员工的融合教育意识以及班级教师服务特殊幼儿的专业能力都会得到很大的提升,进而提高幼儿园的办学水平。

（四）消除歧视,使特殊幼儿回归主流社会,实现教育公平

学前融合教育不仅是一种单纯的针对特殊需要儿童的教育安置形式,更是消除歧视、尊重生命的具体体现,是"以人为本"的人本主义哲学思想和"教育机会均等"的融合教育理念在学前教育阶段的具体落实。特殊幼儿回归主流社会是大势所趋,1990年美国《障碍者教育法》提出了零拒绝、非歧视性评估等原则,我们必须将"正常化"贯彻到实践中。

"教育公平"从概念上包括了四个方面的内涵:第一,教育机会均等说。该学说强调在同一个社会中,个体在入学机会、教育过程及受教育的结果上都应是平等的,对于特殊孩子而言,这种机会均等使得他们可以和普通孩子一样享受着均等的受教育权。第二,教育平等说。袁振国认为教育公平的核心包括保证个体受教育机会的均等,保

障个体受教育权利的平等,人即是最终目的,差别性等因素都会影响教育公平,在学前融合教育的开展中,一定要遵循这些原则。第三,教育公平社会说。教育公平体现了社会的公平,社会公平同样会影响着教育公平的实现。第四,教育公平差异说。个体之间存在着显著的差异,特别是特殊孩子与普通孩子之间存在着巨大的发展水平、发展能力、发展目标等的差距,根据不同的受教育者的具体情况选择不同的教育措施,使得每一个受教育者都能获得适当的教育,这是实现教育公平的重要体现,也是学前融合教育的宗旨。

> ### 三、学前融合教育的发展现状

20 世纪 80 年代,“随班就读”的理念在我国大陆推行,义务教育阶段开始一场“回归主流”的教育运动,随着特殊教育向两头延伸,学前教育也开始探索一条学前融合的道路。

(一)学前融合教育的发展现状

1.学前融合教育的法律法规发展现状

我国学前融合教育在法律层面的体现可以追溯到 1990 年《中华人民共和国残疾人保障法》中的“普通教育机构应当接受能适应其生活的残疾幼儿”,此外《残疾人权利公约》《中华人民共和国残疾人保障法》《关于促进残疾人事业发展的意见》等法律法规文件,均提出对学龄前特殊幼儿教育、安置等问题的思考和导向。《国家中长期教育改革和发展规划纲要(2010—2020 年)》提出要“因地制宜发展残疾儿童学前教育”。2017 年修订的《残疾人教育条例》(以下简称《条例》)是一部专门保障残疾人受教育权的行政法规。该《条例》确立了与保育、康复相结合的残疾儿童学前教育制度,确立了相关配套保障制度,如残疾儿童入学登记制度、残疾人教育专家委员会制度、入学争议解决制度、个别化针对性的教育制度、特殊教育资源中心制度等。2017 年 7 月,教育部等 7 部门发布了《第二期特殊教育提升计划(2017—2020 年)》,此计划强调大力发展残疾儿童的学前教育。

与此同时,国家还出台了一系列关注残疾儿童康复的政策法规。《中华人民共和国残疾人保障法》《中华人民共和国母婴保障法》《中共中央 国务院关于促进残疾人事业发展的意见》等政策法规以及条例均涉及学前特殊幼儿的康复问题。2018 年 7 月 10 日,国务院发布的《国务院关于建立残疾儿童康复救助制度的意见》指出“党和政府高度重视残疾儿童康复工作……救助对象为符合条件的 0~6 岁视力、听力、言语、肢体、智力等残疾儿童和孤独症儿童”。

由此可见,学前特殊幼儿的教育、康复问题,在我国的政策法规文件中占比逐年增加,而且内容趋于详细,国家在促进学前特殊幼儿的健康发展中发挥着积极作用,为学前融合教育的发展、学前特殊教育体系的建构发挥重要作用。

2.学前特殊幼儿的教育现状

《2006 年第二次全国残疾人抽样调查主要数据公报(第二号)》显示,我国 0~14 岁残疾儿童共 387 万人,占残疾人口的 4.66%,其中 0~6 岁学前残疾儿童为 141 万人,占残疾人口总数的 1.7%。2006 年的调查数据还显示,每年全国新增 0~6 岁残疾儿童 19.9 万人。如何为 0~6 岁儿童提供能够满足其身心成长需求的教育、康复服务,是迫切需要解决的问题。

学前教育作为基础教育的基础,是我国国民教育体系的重要组成部分。在国家政策、法规等积极推动下,全国各省市学前儿童入学率不断上升。而 0~6 岁的特殊幼儿,作为学龄前儿童的重要组成部分,为其提供能够满足其需求的学前教育也是一项关乎人口素质的重要工程。但是特殊幼儿的学前教育在国内的发展是十分缓慢的。近年来,随着融合教育的发展,学前融合教育日益引起关注,越来越多的幼儿园尤其是发达地区,尝试招收特殊幼儿,开始探寻学前融合教育之路,使得学龄前特殊幼儿接受学前教育的形式多种多样。

有些幼儿园招收特殊幼儿,设置特殊班级,将特殊幼儿集中安置于特殊班,由专业教师为其开展一日活动。有些幼儿园选择"全融合模式",将特殊幼儿安置于普通班级中,与普通儿童一起学习、生活。依据国家关于特殊教育提升计划的要求,部分省市特殊教育学校开设学前班,部分障碍程度较重的幼儿会选择去特殊教育学校学前班就读。形式多样的学前教育,为特殊幼儿提供了接受早期教育的机会,创造了特殊幼儿融入常态社会的条件,促进了特殊幼儿身心的健康发展。但是,由于各方面因素的影响,目前我国学前融合教育发展的速度与质量并不高,学前特殊幼儿在幼儿园中能够做到形式上的融合,而要达到真正的融合还需要我国学前教育的进一步发展,需要国家对学前特殊幼儿给予更多的关注与投入。

(二)学前融合教育存在的问题

1.缺乏强有力的行政支持

虽然《残疾人教育条例》及《第二期特殊教育提升计划(2017—2020 年)》中都提出了"县级人民政府及其教育行政部门、民政部门等有关部门应当支持普通幼儿园创造条件招收残疾幼儿""支持普通幼儿园接收残疾儿童",但是现有的法律法规对学前融合教育的规定更多的还是鼓励和倡导,没有具体可执行可操作的措施,不具有法律的强制性。这使得各省市的学前融合教育依然处于"可做可不做"的状态,严重阻碍了学前融合教育发展的步伐。

2.普通幼儿园缺乏创办融合教育的条件

虽然融合教育的推动一直在进行,但是学龄前特殊幼儿和普通儿童一起接受融合教育的思想和环境尚未完全形成,很多普通幼儿园尤其是园方领导尚不具备学前融合教育的理念、意识,拒绝特殊幼儿入园的幼儿园不在少数,从而导致全国至少有10万名有特殊需要的婴幼儿被拒于普通托幼机构之外。

部分幼儿园虽然接纳特殊幼儿,创设融合教育环境,但是由于资金不足,环境创设无法满足特殊幼儿需求,也影响了学前融合教育幼儿园的建设。据了解,我国除北京、上海的一些试点幼儿园外,其他普通幼儿园硬件设备还没有达到无障碍环境的要求,对辅助设备有需要的特殊幼儿不能提供相应的服务。

部分幼儿园具备融合教育理念,也有足够的资金为特殊幼儿创设环境,提供更为专业的服务。但是因为未及时创建接纳的人文环境,普通儿童的家长纷纷抗议幼儿园招收特殊幼儿,导致幼儿园不得不终止融合教育相关工作。

由此可见,融合教育幼儿园的创建需要物理、人文等各方面环境、条件的配备。

3.专业师资的匮乏

确保学前融合教育的质量,师资是关键。鉴于特殊幼儿的"特殊性",既需要资源教室的教师为其开展专业的教育评估与诊断,制定符合其身心发展的长短期目标,开展能够满足特殊幼儿成长的康复训练,同时也需要普通班级教师了解各类特殊幼儿的身心特征,掌握个别化教育教学技能、课程调整技能以及班级管理的方式方法。

但就目前而言,我国学前融合教育发展缓慢的关键影响因素在于师资缺乏。很多幼儿园拒绝接收特殊幼儿的理由就是没有师资,即没有能够运作资源教室的资源教师,普通班级教师更是从未听说过各类特殊幼儿,也就谈不上了解各类特殊幼儿的身心特点。

作为培养学前教育师资的高校,由于受到理念等因素的影响,学前融合教育师资的培养(无论是在学前教育专业开设特殊教育或学前融合教育课程,还是在特殊教育专业开设学前教育或学前融合教育课程)并未得到应有的重视。汪海萍在对"普通师范院校特殊教育课程开设情况的调查"中发现:137所示范院校中已开设特殊教育必修或选修课程的仅有19所,占调查总数的13.9%;至今尚未开设特殊教育必修或选修课程的有118所,占总数的86.1%。

教师作为教育的主导,是推动学前融合教育发展的关键,应该引起应有的重视与关注。

4.家长学前融合教育意识淡薄

学前阶段的儿童,尤其是特殊幼儿,与家长相处的时间最长,特殊幼儿接受到怎样的教育和康复服务,家长发挥着关键作用。若家长知晓学前教育对特殊幼儿身心成长的意义与价值,学前融合教育对孩子的益处,能够及时、有效地为特殊幼儿创造接受融合教育的条件,将会极大地促进学前特殊幼儿的成长。但是现实中,特殊幼儿家长不愿意将自己的孩子送到幼儿园,一是因为被普通幼儿园拒绝过,已失去信心,二是认为自己的孩子相对"较弱",老师无法很好地照顾自己的孩子,担心孩子会在幼儿园中受到欺负和歧视。在特殊幼儿家长徘徊、茫然时,特殊幼儿多方面身心发展的关键期也就错过了。

普通儿童家长若具备融合教育的理念,不阻碍幼儿园融合教育的开展,同时积极引导自己的孩子如何与特殊幼儿友好相处,将极大地助力融合教育的发展。但是在我国,无论中小学还是幼儿园,都发生过多次普通儿童家长联名抗议,要求将学校或幼儿园中的特殊幼儿驱逐出去的事件,普通儿童的家长难以接受自己的孩子和特殊孩子在一个班级学习,担心自己孩子学坏或被伤害,从而造成很恶劣的社会影响。

5.社区、社会支持体系有待进一步建构

特殊幼儿作为社会中的一员,生活、学习均离不开社区、社会。而随着特殊教育的发展,人们的观念也在不断进步,面对特殊幼儿,从最初的要求特殊幼儿应不断改变以便能够适应社会,到现在的思考"社会能够为特殊幼儿做什么"。但是目前社区、社会缺乏一套完善的支持体系,包括平等受尊重的社会环境、无障碍的社区环境、完备的医疗、康复、生活、升学等的支持性服务。

> 四、开展学前融合教育的有效措施

(一)加强学前融合教育行政力度

虽然我国已经有了相关的法律法规提倡和支持学前融合教育,但是很多都停留在理论层面,缺乏执行力,为更好地落实开展学前融合教育,必须加强行政支持,明确政府职责,制定针对性强、可操作性强的学前融合教育专项政策、法规,从指导思想、立法规范、立法体制、立法内容、法律实施、监督保障等方面综合考虑,对政府职责、教育工作领导机制、决策机制、监督机制、奖惩制度等方面做出明确且具有可操作性的规定,这是开展学前融合教育的保障。

将学前融合教育真正落到实处,必须同时加大在教育上的资金投入,应提高对学前融合教育的资金投入力度,比如可以成立学前融合教育的专项经费,对有条件开展融合教育的幼儿园给予专门的财政支持,用于无障碍环境建设、师资培养、康复器材引进等。有条件的地区,可执行特殊幼儿学前教育全免费的措施,同时优化经费来源渠道,可以通过财政经费、社会团体和企业个人的资助开展各种形式的助学活动,从而提高学前特殊幼儿的入园率。

(二)提高学前融合教育服务意识

学前融合教育的服务意识直接影响着融合的效果,学前融合教育的服务群体包括幼儿园和家长,我们要通过各种渠道提高幼儿园和家长对学前融合教育的认识。幼儿园的工作人员包括园长、普通幼儿教师、后勤服务人员等,他们应该了解学前融合教育的理念和积极意义,了解特殊幼儿。为此,可以通过讲座、座谈、知识竞赛等形式,让普通教师全面地了解各类特殊幼儿的特点及教育须知,真正在思想上认可这种服务理念,并践行在日常的教育管理工作中。

开展多种形式的"家园共育活动",让普通儿童的家长可以更好地了解特殊幼儿及其家庭,幼儿园要通过专业的讲解和介绍,消除家长的担忧,包括普通儿童家长和特殊幼儿家长的担忧,并引导自己的孩子更好地与班上的特殊幼儿融洽共处,相互尊重、共同学习成长。

调动各方资源,在特殊幼儿家长与普通儿童家长之间建立起一座友善、互助的沟通桥梁。

(三)培养学前融合教育专业师资

融合教育师资的专业性是融合教育顺利开展的保障,融合教育教师是践行者也是见证者,但是目前普通幼儿教师缺乏特殊教育和融合教育的相关专业知识。培养学前融合教育专业师资可以从两方面入手:第一,开展职前的培养。普通师范院校开设特殊教育及融合教育相关课程,使学前教育专业学生在就职前可以掌握一定的专业知识,为今后进入到幼儿园开展学前融合教育储备人才,同时在特殊教育专业课程中设置学前教育相关课程,使特殊教育专业的学生掌握一定的幼儿园知识,从而可以在今后的就业方向中选择从事幼儿园的资源教师工作。第二,进行职后教育。对普通幼儿教师开展一系列专业培训,培训主要围绕各类特殊幼儿的特点及教育教学的方法、特殊幼儿康复、护理等相关知识,以满足在幼儿园教育教学中的需要,也可通过专题研讨的方式,来提高教师们的认识,从而更好地为特殊幼儿服务。

(四)建构学前融合教育服务体系

一些成功践行学前融合教育的国家经验表明,学前融合教育绝不是单一的安置形式,而是需要各方势力的共同努力。除了上述讲到的政策法规和经费的行政支持、学前融合教育的服务理念、专业化的师资团队,还需要卫生、残联等部门的支持,包括社会公益团体组织、个人和社区等的参与。只有各个部门分工合作,各司其职,才能真正保障学前融合教育顺利开展,才能解决特殊幼儿家长的后顾之忧,真正构建一个平等、尊重、有爱的社会环境和无障碍的社区环境,增进特殊幼儿的社会参与度,进一步加快和谐社会的建构步伐。

第二节　个别化教育概述

在尊重、平等教育理念的推动下,学前融合教育逐渐成为特殊幼儿接受早期教育、康复的主要趋势。我国目前学前融合教育的主要发展方向是普通幼儿园接纳特殊幼儿,但是该如何接纳以及如何让特殊幼儿融入普通班级,是普通幼儿园困惑且急需解决的问题。

＞　一、个别化教育的概念

个别化教育是植根于对学生个性的尊重基础上,变以教材、教师为中心的教育为以学生为中心,真切关照每个学生潜能开发、个性发展的教育。

学前融合教育中的个别化教育要求普通幼儿园接纳特殊幼儿以后,需要为特殊幼儿开展系列、详细、精准的评估,把握特殊幼儿的现有能力,确定特殊幼儿进入幼儿园以及普通班级的长短期目标,从而协助园方能够更好地接纳特殊幼儿,确保能够为特殊幼儿提供最急需、最恰当的教育服务。

＞　二、个别化教育的意义与价值

个别化教育的开展无论是对特殊幼儿、普通幼儿、教师还是对家庭、社区以及社会都具有非常重要的意义与价值。

(一)对特殊幼儿的意义与价值

个别化教育是学前融合教育的奠基石,是学前融合教育品质的保证。特殊幼儿的特殊性,要求幼儿园教师在开展教育教学前必须全面了解特殊幼儿,把握特殊幼儿发展现状,准确定位特殊幼儿在园学习的学期目标、学年目标,找到合适的教育教学方法、教学策略,使特殊幼儿可以享受到较为有效的、恰当的教育,避免"随班就坐""随班混读"的现象出现。

(二)对幼儿园的意义与价值

接纳特殊幼儿,平等对待特殊幼儿,充分体现了幼儿园对待生命的态度,会产生较好的社会影响。然而对于普通幼儿园来说,接纳特殊幼儿是极具挑战性的,因为面对各种类型的特殊幼儿,既需要幼儿园物理环境的改变,同时也需要幼儿园人文环境的创设。个别化教育的实施保障了特殊幼儿在园学习的质量,确保了幼儿园开展融合教育的有效性,进一步提升了幼儿园的教育服务能力。

(三)对教师的意义与价值

个别化教育的实施,可以协助教师熟悉特殊幼儿的身心特征,了解特殊幼儿的发展现状,并根据特殊幼儿情况开展有针对性的教育教学。有效的教学能使特殊幼儿能力提升、问题行为减少、幼儿教师的社会价值得以体现,幼儿园教师参与融合教育的主动性、积极性也会极大地提高,专业水平也会提升。

(四)对家长及家庭的意义与价值

幼儿园能够接纳特殊幼儿,为特殊幼儿提供一个常态的教育环境,对于特殊幼儿家庭及家长而言,是希望,是曙光。而依据特殊幼儿的身心特征,制定符合该名儿童的个别化教育计划,可以让家长体会到幼儿园对幼儿的重视,同时也可以提升家长参与特殊幼儿教育的有效性。

(五)对社会的意义与价值

学前融合教育的发展,为学龄前特殊幼儿提供一个平等接受教育的机会,确保其在语言、动作、社会性等方面发展的关键期能够享受到及时、有效的引导及教育,对于改善特殊幼儿的障碍程度以及避免并发症的出现具有积极意义,从而有效减轻社会负担。

＞　三、个别化教育的构成要素

个别化教育主要包含两个板块的内容,第一个板块是拟订个别化教育计划,第二个板块是实施个别化教育计划,也称为个别化教学活动设计与实施。拟订个别化教育计划作为第一步骤,主要是全面了解个案现状,把握个案现有能力。个别化教学活动设计与实施主要是指将个案的个别化教育计划融入班级教学活动的设计与实施中,确保个别化教育计划中的长短期目标能够达成。

两个板块的内容相辅相成,缺一不可。个别化教育开展的前提是拟订个别化教育计划,因为只有通过系统和专业的评估、准确的目标制定,才能准确了解个案,精准把握问题的关键,以确保个别化教育的有效性。而个别化教学活动设计与实施是个别化教育"落地"的关键,因为如果个别化教育计划拟订以后就"束之高阁",未付诸实践,不具体落实到课堂学习中,那么个别化教育计划就是无效的,因此第二板块是确保个别化教育真正落实的关键。

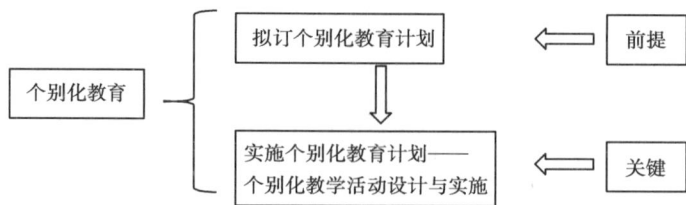

> 四、个别化教育的法律法规

（一）国外

1.美国

追溯个别化教育与教学的历史，美国使用的历史最为悠久。1975 年，美国在《全体障碍儿童教育法案》（Education for All Handicapped Children Act）中明文规定，为保障特殊儿童的受教育品质，学校必须为每一位接受特殊教育的学生拟订个别化教育计划（Individualized Education Program，简称 IEP）。该法案随后经历四次修订，第一次修订是 1986 年的《障碍儿童教育法修订法》（Education of Handicapped Act Amendments），第二次修订是 1990 年的《障碍者教育法案》（Individuals with Disabilities Education Act），第三次修订是 1997 年的《障碍者教育法案》（Individuals with Disabilities Education Act 1997），第四次修订是 2004 年的《障碍者教育法案》（Individuals with Disabilities Education Act 2004）。美国的 IEP 在逐渐被法制化的进程中，已经成为教学工作中必要的一环，成为教师重要的教学资料，成为课程的核心。当然 IEP 也在不断调整，增加了《个别化家庭志愿计划》（IFSP）、《个别化转衔计划》（ITP），法定内容不断趋于融合并出台简化 IEP 内容的相关规定。

2.英国

英国的学校教育已经形成了非常完备的体系，可以满足不同学生的教育需求。个别化教育作为教育中的一部分，出现于 20 世纪 70 年代末。1981 年，《教育法案》中明确规定"要求教育局必须为每一位特殊儿童设计个别的资格证书，里面记载学生的教育需求为何，教育局可提供什么样的安置，相关的教育支援与课程，以及其他非教育体系如医疗、社会福利的服务等"。1988 年，该法案进行第一次修订，强调课程要适用于学生，在 1993 年的第二次修订中，规定特殊学生必须进入普通学校学习，除非有特殊情况，此次修订更加强调融合教育发展，此外也关注到支持体系建构的重要性，强调医疗与福利单位要配合教育局，给与特殊学生必要的支持。

英国还出台了与《教育法案》配套的《实施细则》，提出"强调学校必须为特殊学生拟订 IEP，内容包括七大领域，即学生学习困难的特质、学校将采取的介入、家长在家可做的协助、一段期限内预定达成的目标、额外的医疗或照顾、预定的评量与评鉴方法，以及预定下次查阅 IEP 时间"。1996 年，该法案进行第三次修订，进一步强调融合教育特色，要求医院机构不得设立特殊教育单位，且要求教育当局进一步排除。

3. 其他国家

瑞士特殊教育中的职业教育特色鲜明，该阶段的职业训练会考虑学生实际的困难与问题，为学生制订个别化职业计划，并采用"双轨制度"，为学生提供企业、职业技术学校等平台以开展职业培训，培训结束后颁发学位证书。

挪威的特殊教育大致经历四个发展时期，特殊教育法律法规的发展也经历了历史的变迁，从 1881 年议会通过的《异常儿童教育法》(the Education Act for Abnormal Children) 到 1951 年的专门的《特殊学校法》(Special School Act)，再进入 20 世纪 60 年代的"全民学校"概念，挪威的特殊教育格局在不断调整，特殊教育日趋"正常化"，普通学校对特殊儿童教育承担更大的责任。从 1975 年起，挪威就不再有单独的《特殊教育法》了，特殊教育相关工作及事项均由中小学教育相关法律法规来规范，并强调要为每一位学生提供满足其需要的教育，要求学校为特殊学生制定个别化教育计划，且学校有责任为学生目标达成负责，课程内容也要为特殊学生做出必要的调整。

芬兰在 20 世纪 60 年代末到 70 年代经历了大规模的学校改革，到了 20 世纪 80 年代，部分特殊学生开始进入普通教室学习。1998 年，芬兰颁布了《基础教育法》(Basic Education Act)，该法案启动了"个别教育计划"(Individual Education Plans)，为特殊学生进入普通教室提供更多的机会以及足够的支持。

(二) 国内

伴随国家对特殊学生服务质量的高度重视，我国个别化教育的法律法规文件也在逐渐发展与完善。

我国 1990 年颁布并于 2008 年进行第二次修订的《中华人民共和国残疾人保障法》中明确指出残疾人教育应当根据残疾人的身心特性及需要，依据障碍类别、接受能力，采取普通教育方式或者特殊教育方式；特殊教育的课程设置、教材、教学方法、入学和在校年龄，可以有适度弹性。2014 年的《特殊教育提升计划 (2014—2016 年)》指出"深化特殊教育课程体系改革：改革教育教学方法。加强个别化教育，增强教育的针对性与有效性。"2015 年 8 月，教育部印发的《特殊教育教师专业标准 (试行)》强调特殊教育教师应该具备的专业能力包含"教育教学设计：根据教育评估结果和教育内容，制定学生个别化教育计划；根据课程和学生身心特点，合理地调整教学目标和教学内容，编写个别化教学活动方案。"2017 年国家教育部等 7 部门印发的《第二期特殊教育提升计划 (2017—2020 年)》中提到"坚持尊重差异，多元发展。尊重残疾学生的个体差异,注重潜能开发和缺陷补偿,提高特殊教育的针对性。"国家对个别化教育与教学的要求逐渐具体,个别化教育与教学技能已然成为合格特殊教育教师的评价标准。

目前关于个别化教育的法律法规基本是面向义务教育阶段的特殊教育,尽管国家出台了系列关于特殊儿童的法律法规,但仍然处于积极倡导发展学前融合教育的阶段,例如《中华人民共和国残疾人教育条例》(1994 年颁布,2017 年修订)中"第三十一条 各级人民政府应当积极采取措施,逐步提高残疾幼儿接受学前教育的比例",《第二期特殊教育提升计划(2017—2020 年)》中的主要措施第二条"加快发展非义务教育阶段特殊教育"中提出"支持普通幼儿园接收残疾儿童"。学前融合教育的质量也逐渐引起关注,例如《中华人民共和国残疾人教育条例》中"第三十二条 残疾幼儿的教育应当与保育、康复结合实施",强调学龄前特殊儿童教育、康复的重要性以及二者的关系,但是更为具体的学前融合教育中个别化教育的法律法规尚处于空白阶段。

我国宝岛台湾的个别化教育的发展经历了两个阶段,第一个阶段主要处于学术探讨、实践摸索阶段,探讨问题主要集中于要不要实施 IEP 以及到底该如何结合台湾本土现状实施 IEP。学术的探讨让大家对个别化教育有了更为清晰的认识,也有像《特殊儿童个别化教育计划专辑》《启聪教育个别化教学手册》等著作的出版。但是在实践探索层面仍有诸多问题存在,例如全班共用一份 IEP,IEP 中的长短期目标不符合学生需求等情况。实践的探索、学术的推动也让教育行政部门意识到个别化教育的重要性,于是进入到第二个阶段,重点探讨如何让 IEP 更好地为特殊教育服务的问题。1997 年,《特殊教育法》修订文中将 IEP 列为强制实施项目,明确规定要为每位特殊学生拟订个别化教育计划。1998 年的《特殊教育法实施细则》修订文中也详细规定了IEP 的内容和实施方式,个别化教育的发展状况因此有所变化。教育部门对特殊教育学校的执行情况检查力度上升,IEP 的普及率明显增加,林坤璨、萧朱亮在 2004 年做的一项 IEP 实施现状调查显示,台湾 IEP 样本的完整性为 63.3%,一致性为 98.8%,有效性为 60.2%。此外,无论是特教教师还是普教教师,对于 IEP 的实施均持正向态度。当然,在取得成绩的同时,也存在诸多问题,例如教师撰写 IEP 以及执行 IEP 的专业性有待加强,家长参与度需要进一步提升,评价标准需要进一步统一,团队协作理念需要再加强等。

> ### 五、我国个别化教育的发展现状及存在的问题

20 世纪 70 年代末,个别化教育得到广泛认可,拟订个别化教育计划、实施个别化教育逐渐在世界各国推广。

（一）我国个别化教育的发展现状

20世纪80年代初，个别化教育的理念已开始引起国内学者关注。20世纪90年代以来，我国特殊教育学校以及开展融合教育的普通学校也在积极探讨如何实施个别化教育。

个别化教育充分体现了教育公平、因材施教的理念，强调对学生个体差异的尊重，其最终目的在于使每个学生的潜能得到开发，个别化教育对特殊学生身心发展的重要性已经得到普遍认可，且已经成为特殊教育、融合教育发展的明显标志。

近年来，无论是特殊教育学校还是普通学校都在对个别化教育的实施进行了大量的、积极的探索与实验。例如"三三三五"个别化教育计划实践模式：首先选择三名特殊学生，拟订一个周期三年以上的计划，每周至少保障有三节的教学课时落实个别化教育，确保特殊学生每年都要有5%以上的学业成绩进步及上升空间。"集体教学与分类教学有机融合的个别化教学模式"强调要建立个别化评估档案，从学生自身特点出发，构建良性发展平台，本着实用性、生活化的原则，找准特殊学生教育康复、职业康复以及社会康复过程中的薄弱环节，量身设计、实施个别化教育计划，计划拟订以后采用A&B式互动课堂设计思路，开拓个别化教育空间，让个体在学校教育中学有所获。分层教学和个别化教育计划是实施个别化教育的重要内容，将二者有机整合，形成"制定个别化教育计划—个别化教育计划与课程对接—设计个别化课堂教学目标—依据个别化课堂教学目标分层—分层教学—个别化教育计划目标达成评估"的步骤，可以确保培智学校个别化教育的有效开展。除此以外，面对不同障碍类型、不同障碍程度以及特殊教育学校不同科目，如何实施个别化教育的探讨也是层出不穷的。虽然关注角度、研究因素不同，但是都在强调要深入了解学生的特点，准确把握教学起点，有效实施个别化教育计划，并针对学生的弱项，给予必要的、有针对性的训练。

经过近五十年的发展，个别化教育的必要性、重要性已经达成共识，伴随研究的不断深入，个别化教育问题的探讨、实践也越来越具体。

（二）我国个别化教育发展中存在的问题

1.法律法规不完善

美国于1975年将IEP以法律形式固定下来，尽管在实际运作中遇到各种问题，但是立法形式明确了个别化教育在特殊学生教育中的地位及作用，也为个别化教育的"真正落地"提供保障。

在我国，虽然在多项教育政策、法规中数次强调个别化教育与教学的重要性，但仍然没有专门的法律法规明确规定培智学校是否必须要为每一名特殊儿童制定个别化教育计划,开展个别化教育与教学。个别化教育的实施基本都是由特殊教育学校或普通学校的教师来完成的,但是个别化教育的操作流程、IEP的格式、支持系统的建构等均需要调动多方资源共同完成,若能够以立法形式明确个别化教育,将极大促进个别化教育的规范化、有效性。

2.专业团队建设不足

拟订个别化教育计划需要完成大量的教育诊断、评估工作,占用教师较多工作甚至是休息时间,教师有较强的畏难情绪,且拟订个别化教育计划多由本班教师完成,尚未形成专业团队。

3.教育评估机制和系统欠完善

我国很多特校或普校在实施个别化教育的过程中遇到较多问题,例如教育评估工具缺乏、评估团队成员数量不足、评估流程不规范、评估结果不能充分展现个案现状等。拟订高质量的个别化教育计划,依赖于系统的教育评估,因此教育评估机制、系统需要进一步完善。

4.个别化教育计划拟订缺少具体实施

通过调查了解到,很多特校或普校在拟订个别化教育计划以后并未开展下一步的工作,即将个别化教育计划中的目标在教学中去达成。个别化教育计划的作用仅仅局限于向他人展示,突出本校办学特色,而并未对学生发挥作用,显然这样的个别化教育计划是无效的。

5.个别化教学活动设计与实施质量不高

个别化教育与教学活动设计中,学生IEP配入不合理,团体教学中个别目标达成情况欠佳;且个别化教育教学的开展需要学科之间、教师之间充分地沟通与合作,但调查发现实际效果欠佳。

6.支持体系不健全

个别化教育计划的支持体系不够健全,多地培智学校尤其是偏远地区尚未形成家庭、社区、学校资源的整合。

(三)我国个别化教育发展的意见与建议

1.严格遵循国家相关法律法规,将个别化教育纳入教育评估指标

国家法律法规文件虽未强制要求必须开展个别化教育,但均在反复强调个别化教育的重要性及必要性。无论是特殊教育学校还是推行融合教育的幼儿园、普通中小学,都应该秉持对学生负责任的态度,开展个别化教育,为学生提供有针对性的教育服务。

将个别化教育纳入教育评估指标,在教师职称评定、学校教学质量评定中给予倾

斜,这样可以极大地促进个别化教育的发展。

2.持续性的专业培训

个别化教育的开展,只有通过对教师、家长以及学校领导等进行系统的培训,才能使其对个别化教育有较为全面、具体、专业的认识;通过系统的培训,才能使其掌握个别化教育的操作流程及办法。因此,各地在积极推动个别化教育发展步伐的过程中,进行系统、专业的培训是关键。

3.建立个别化教育团队,加强跨学科团队之间的合作

个别化教育中的教育评估环节因为涉及领域较多,需要团队成员两两配合。个别化教育计划会议需要教师、家长、医生、社区工作人员、学校领导等人参与进来,共同商讨特殊学生的发展目标、教育康复计划等;个别化教学活动设计与实施需要教师、康复师之间协同。因此,个别化教育的实施,团队建设是关键。

4.建立个别化教育实验班

特殊教育学校或者推动融合教育的幼儿园、中小学在实施个别化教学过程中不要急于求成,可以先选择一个班作为个别化教育实验班,在实验班中开始探索、实践,待教师们积累一定的实践经验,再逐步在其他班级推行,这样可以确保个别化教育的有效性,减少盲目性。

5.规范个别化教育操作及运作流程

现在很多学校都在探索个别化实施的道路,但是如何拟订个别化教育计划、怎样设计教学活动以及如何在教学中落实个别化教学,并无一个较为具体、明确的规定,大家只有根据自己的理解去探索。因此,规范个别化教育操作及运作流程是非常必要的。

第三节　个别化教育的思想渊源与理论基础

> 一、个别化教育的思想渊源

(一)我国个别化教育的思想渊源

孔子是我国古代伟大的教育家、思想家、理论政治家,他提出"有教无类"的教育观、"因材施教"的方法论。"有教无类"使得平民也有受教育的机会,强调了"教育公平",顺应了当时社会发展的趋势。"因材施教"的方法论强调了解和熟悉学生个性特征的重要性,要求依据各个学生的具体情况,采用不同的教育方法。这与个别化教育

的理念是非常契合的。

《学记》作为我国古代的一篇教育论文,是历史上最早专门论述教育和教学问题的著作。文中讲到"学者有四失,教者必知之。人之学也,或失则多,或失则寡,或失则易,或失则止。此四者,心之莫同也。知其心然后能救其失也。教也者,长善而救其失者也。"这要求教师要明白学生的心意,才能补救学生的不足。"教育,也就是培养、发扬学生的长处,而补救、避免学生的短处"。特殊学生的教育教学中强调要"补偿缺陷、发展潜能",这与《学记》中的教育思想是一致的。

王夫之,明末清初的思想家、哲学家。王夫之主张教育者必须了解受教育者,必须根据受教育者的特点进行教育。他提出学生是有个性的,有"刚柔敏钝之异",教育要顺应学者的个性去施教。"夫智仁各成其德,则其情殊也,其体异也,其效也分也……故教者顺其性之所近以深造之,各如其量而可矣""顺其所易,矫其所难,成其美,变其恶,教非一也,理一也,从人者异耳。"王夫之认为要根据学者的具体条件施教,其所述因材施教的原则,是对儒家传统教学思想的继承和发展。

洪仁玕,太平天国时期的政治家,被认为是中国近代特殊教育的思想启蒙者。其所撰政书《资政新篇》中提出诸多特殊教育思想:其一,"兴办跛盲聋哑院、鳏寡孤独院和育婴堂",跛盲聋哑院又称"四疾院",专门安置跛、盲、聋、哑四类人;其二,二十八条改革措施中,有六条涉及特殊教育,包含特殊教育的对象、机构设置以及特殊教育课程设置等方面;其三,特殊教育事业的发展除了国家经费保障的同时,积极调动社会及个人力量办学,"兴跛盲聋哑院,无财者善人乐助,有财者自携资斧"。作为当时国内最完整和最先进的现代化纲领,对现代特殊教育的发展提供了诸多有益的借鉴与启示。

陶行知,中国人民教育家、思想家,一生致力于教育事业,为我国教育的现代化作出了开创性的贡献。陶行知提出三大教育思想,"生活即教育""社会即学校""教学做合一",主张生活是教育的中心和目的,教育必须与生活联系起来,而且教育不仅仅局限于书本,应该引导学生向大自然、大社会学习,克服书本知识与生活实际脱节的现象。我国特殊学生的教育强调以生活为核心,学习生活、学会生活,这与陶行知的教育思想是相一致的。

由此可见,尊重学生个体差异、强调以学生为中心的个别化教育思想在中国有着悠久的发展历史。

(二)西方个别化教育的思想渊源

昆体良,公元1世纪罗马最有成就的教育家。他主张对儿童的教育应该是鼓励的,能激发他们兴趣的,倡导因材施教。昆体良深信每一个儿童都具有才能上的个别差异。

扬·阿姆斯·夸美纽斯,捷克民主主义教育家。夸美纽斯打破了封建主义的禁锢,主张人人有权利接受教育,其代表作《大教学论》提出了至今仍被广泛使用并遵循的教学原则,例如循序渐进原则、因材施教原则、启发诱导原则等。

约翰·洛克,英国哲学家、教育家。其代表作《教育漫话》出版于 1693 年,书中将体育、德育、智育作为教育的核心部分,主要论述了"绅士教育"。教育方法方面,洛克反对强迫儿童学习,主张启发儿童的求知欲望,培养儿童的好奇心,诱导儿童学习;主张教学要由易到难、从简及繁、循序渐进。洛克否认天赋观念的存在,提出著名的"白板说"和儿童心理学的思想,对特殊教育产生了一定的影响,增加了特殊儿童早期教育和训练的信心。

让-雅克·卢梭,法国著名的思想家、哲学家、教育家、文学家。其在代表作《爱弥儿》中主张归于自然、顺应天性,提出了自然教育的思想,强调教育要以儿童为中心,遵循儿童身心发展的特点,注意儿童天性的个体差异,尊重儿童的个性特点,要求因材施教,关注儿童成长,实现"自然人"发展的目标。这一思想与特殊教育的思想是相一致的。

依塔德,法国著名的医学家、特殊教育专家。依塔德驯化野孩的实验是世界上最早的特殊教育实验,实验中依塔德为维克多(狼孩)制定五年训练方案,拟订个别化教育方案,采用个别教学法,为其设计"家庭—教室"的学习环境,针对其感觉、语言、行为、智力等开展训练。通过五年的系统训练,维克多的行为表现得到了巨大的改进。实践证明,在特殊教育领域,拟订个别化教育方案、开展有针对性的个别教学是教育的最佳途径之一。

玛利娅·蒙台梭利,幼儿教育思想家、医学博士、蒙台梭利教育法创始人。蒙台梭利在研究了依塔德和塞根的教育思想和方法以后,探索出一套适合智障儿童的"胜利教育法",主张对智力落后的儿童开展感官训练,充分发挥他们的生理功能,促进其智力与个性的发展,她认为"儿童的智力缺陷主要是教育问题,而不是医学问题",提出智障儿童应当与正常儿童一样享有同等受教育的权利,并获得国际广泛认可,其教育理论至今还影响着各国教育工作者的理论实践。

维果茨基,心理学家,主要从事儿童发展与教育心理的研究,被誉为"心理学中的莫扎特"。维果茨基的"最近发展区"理论明确了教学与发展之间的关系,也突出了教育在个体身心发展中的作用以及教师的主导地位。该理论让人们看到了儿童潜能与关键期开发利用的可能,为了激发特殊儿童的潜能,拟订符合特殊儿童身心发展需求的个别化教育计划,开展适合的教育教学活动,特殊儿童会因此有不同程度的成长。

个别化教育在西方的社会文化背景中不断发展,历史悠久。

> 二、个别化教育的理论基础

(一)差异教学理论

差异教学即"在班集体教学中,立足学生的个性差异,满足学生的不同学习需要,以促进每个学生最大限度发展的教学"。差异教学主要强调对学生个体差异的关注,这些差异既包含个体间的差异,也包含个体内的差异,同时还涉及特殊儿童的个别差异。

个体间差异顾名思义,即个体与个体存在的生理、心理等方面的相对差异,旨在突出个体间的不同,这些不同可以包含认知水平、行为兴趣、情感特征、学习方式、主体意识等。无论是学前教育阶段还是九年义务教育阶段的学生,都会在身心特质、学业成绩、学习能力等方面存在差异,个别化教育的出现旨在强调采用科学的、客观的测验方法,检测学生间的个体差异,针对个体差异情况,实施不同的教育安置以及教育教学方案。

个体内差异是指儿童个体自身生理、心理诸要素发展的不协调性和不平衡性。每个儿童身心发展是多元的,也是不均衡的,所以学业成绩方面,学生会出现偏科现象。基于此,我国无论是普通教育还是特殊教育均在倡导关注学生个体内差异,扬优补缺,注重学生全方面和谐发展,帮助每位学生实现自我超越。

在此将特殊儿童个别差异单独罗列阐述,主要源于特殊儿童的特殊性。特殊儿童的差异性包括个体间差异与个体内差异两个方面。特殊儿童不同的障碍类型之间存在差异,同样类型也有障碍程度的差异。一名特殊儿童个体内部身心发展各个领域也存在差异,例如盲童的听觉、触觉、味觉、嗅觉是正常发展的,但是视觉具有明显的弱势,严重阻碍其身心发展以及社会适应;聋童的视觉正常发展,听觉缺陷对其适应生活带来阻碍;自闭症儿童的视觉、听觉正常发展,但是语言、人际沟通成为阻碍其发展的主要因素。个体间差异、个体内差异均是特殊教育领域重点关注的一个概念,正是因为特殊儿童个体间、个体内的差异,所以需要教师依据每位特殊儿童差异现状,为其制定符合其身心发展需要的个别化教育计划,个别化教育计划需要准确反映出个体身心发展的优势与弱势领域有哪些,并针对其弱势领域发展现状为其开展有针对性的教育、康复训练,从而促进特殊儿童的身心成长。

(二)以人为本理论

在我国,"以人为本"以文字形式呈现可以追溯到春秋时期齐国的管仲,《管子》一书中阐述"夫霸王之所始也,以人为本。本理则国固,本乱则国危",强调治理国家要以人民为本。在我国当代,"以人为本"是胡锦涛同志提出的科学发展观的核心,突出全心全意为人民服务的宗旨。

在教育领域,20世纪50年代,国际上开始出现对"以教师为中心"理念的批判,伴随罗杰斯等心理学家、教育家发展了人本主义心理学的教育观,倡导正视学生的中心地位,开启了"以学生为中心"的教育思潮。"以人为本"作为时代发展的产物,主张把学生放在第一位,突出学生在教育中的主体地位,学生是教育教学的出发点。其教育原则主张要重视学生个性差异,因材施教;要保护学生的求知欲,顺势引导;要树立学生主体意识,改变教学方法。

应用于特殊教育领域,"以人为本"教育理念主张尊重特殊儿童的独特性,保护每一位特殊儿童平等接受教育的机会,强调每一个儿童都具有学习的能力,关注学生的全面发展。特殊儿童因为先天或后天的原因会有不同程度的障碍、缺陷,但是无论如何,特殊儿童都可以采用自己独特的方式认识世界、参与社会生活,因此作为特殊教育工作者,首先应该做到的就是要尊重特殊儿童每个个体。虽然特殊儿童在某些方面存在缺陷与不足,但是在其他方面同样拥有发展潜能,具备学习能力,因此要给予每个特殊儿童接受教育的机会与权利。我国特殊教育政策文件中明确规定特殊教育学校以及九年义务教育阶段的普通学校对特殊儿童实施"零拒绝"。同时,作为教育工作者,应该根据特殊儿童的身心特征制定符合其身心发展的个别化教育计划,有针对性地开展教学,真正做到关注每一名特殊儿童,关注其身心全面发展。

（三）多元智能理论

美国教育学家、心理学家加德纳提出多元智能理论,该理论提出智能作为一种生理、心理方面的潜能,是人类文化知识的累积,所谓"多元"包含七个方面,分别是:语言智能、数理逻辑智能、音乐智能、空间智能、身体运动智能、人际交往智能、自我认识智能。这种智能在个人经验、文化和动机的影响下,在一定程度上得以实现。该理论倡导个性化、因材施教的教学观,每个学生个体都会有一方面或几方面的发展潜力,只要提供合适的教育及环境,扬长避短、激发潜能,每个学生个体的智能水平都会得到发展。特殊学生身心发展各方面的能力是参差不齐的,只要准确评估个案,把握特殊学生身心发展的优弱势,把全面发展和个性发展有机结合起来,尽可能创造学生优势智力发展的条件,学生就可以得到较好的发展。

第四节 个别化教育计划及个别化教学活动设计、实施

前文已简要阐述了个别化教育的内容框架,本节将详细呈现个别化教育两个板块的具体内容。

> 一、拟订个别化教育计划

(一)个别化教育计划的概念

个别化教育计划是为了落实个别化教学编拟的、为某位学生提供的、最为适合其发展的、给予其最恰当教育服务的文件,是该学生在一定期限内的学习内容。

(二)学前融合教育中拟订个别化教育计划的意义与价值

1.对特殊儿童的意义与价值

个别化教育计划是特殊教育的奠基石,是特殊教育品质的保证。特殊儿童的特殊性要求特殊教育教师在开展教育教学前必须全面了解特殊儿童,把握特殊儿童发展现状,准确定位特殊儿童在园学习的学期、学年目标,找到合适的教育教学方法、教学策略,使特殊儿童可以享受到较为有效、恰当的教育,避免"随班就坐""随班混读"的现象出现。

2.对教师的意义与价值

个别化教育计划的拟订既需要专业的特殊教育教师的参与,同时也需要普通班学前教育专业教师的参与。在个别化教育计划的制订过程中,既强调了特殊教育教师的专业性,同时又引导普通班级教师熟悉特殊儿童的身心特征,了解特殊儿童的发展现状,学习基本的教育教学方法,进一步提升特殊教育教师以及普通班级学前教育专业教师的专业性。

3.对幼儿园的意义与价值

接纳特殊儿童,平等对待特殊儿童,充分体现了幼儿园对待生命的态度,会产生较好的社会影响。对于普通幼儿园来说,接纳特殊儿童是极具挑战性的,因为面对各种类型的特殊儿童,既需要幼儿园物理环境的改变与调整,同时也需要幼儿园创设接纳的人文环境,进一步提升幼儿园的教育服务能力,而个别化教育计划的拟订与实施是幼儿园融合教育质量的保证。

4.对家庭及家长的意义与价值

幼儿园能够接纳特殊儿童,为特殊儿童提供一个常态的教育环境,对于特殊儿童家庭及家长而言,是希望,是曙光。而依据特殊儿童的身心特征,制订符合该名儿童的个别化教育计划,让家长体会到幼儿园对幼儿的重视,同时也可以提升家长参与特殊儿童教育的有效性。

5.对社会的意义与价值

学前融合教育的发展,为学龄前特殊儿童提供一个平等接受教育的机会,确保其在语言、动作、社会性等方面发展的关键期能够享受到及时、有效的引导及教育,对于改善特殊儿童的障碍程度以及避免并发症的出现具有积极意义,从而有效减轻社会负担。

（三）个别化教育计划的主要内容及操作流程

学前融合教育个别化教育计划的拟订与实施具有严格的程序:首先要收集学生的基本资料,重点了解幼儿的出生史、发展史、医疗史、教育史以及家庭、社区情况,以上信息可以协助幼儿园准确把握特殊儿童的障碍类型、障碍程度,以及可能利用的来自家庭、社区的教育支持。然后,为特殊儿童进行系统的教育评估与诊断,重点评估特殊儿童在动作、语言、认知、情绪行为以及课程等方面的发展现状以及能力表现,了解特殊儿童的现有能力。接下来是评估资料的统一整理以及召开个别化教育计划会议,该阶段属于"专家会诊"阶段,参与评估的教师、医生、社区工作人员以及园方领导、家长共同探讨该名儿童的发展现状以及未来发展方向,然后撰写个别化教育计划。

> **二、实施个别化教育计划——个别化教学活动设计与实施**

（一）个别化教学活动设计与实施的概念

教学活动,指的是以教学班为单位的课堂教学活动。它是学校教学工作的基本形式。教学活动是一个完整的教学系统,它是由一个个相互联系、前后衔接的环节构成的。

个别化教学活动设计,在个别化教育计划拟订、教学进度排出以后,教师将计划中的目标通过方法运用,借助教材、教具、学具等媒介,将头脑中的构想变为实际行动。

学前融合教育中的个别化教学活动设计强调依据特殊儿童的个别化教育计划,参照幼儿园教学进度安排,选择合适的教学方法,借助学前各年级段的教材、教具,设计有特殊儿童融合的班级教学活动,并设计活动具体实施的过程。

（二）学前融合教育中个别化教学活动设计与实施的意义与价值

学前融合教育中个别化教学活动设计与实施的意义与价值包含以下五个方面:

1.能够真正让个别化教育思想以及个别化教育计划"落地"

拟订个别化教育计划只是个别化教育与教学实施的前半部分,若只是将撰写好的个别化教育计划"束之高阁",那这份个别化教育计划对于特殊儿童而言并未发挥任何作用。个别化教学活动设计作为特殊儿童个别化教育与教学的后半部分,重点探讨如何将特殊儿童的个别化教育计划中的长短期目标落实到日常教学中,让个别化教育计划真正对特殊儿童发挥作用,因此个别化教学活动设计是个别化教育与教学有效实施、真正落地的关键。

2.既可以达成班级团体目标又满足学生的个别化教育需求

就目前而言,全国越来越多的幼儿园开始接纳特殊儿童,开展融合教育,但是调查发现融合教育的质量并不高,很多在班级中融合的儿童都处于"随班混读""随班就坐"的状态,究其根本原因在于对特殊儿童在班级融合的目标不明确,且班级团体目标与特殊儿童身心发展不符,特殊儿童无法参与班级的团体教学活动。

拟订的个别化教育计划中详细阐述了特殊儿童的学期、学年目标,个别化教学活动设计要求班级教师有针对性地将特殊儿童的发展目标配入班级的团体目标中,这样既保证普通儿童达成学习目标,又可以有针对性地指导特殊儿童达成目标。

3.促进幼儿园各领域的沟通联系,有助于儿童更好地理解知识

个别化教学活动设计主张以"主题"形式组织教学,五大领域的学习整合在同一主题下,促进了幼儿园各个领域内容之间的沟通与联系,便于儿童更好地理解知识。

4.提升教师课堂把控能力,促进教师专业技能成长

班级中融入特殊儿童,对老师的教学能力是极大的挑战。个别化教学活动设计要求老师从课前的教案撰写到课堂中的活动组织都要考虑特殊儿童,强调特殊儿童的课堂参与,避免"随班混读"现象的出现,可以有效提升教师的课堂把控能力。

5.促进了主班老师、配班老师、保育员之间的沟通与联系

幼儿园中各班级老师分别承担不同的保育、教育任务,个别化教学活动设计要求在同一"主题"下开展五大领域的学习,主题目标的设定、主题分析、教学序列与教学事件的安排等都需要班级老师沟通、协商,这样才能保证主题教学的科学性,同时也可以避免各领域教学中出现内容交叉、冲突的情况。

(三)个别化教学活动设计与实施的主要内容及操作流程

拟订出特殊儿童个别化教育计划只是个别化教育实施的第一阶段,个别化教育计划中的长短期目标如何达成,有效实施个别化教育计划是关键。个别化教育计划实施的流程包括确定主题、设计教学序列与教学事件、进行课程调整、撰写教案、说课、上课、评课等环节。

【本章摘要】

1.学前融合教育是指将学龄前(3~6 岁)的特殊幼儿安置到普通幼儿班接受教育的安置形式,学前融合教育强调有效掌握特殊幼儿的特殊需求,以及把握障碍发生的时效性,依照个别差异,及早施行适切的教育服务,并提供医疗、教育及社会资源等各方面的协助。学前融合教育的意义包含四个方面:①落实教育公平、公正理念,为特殊儿童提供平等的、接纳的学习环境;②促进普通儿童的成长和社会化发展,提高普通儿童家庭的包容性;③提高幼儿园接纳各类儿童的能力,提升幼儿园教师的专业技能;④消除歧视,使特殊儿童回归主流社会,实现教育公平。学前融合教育存在五个问题:①缺乏强有力的行政支持;②普通幼儿园缺乏创办融合教育的条件;③专业师资的匮乏;④家长学前融合教育意识淡薄;⑤社区、社会支持体系有待进一步建构。开展学前融合教育的有效措施:①加强学前融合教育行政力度;②培养学前融合教育专业师资;③建构学前融合教育服务体系。

2.个别化教育是植根于对学生个性的尊重基础上,变以教材、教师为中心的教育为以学生为中心、真切关照每个学生潜能开发、个性发展的教育。本章节关于个别化教育的意义与价值从对特殊儿童、幼儿园、教师、家庭、社会五个方面进行阐述。个别化的构成要素主要包含两个板块:第一个板块是拟订个别化教育计划,第二个板块是实施个别化教育计划。本章在第四节中对两个板块的内容进行了详细的介绍。本章节从国内、国外两个角度介绍了个别化教育的法律法规,并详细阐述了我国个别化教育的发展现状以及存在的问题。

3.本章节系统介绍了国内外个别化教育的思想渊源,并系统介绍了个别化教育的理论基础,其中包括差异教学理论、以人为本理论、多元智能理论。

【复习思考题】

1.试论述学前融合教育的意义与价值。

2.试论述学前融合教育中实施个别化教育的意义。

3.考察本地幼儿园,了解学前融合教育个别化教育的开展情况。

第二章

学前融合教育中个别化教育计划的拟订——教育评估与诊断

◎ **本章聚焦**

1.学前融合教育中教育评估与诊断的个别化团队建设。

2.学前融合教育中教育评估与诊断的内容与流程。

3.学前融合教育中教育评估与诊断的方法。

◎ **内容导览**

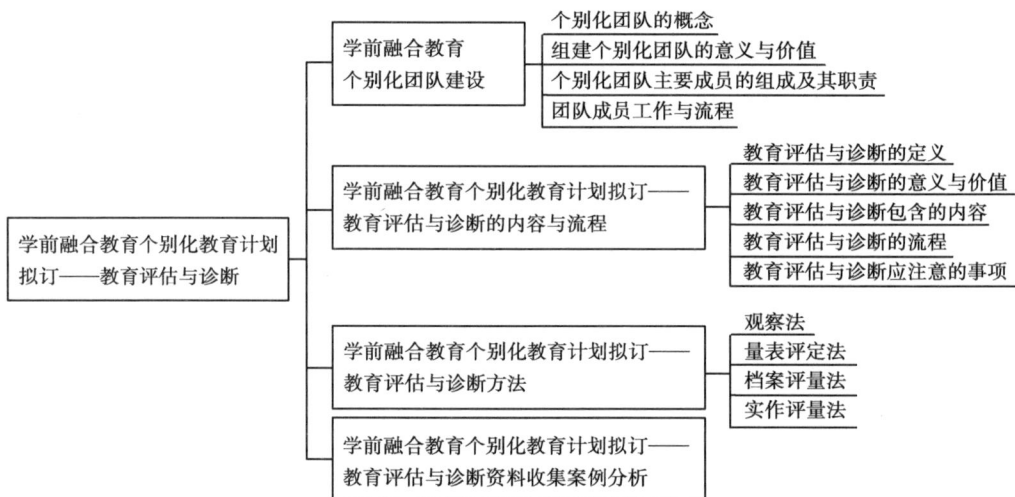

◎ **小案例**

冬冬进入幼儿园后,资源教师为其拟订教育评估计划,并为冬冬开展了为期一个月的教育评估工作,全方面地了解冬冬在生理、心理、认知、动作、语言等方面的发展现状,把握其现有能力,为能够准确把握冬冬的身心发展现状、确定冬冬的身心发展目标奠定基础。

◎ **大思考**

1.幼儿园为特殊幼儿开展教育评估的意义与价值是什么?

2.幼儿园的教育评估与诊断工作如何开展?

教育评估与诊断是特殊幼儿个别化教育与教学的关键环节,个别化教育计划是否有效,所制订的长短期目标是否符合幼儿需求,取决于教育评估与诊断是否对幼儿各方面能力做出准确判断,是否准确把握了幼儿的现有能力。本章将重点介绍教育评估与诊断的定义、意义与价值以及基本内容等,探讨教育评估与诊断的基本要求以及评价标准。通过案例分析,引导读者全面认识教育评估与诊断,以期进一步提升教育评估与诊断的技能技巧。

第一节 学前融合教育个别化团队建设

目前,我国学前融合教育的发展受到诸多因素的制约,因而学前融合教育在国内普及率低,教育教学成效不明显。要推动学前融合教育的科学、有序发展,个别化团队建设是关键。积极推进个别化团队建设是促进学前融合教育科学、持续、健康发展的有效举措。本节将从以下四个方面,充分认识和了解个别化团队建设的意义和作用。

> 一、个别化团队的概念

个别化团队就是为制定和实施个别化教育计划而组建的教育团队。团队成员包括教学人员、管理人员、康复训练师、心理学工作者、医生等。他们相互分工协作、技能互补,共同承担制定和实施个别化教育计划工作。作为一支充满活力的团队,他们专业精湛、敬业奉献、爱生如子,用专业的爱给特殊幼儿带来温暖,同时,最大限度地改善和提升特殊幼儿的生活品质。

> 二、组建个别化团队的意义与价值

(一)确保为特殊幼儿开展科学准确的评估

特殊幼儿在生理上及心理上的特点异于普通幼儿,而且残疾类型及程度参差不齐,这就需要个别化团队提供相应的支持。除此之外,在评估过程中,有一部分特殊幼儿情绪变化大,跟教师的配合经常随心情变化,当特殊幼儿不积极配合教师评估时,就需要个别化团队中相关人员通过观察、询问等方式,并结合特殊幼儿在日常学习和生活中的表现进行综合评估。另外,还有部分自闭症及言语障碍幼儿,不愿意或无法与外界进行有效交流和沟通,也需要个别化团队中有专业背景的相关人员提供专业的评估工具进行有效的引导和沟通。

个别化团队由具有多样化知识背景的人员构成,有的具有渊博的特殊教育专业知识和丰富的教学经验,他们是特殊幼儿进行个别化教育计划的执行者;有的具有特殊教育教学的先进理念,他们协调团队成员之间的分工协作,给团队注入特殊教育理念的新鲜血液;有的具有特殊幼儿康复训练的各项技能,他们给予特殊幼儿适合自身发展的康复训练;有的具有深入了解特殊幼儿心理需求的能力,他们可以及时改善个体心理问题;有的具有相关的医学专业知识,他们可以明确诊断特殊幼儿生理上的缺陷。在多样化知识的环境中,通过多角度、多视野、全方位地了解特殊幼儿,从而使得对特殊幼儿的评估更具科学性和准确性。

(二)为特殊幼儿拟订确实可行的个别化教育计划

在对特殊幼儿进行科学准确的评估基础上,对特殊幼儿拟订针对性较强的个别化教育计划。提高特殊幼儿素质的根本途径是对特殊幼儿实施个别化教育。个别化教育才是真正意义上的特殊教育。

特殊幼儿个别化教育计划的拟订按照收集基本资料→观察→分析诊断→制定长短期目标等流程,在整合教材的基础上确定特殊幼儿的教学目标,提升特殊幼儿的学习效果。个别化教育计划拟订增进了学校与特殊幼儿家长的配合,协调了各方人员合作,从多角度关注特殊幼儿的学习活动,从而做到因材施教,顺利达成教学目标。

(三)确保特殊幼儿个别化教育计划的有效实施

在幼儿园融合教育教学中,实行集体教学与个别教学相结合。教师在备课时必须结合特殊幼儿的个别化教育计划,在同一教学内容中,教师既要兼顾全体幼儿,又要全程给予特殊幼儿更多的关注。教学时以集体教学为主,分组教学、个别教学为辅,让全体学生学有所获,确保特殊幼儿个别化教育计划的有效落实。

(四)促进特殊幼儿最大可能的发展

传统特殊教育的教育观念落后、教学方法单一、教学效果评价模糊、家长配合度低,致使特殊教育成了低质、低效的代名词。要改变特殊教育现状,促使特殊教育事业科学、高效、有序发展,当前需要树立科学发展理念,以素质教育为核心,尊重、接纳每一名学生的个别差异,因材施教,大力实施、推广个别化教育,促进每一名特殊幼儿获得最大可能的发展,为他们将来更好地适应生活、适应社会打下坚实基础。

(五)促进教师自身的专业能力发展

个别化团队教师是开展个别化教育教学工作的领航人,通过定期培训、自主学习、集体研讨、磨课议课等活动,促进教师的成长,使其能深度理解个别化教育理念,熟练操作个别化教育流程,逐渐成长为具有个别化教育理念和行动能力的教师。

（六）培养教师团队意识,凝聚团队力量

个别化团队成员之间为了制定和落实特殊幼儿的个别化教育计划这一共同的明确目标,必须通力合作、共同奉献、取长补短,遇到问题及时交流沟通,让团队的力量发挥得淋漓尽致。只有团结在一起才能叫团队,一个团队中每个人都有自己的优点,把每个人的优点集中起来,才能干大事。

> 三、个别化团队主要成员组成及其职责

（一）个别化团队主要成员组成

（1）教学人员通常有特校教师、学前融合教育教师、普通幼儿园教师、班级教师等。

（2）管理人员可以是特校领导、幼儿园园长等。

（3）个别化团队小组长从教学人员中推选。

（4）康复训练师可以是具有康复技能的专业人员,也可以是具备特殊教育专业知识背景的康复训练课的教师或者是康复机构的相关人员等。

（5）心理学工作者通常有心理学咨询师、心理医生、心理学专业毕业教师等。

（6）医生可以是儿科医生、校医等。

（7）特殊教育专家。

对于个别化团队成员的组成,各学校可以结合学校的实际情况进行选择。

（二）团队成员职责

（1）教学人员:主要参与特殊幼儿的个别化教育计划的制订与实施,是个别化教育计划的执行者角色。

（2）管理人员:负责协调团队各项工作,确保团队资源得到最佳利用,是协调者的角色。

（3）个别化团队小组长:负责统领整个活动过程,制定活动计划,安排活动事项,确保 IEP 活动科学有序开展,是组织者的角色。

（4）康复训练师:为特殊幼儿提供科学有效、合理有序的康复训练服务。

（5）心理学工作者:对特殊幼儿进行心理评估,促进幼儿心理健康发展。

（6）医生:对特殊幼儿进行专业的检查,使教师深入了解特殊幼儿的生理特点,以便采取更合适的教育机制。

（7）特殊教育专家:为团队提供专业知识和技能指导,帮助解决特殊幼儿评估、计划制定及执行过程中遇到的问题,促进团队专业能力的提升和个别化教育计划工作的顺利开展。

个别化教育计划的制订和实施职责表

IEP 制订和实施流程	参与者	主要职责
信息收集	特教教师	制订信息收集表,与家长面谈
	家长	提供详尽信息
幼儿评估	特教教师	借助工具的评量、观察班级、总结评估结果、撰写评估报告
	班级教师	观察班级,提供个案在班级中的表现,参与评估
	家长	提供个案在家中的表现,参与评估
评估行为问题	特教教师	观察评量,制订干预计划
	家长	提供个案在家中的表现,参与行为的评估
确定特殊需求	特教教师	根据个案情况并提出建议
确定安置服务	特教教师、班级教师	根据个案情况确定支持服务模式
拟订长短期目标	特教教师	撰写个别化教育计划的长短期目标
召开制定计划的会议	特教教师	公布评估结果及计划目标
	班级教师、园长及其他行政主管、家长	商讨计划适宜性
效果评估	特教教师、班级教师	逐条评估目标的达成情况,根据评估结果对目标进行修订
转衔评估	特教教师、班级教师	回顾个案在园成长发展情况,给予转衔建议

> ## 四、团队成员工作的流程与内容

(一)团队成员开展工作的流程

团队成员主要采取分工协作的方式开展工作,在特殊幼儿评估、对个案的研判、IEP 的制订中,要充分发挥团队合作的优势,群策群力、多角度、全方位地对个案进行综合分析研判,从而制定出最具科学性与可行性的教育计划。在个别化教育计划的执行过程中,具有不同学科背景的团队成员负责不同领域的教育教学工作。如有的对个案进行言语康复训练,有的对个案进行肢体康复训练等。这样,在整个团队中,既有分工又有合作,促进了特殊幼儿最大限度的发展。

专业团队合作模式一般分为专业分工模式、跨专业合作模式、贯通专业模式。这类模式要求以特殊幼儿为中心,集体拟订 IEP,各专业不间断地合作以提供全面的服务,尽量了解和融汇各专业的知识和技能。结合我国融合教育发展现状及学校的实际情况,个别化团队主要采用贯通专业合作模式。

(二)团队成员开展工作的内容

1.推广和普及融合教育理念,提升幼儿园教师对特殊幼儿的理解和接纳度

有调查发现,幼儿园教师对特殊幼儿了解甚少,认识不足,接纳度低。周念丽的研究发现,幼儿园教师对特殊幼儿存在认识上的误区。他们认为照顾特殊幼儿会降低教学要求,从而影响教学质量。马红英等人调查发现,教师更倾向于接纳智力障碍、肢体残疾和学习障碍幼儿,对脑瘫、情绪和行为障碍学生的接纳度低。此外,严冷的研究还表明,在残疾类型上,教师更愿意接纳语言发育迟缓的幼儿、感觉障碍幼儿和学习障碍幼儿;在残疾的程度上,半数以上的教师只愿意接纳轻度障碍幼儿。

在特殊教育领域中推广个别化教育理念,体现了教育平等、学生主体、个性发展和全面发展的理念,适应了时代发展对特殊教育提出的要求。个别化教育理论是一种尊重学生的个体差异性,满足每个学生的教育需要的理论。个别化教育是以特殊幼儿为中心,促进每个幼儿个性发展的新教育。同时,个别化教育的实施需要众多群体参与,如教师、家长、医生、志愿者等,他们在参与的过程中,理解、接纳了特殊幼儿,并把这样的理解、接纳向更多的群体宣传。因此,个别化教育的实施有效地宣扬了平等、尊重、接纳的教育理念,宣扬了社会的文明、进步、和谐。

2.对特殊幼儿进行教育评估与诊断

个别化团队主要对特殊幼儿进行生理诊断评估、认知功能评估、动作功能评估、语言功能评估、社会适应行为及情绪行为评估。

3.拟订个别化教育计划

个别化团队参与人员包含教师、家长,必要时应有各类检测人员(如医生、心理学及教育学工作者、幼儿本人,保育员也可以参与)共同拟订,主要拟订人是教师,最好是班级教师。

4.实施个别化教育计划

班级教师是个别化教育计划的执行者,个别化团队要在加强对班级教师的监督与指导下,让特殊幼儿的个别化教育计划真正落实到位。

5.对个别化教育计划进行反思调整

幼儿园中个别化教育计划的开展主要分为两个部分：一是计划的制订、评估与修订；二是计划的实施。无论是制订还是实施，都需要多方面人员的协作。一般来说，评估和目标制定需要两周到一个月的时间，实施一个学期后就要对计划进行效果评估和修订，实施一学年后要重新对有特殊需要幼儿的发展和计划实施情况进行评估和审核，重新制订计划。

计划修订要根据评估结果，对目标进行再次审核，将通过的目标删除，将还需要继续发展的目标保留，将需要简化的目标重修撰写。另外，根据个体发展需要，还会适度增加发展目标。

6.对幼儿园教师进行专业技能指导与培训

幼儿园教师缺乏相关的特殊教育理论知识和教育实践能力是阻碍实施融合教育的主要原因，也是教师开展融合教育教学最大的阻力。

积极推进特教知识的进修，教育主管部门需组织开展相关的特教知识培训，多提供不同类别的特殊幼儿教育示范课，给有教学需要的融合班教师提供更多选择。同时，进修的内容侧重特教专业教学能力的设计，例如特殊幼儿诊断、IEP设计与拟订、特殊幼儿发展评估、课程设计与教学策略等，以提升普通幼儿教师的特教理论水平和实践操作能力。

新时代，学前融合教育赋予了幼儿园教师更多的责任。幼儿园教师不仅要具有普通幼儿教师的专业素养，还要具有特殊教育的专业知识和技能。专业的爱才是对特殊幼儿最好的爱。个别化团队建设系统可以提升幼儿园教师的专业能力和素养，对学前融合教育的发展起到推波助澜的作用。我们应呼应时代的要求，大力推进个别化团队建设，有效促进融合教育的科学、持续、健康发展！

第二节　学前融合教育中个别化教育计划的拟订——教育评估与诊断的内容与流程

> ## 一、学前融合教育中特殊幼儿教育评估与诊断的定义

"教育"一词来源于孟子的"得天下英才而教育之"。拉丁语为 educare，是西方"教育"一词的来源，意思是"引出"。社会根据受教育程度选拔人才，人通过接受教育实现

社会地位的改变。教育伴随着人类社会的产生而产生，随着人类社会的发展而发展，与人类社会共始终。广义的教育泛指一切有目的地影响人的身心发展的社会实践活动。狭义的教育是指专门组织的教育，即学校教育，它不仅包括全日制的学校教育，也包括半日制的学校教育、业余的学校教育、函授教育、刊授教育、广播学校和电视学校的教育等。

"评估"一词译自英文 assessment，该词又译为"评量"或"评定"，是根据一项标准，对所测量到的数值予以价值判断。在教育上，评估是指使用测验和其他测量手段测量幼儿的成就与行为，以便做出教育性决定的过程。

"诊断"是从医学角度对人们的精神和体质状态作出的判断，也是对正常人的健康状态、劳动能力和某一特定的生理过程的判断；司法部门判定血缘关系和伤害性质也属诊断。用来认识疾病的诊断最广泛，是治疗、预后、预防的前提。

学前融合教育中特殊幼儿教育的评估与诊断是一项综合性的工作，在广泛收集学龄前特殊幼儿大量信息、资料（包括医学鉴定与检查、认知功能、动作发展、语言功能、行为问题、心理测量、学业测试以及家长、教师提供的相关资料）的前提下，采用科学的方式方法对这些信息、资料进行综合的分析、判断、解释，全面了解特殊幼儿的现有能力、存在的问题以及教育需求，从而为特殊幼儿做出科学、有效、可操作的教育性决定的过程。

> ## 二、学前融合教育中特殊幼儿教育评估与诊断的意义与价值

（一）有助于贯彻实施个别化教育理念

通过教育诊断与评估，可以对特殊幼儿的生理状况、认知、沟通、动作发展、心理状态以及学业成就等方面进行全面的评估，从而准确把握特殊幼儿在各方面发展的现有能力以及存在的问题，找到教育起点，确定符合特殊幼儿身心发展的长短期目标，拟订合理的个别化教育计划，开展有效教学。

（二）有助于加强幼儿教师教学的针对性，提升幼儿园教师的教学技能

教育评估与诊断督促幼儿园教师在开展教学前深入了解学生，明晰特殊幼儿存在的问题以及教学的起点，使教师的教学不再盲目，使教师的课堂教学不再"一刀切"。

幼儿园开展教育评估与诊断的最终目的是希望能够制定出科学的、符合特殊幼儿身心发展需求的学期、学年目标。幼儿教师需要在开展本班主题教学内容以及教学目标时，将特殊幼儿相应的目标融入其中，幼儿教师应该在确定全班幼儿达到学习目标的同时，特殊幼儿的学习目标也同样达成，这对幼儿教师的教学技能提出挑战。科学

的教育评估与诊断,有助于形成一种监督与激励机制,督促教师不断反思自己的教学情况,不断提升教学水平、教学技能。

(三)有助于建构幼儿园服务特殊幼儿的支持体系

随着社会的进步,社会及大众对待特殊幼儿的态度已经从"特殊幼儿需要做怎样的改变"变成"我们能够为他们做什么",不再一味地要求特殊幼儿不断地改变自己,而是社会反思"我们能够为特殊幼儿做些什么,让他们也能够正常地参与社会",于是专家、学者开始共同探讨"支持体系"这一概念。

学龄前特殊幼儿的教育评估与诊断,使幼儿园了解了特殊幼儿进入幼儿园学习的教育需求,便于幼儿园根据特殊幼儿情况,调动多方力量,构建支持体系:创设无障碍的物理环境,使得特殊幼儿在幼儿园内无障碍地参与教学活动,与此同时积极创设无障碍的人文环境,无论是班级教师、资源教师、保健师还是幼儿园其他工作人员均能接纳特殊幼儿,为其创造符合其身心发展需求的学习环境。

(四)科学的教育评估与诊断符合国家特殊教育相关法律法规政策的要求

教育部等7部门联合印发的《第二期特殊教育提升计划(2017—2020年)》(以下简称《计划》)中明确提出提升特殊教育的基本原则第二条是"坚持尊重差异,多元发展。尊重残疾学生的个体差异,注重潜能开发和缺陷补偿,提高特殊教育的针对性。促进残疾学生的个性化发展,为他们适应社会、融入社会奠定坚实基础。"尊重学生差异的前提是要全面了解学生,教育评估与诊断正是了解学生的基本途径。《计划》中重点任务的第三条明确提出"提高特殊教育质量。促进医教结合,建立多部门合作机制,加强专业人员的配备与合作,提高残疾学生评估鉴定、入学安置、教育教学、康复训练的有效性。"由此可见,对残疾学生有效地评估鉴定,是提高特殊教育质量的重要条件之一。

由国务院第161次常务会议修订通过的《残疾人教育条例》(以下简称《条例》)第三条规定"残疾人教育应当提高教育质量,积极推进融合教育,根据残疾人的残疾类别和接受能力,采取普通教育方式或者特殊教育方式,优先采取普通教育方式。"第十九条要求"适龄残疾幼儿、少年接受教育的能力和适应学校学习生活的能力应当根据其残疾类别、残疾程度、补偿程度以及学校办学条件等因素判断。"第二十三条提出"在普通学校随班就读残疾学生的义务教育,可以适用普通义务教育的课程设置方案、课程标准和教材,但是对其学习要求可以有适度弹性。"《条例》中虽未明确提出教育评估与诊断的问题,但是均在强调有效的教育、高质量的教育都要考虑特殊幼儿的差异性,教育评估与诊断有助于以上政策、法规的落实。

> 三、学前融合教育中特殊幼儿教育评估与诊断包含的内容

（一）特殊幼儿基本资料的收集

1.基本资料表所包含的内容

基本资料收集是开展特殊幼儿个别化教育与教学的第一步，只有完整收集基本资料，才能全面了解特殊幼儿，准确把握其现有能力，制定出合理的个别化教育计划，开展有效教学，促进特殊幼儿不断进步、成长。

特殊幼儿基本资料搜集包括三个方面：一般资料搜集、专项资料搜集及其他资料搜集。一般资料包括学生的姓名、性别、出生日期、身份证号、障碍类别、障碍程度、户籍地址以及父母亲的姓名、文化程度、年龄等内容，搜集一般资料的目的是要了解儿童的基本信息，确保信息的真实性和准确性。

学前特殊儿童一般资料收集表

一、基本信息					
姓名		性别		籍贯	照　片
民族		出生日期			
家庭住址					
障碍类型	□听力障碍　□视力障碍　□智力障碍　□自闭症　□言语障碍 □脑瘫（类型）　□发育迟缓　□其他障碍类型				
二、家庭情况					
家庭主要成员					
姓名	与孩子关系	职业	学历	联系电话	对孩子态度
主要照顾者		家庭住址			

（来源：昆明学院附属经开幼儿园）

专项资料包括个人成长史、教育史和医疗康复史。个人成长史主要了解从母亲怀孕到生产时、生产后的具体情况、异常表现等内容，具体包括父母的孕期反应、生产方式、是否早产、生产过程中是否有胎儿窒息、出生体重、有无围产期损伤等；个人教育史主要了解儿童受教育的经历，包括是否参加过早教（效果如何）、是否就读过其他的幼儿园（效果如何）、入学的年龄及入学的园所等；个人医疗康复史是重点把握从出生至今的求医及康复经历，包括医院的诊断证明、检查状况，参加康复的时间、康复的机构、

康复内容及康复的效果等。

学前特殊儿童专项资料收集表

三、个人发展史
1.孕产史: 为第____胎 是否服药: □否　□是,病名:_____药名:_____ 孕期是否有其他异常情况: 出生时父亲____岁,母亲____岁 胎位: □正常　□异常_____ 分娩情况:□顺产　　□剖腹产　□早产　　　□超产 　　　　　□难产　　□产钳　　□吸引器　□其他:_____ 是否有窒息史: □否　□是 是否有核黄疸病史:□否　　□是(几天)_____ 体重____kg　身长____cm 2.早期发育情况: 立即哭:□是　□否,发紫____分钟 立即吸吮:□是　□否 畸形:□无　□有_____ 婴儿常啼哭:□是　□否 是否高烧:□否　□是 其他:_____ 请填写时间:(月) 抬头_____坐____爬(四肢爬)____走_____跑____跳(双脚、原地)____ 3.目前情况:□没有语言　□牙牙学语　□单音　□简单句　□会与人交谈 　　　　　　□坐　□爬　□扶物走　□独立走 4.沟通方式:□口语　□手语　□肢体语言　□沟通板 　　　　　　□沟通图片　□读唇　□其他_____
四、疾病史
1.既往病史:_____ 2.家族病史:□无　□有_____ 　　　　　　　父母及家庭其他成员是否存在类似情况　□否　□是 3.过敏史(食物、药物):_____ 4.手术史:_____ 5.用药史:_____
五、入学情况
□ 从未入学 □ 曾入学: □ 普通幼儿园,入园时间_____。入园多久____,因_____未继续就读 □ 康复机构,入学时间_____。入学多久____,因_____未继续就读 □ 其他____,入学时间_____。入学多久____,因_____未继续就读

(来源:昆明学院附属经开幼儿园)

个别化教育与教学的有效开展需要家庭的配合、社区的支持,那么在其他资料中还应该包括家庭情况、一日生活情况、社区环境等;家庭情况包括居住环境、父母的教养态度、主要照顾者、家庭的需求以及个案在家中的表现、健康状况、饮食、睡眠、如厕、身体清洁、家长对特殊幼儿行为的接受程度、期望等内容;一日生活情况包括了解特殊幼儿在家的一日活动,以时间为线索了解孩子在家一日活动中的学习、休闲等内容;社区环境资料收集包含社区所在地、社区的自然生态环境、社区居民构成、治安状况、社区设施等内容。

特殊幼儿资料收集表

六、生活作息
1.健康状况: □很少生病　□常生病,经常是这些疾病＿＿＿＿＿＿＿＿＿＿＿＿
2.饮食习惯:□无异常　□挑食,偏爱＿＿＿＿　　□有食物限制＿＿＿＿＿ 　　　　　　□硬质　□软质　□流质　□其他
3.进食情况:□独自解决　□需协助(协助方式)＿＿＿＿＿＿＿＿＿
4.睡眠状况: □午睡,一般＿＿＿开始,持续＿＿＿＿(□单独睡　□和＿＿一起睡) □晚上睡觉,一般＿＿开始,持续　(□单独睡　□和＿＿一起睡) □嗜睡　□失眠,时间长达＿＿,其他说明:＿＿＿＿＿＿＿＿＿＿＿＿
5.如厕情况: □便秘 □大便正常,一般每天＿＿＿次,时间＿＿＿(□马桶　□痰盂　□蹲式便槽　□其他＿＿＿) 每天小便＿＿＿次(□马桶　□痰盂　□蹲式便槽　□其他＿＿＿) □独自解决　□需协助(协助方式)＿＿＿＿＿＿＿＿＿＿＿是否冲洗:□是　□否
七、兴趣爱好
食物:喜欢:＿＿＿＿＿＿＿＿＿＿　不喜欢:＿＿＿＿＿＿＿＿＿＿ 水果:喜欢:＿＿＿＿＿＿＿＿＿＿　不喜欢:＿＿＿＿＿＿＿＿＿＿ 饮料:喜欢:＿＿＿＿＿＿＿＿＿＿　不喜欢:＿＿＿＿＿＿＿＿＿＿ 活动:喜欢:＿＿＿＿＿＿＿＿＿＿　不喜欢:＿＿＿＿＿＿＿＿＿＿ 身体接触:喜欢:＿＿＿＿＿＿＿＿＿＿　不喜欢:＿＿＿＿＿＿＿＿＿＿ 玩具:喜欢:＿＿＿＿＿＿＿＿＿＿　不喜欢:＿＿＿＿＿＿＿＿＿＿ 其他:＿＿＿＿＿＿＿＿＿＿＿＿＿＿＿＿＿＿＿＿＿＿＿

续表

八、其他表现
1.行为问题:□无　　□有 _____
2.情绪问题:□无　　□有 _____
3.感官、动作问题:□无　　□有 _____
4.注意力: _____

九、关于孩子需要特别注意的事项

十、家长对孩子的教育期望

(来源:昆明学院附属经开幼儿园)

2.案例呈现

特殊幼儿情况登记表

填表人: 曾老师　　　填表日期: 2019 年 08 月 27 日

一、基本信息						
姓名	张××	性别	女	籍贯	湖南	照　片
民族	汉族	出生日期	2015 年××月××日			
家庭住址	湖南省××市××县××					
障碍类型	□听力障碍　□视力障碍　□智力障碍　□自闭症　□言语障碍　□脑瘫(类型)　□发育迟缓　□其他障碍类型					

二、家庭情况					
家庭主要成员					
姓名	与孩子关系	职业	学历	联系电话	对孩子态度
王××	母女	个体	中专	158××××××××	严厉
张××	父女	个体	中专	138××××××××	民主
张××	祖孙	个体	初中	136××××××××	溺爱
赵××	祖孙	个体	小学	181××××××××	溺爱
主要照顾者	父母	家庭住址	云南省××市××××××		

续表

三、个人发展史

1.孕产史：

为第__1__胎

是否服药：☑否　□是,病名：_____　药名：_____

孕期是否有其他异常情况：

出生时父亲__24__岁,母亲__25__岁。

胎位：☑正常　□异常_____

分娩情况:□顺产　☑剖宫产　□早产　□超产

　　　　　□难产　□产钳　□吸引器　□其他:

是否有窒息史：☑否　□是

是否有核黄疸病史:□否　☑是(几天)__7天__

体重__2.8__kg　身长__49__cm

2.早期发育情况：

立即哭　☑是　□否,发紫____分钟　立即吸吮:□是　☑否

畸形:☑无　□有_____　婴儿常啼哭:☑是　□否　是否高烧:☑否　□是

其他:_____

请填写时间：

抬头__6个月__　坐__12个月__　爬(四肢爬)__12个月__　走__2岁8个月__　跑__2岁8个月__

跳(双脚、原地)_____

3.目前情况:□没有语言　□牙牙学语　☑单音　□简单句　□会与人交谈

　　　　　□坐　□爬　□扶物走　☑独立走

4.沟通方式:□口语　□手语　☑肢体语言　□沟通板

　　　　　□沟通图片　□读唇　□其他_____

四、疾病史及医学诊断

1.既往病史:__先心病__

2.家族病史:☑无　□有_____

父母及家庭其他成员是否存在类似情况　□否　□是

3.过敏史(食物、药物):__急性荨麻疹__

4.手术史:__先心病手术__

5.用药史:__无__

6.医学诊断:_____　诊断机构:_____

续表

五、入学情况
□ 从未入学
☑ 曾入学：
☑ 普通幼儿园，入园时间　2018 年 8 月　。入园多久　1 个月　，因　回昆明　未继续就读
□ 康复机构，入学时间＿＿＿＿＿。入学多久＿＿＿，因＿＿＿＿＿＿　未继续就读
☑ 其他　早教　，入学时间　2019 年 3 月　。入学多久　5 个月　，因　学校开学　未继续就读
康复或早教效果：

六、生活作息
1.健康状况：
☑ 很少生病
□ 常生病，经常是这些疾病＿＿＿＿＿＿＿＿＿＿＿＿＿＿＿＿＿＿＿＿＿＿
2.饮食习惯：□无异常　☑挑食，偏爱　汤类　　□ 有食物限制＿＿＿＿＿＿＿
□硬质　☑软质　☑流质　□ 其他
3.进食情况：□独自解决　☑需协助(协助方式)　有时需要，有时不需要
4.睡眠状况：
☑午睡，一般＿13：00＿开始，持续＿2 个小时＿☑单独睡　□和＿＿＿一起睡)
☑晚上睡觉，一般＿22：00＿开始，持续＿9 个小时＿（□ 单独睡　☑和＿妈妈＿一起睡)
□ 嗜睡　□ 失眠，时间长达＿＿＿，其他说明：＿＿＿＿＿＿＿＿＿＿＿＿
5.如厕情况：
□ 便秘
☑大便正常，一般每天 2 次，时间 10 分钟(☑马桶　□ 痰盂　□ 蹲式便槽
□ 其他＿＿＿＿)
每天小便　4　次(☑马桶　□ 痰盂　□ 蹲式便槽　□ 其他＿＿＿　)
□ 独自解决　☑需协助(协助方式)　大便时需要帮助擦屁屁

七、兴趣爱好
食物:喜欢:流食、汤类　　　　　　不喜欢:硬质食物
水果:喜欢:果汁果酱　　　　　　　不喜欢:硬水果不吃
饮料:喜欢:基本都喜欢　　　　　　不喜欢:无
活动:喜欢:跳舞、做游戏、玩玩具　不喜欢:平衡的活动
身体接触:喜欢:跳舞　　　　　　　不喜欢:无
玩具:喜欢:基本都喜欢　　　　　　不喜欢:无
其他:＿＿＿＿＿＿＿＿＿＿＿＿＿＿＿＿＿＿＿＿＿＿＿＿＿＿

八、其他表现

续表

1.行为问题:□ 无　　☑ 有　<u>喜欢蹲着</u>
2.情绪问题:□ 无　　☑ 有　<u>偶尔会激动</u>
3.感官、动作问题:☑ 无　　□ 有<u>　　　　　　</u>
4.注意力:<u>不是很集中</u>
关于孩子需要特别注意的事项
1.饭菜太硬时,她可能会吃不下,需要帮助把食物切碎
2.不会跳跃,平衡感不是太好
3.多给孩子喝水
十、家长对孩子的教育期望
1 期待孩子的语言表达能力能提高
2.以后生活能自理

(二)生理状况的诊断、评估

生理状况的诊断、评估主要是为了了解学龄前特殊幼儿的生理状况,包含的主要内容有视力、听力、神经系统功能、新陈代谢等,该项诊断和评估主要由医院来完成。检查内容分为一般性的健康检查和针对性的特殊检查。

1.健康体检是以健康为中心的身体检查

中华人民共和国卫生部 2009 年 8 月 5 日颁布卫医政发〔2009〕77 号文件《健康体检管理暂行规定》,提出"健康体检是指通过医学手段和方法对受检者进行身体检查,了解受检者健康状况,早期发现疾病线索和健康隐患的诊疗行为。幼儿健康体检的主要内容包括身高、体重、呼吸、脉搏、血压、感觉以及神经系统检查。

2.针对性的特殊检查

针对性的特殊检查包括血液检查、尿味检查、染色体检查、X 线检查、CT 检查、脑脊液检查等内容。针对性的特殊检查有助于特殊幼儿障碍类别、障碍程度以及主要问题等方面的评估与鉴定。

(三)认知功能评估

认知功能评估是对个体整体的认知过程或特定的认知过程的评估,内容包括知觉、注意、记忆、想象、思维、推理、判断、创造、问题解决、元认知等内容。

智力测验是指运用客观、科学、系统的方法进行评量,是对个体的智力水平的评量与测验。在我国对学前幼儿进行智力测验常用的量表有"韦氏幼儿智力量表第四版"

"斯坦福-比内智力量表第五版"和"古迪纳夫-哈里斯绘人测验"。

1.韦氏幼儿智力量表第四版

（1）测验目的：测量幼儿的智力。第一，可用于评估资赋优异幼儿、认知发育迟缓和智力障碍幼儿的一般智力功能；第二，为特殊幼儿早期干预、制订个别化教育计划提供有价值的信息；第三，应用于特殊幼儿的临床与教育研究领域。

（2）修订时间：美国于2012年10月修订，中国大陆于2014年8月修订。

（3）适用范围：2岁6个月至6岁11个月的幼儿。

（4）测验形式：个别施测的标准化智力测验。

（5）测验内容：测验分成两个年龄段，即2岁6个月至3岁11个月和4岁至6岁11个月。2岁6个月至3岁11个月年龄段的测验领域包括言语理解、视觉空间、工作记忆。4岁至6岁11个月年龄段的测验领域包括言语理解、视觉空间、流体推理、工作记忆、加工速度。

韦克斯勒幼儿智力量表测验内容

测验名称		所预测的内容
言语量表	常识	知识的广度、一般学习能力及对日常事物的认识能力
	背数	注意力和短时记忆能力
	词汇	言语理解能力
	算术	数学推理能力、计算和解决问题的能力
	理解	判断能力和理解能力
	类同	逻辑思维和抽象概括能力
操作量表	填图	视觉记忆、辨认能力、视觉理解能力
	图片排列	知觉组织能力和对社会情绪的理解能力
	积木图	分析综合能力、知觉组织及视动协调能力
	图形拼凑	概括思维能力与知觉组织能力
	数字符号	知觉辨别速度与灵活性

2.斯坦福-比内智力量表第五版（SB-5）

（1）测验目的：测量幼儿、成人的智力。

（2）修订时间：2003年。

（3）适用范围：2岁至成人。

（4）测验时间：完成整套测验大约需要45~75分钟。

（5）测验形式：SB-5属于个别施测的标准化智力测验。

（6）测验内容：洛伊德把整个测验分为言语领域和非言语领域两个部分，每个部分均包括 5 个分测验，分别测量流体推理、知识（晶体能力）、数量推理、视觉-空间信息加工和工作记忆 5 个因子。

（7）施测说明：施测分两个阶段进行，第一阶段施测言语知识和非言语流体推理分测验，根据这两个分测验的得分及受测者的实足年龄查"起测点表"，便可确定其他几个分测验从哪一题开始施测。第二阶段施测其他的分测验，根据受测者的应答情况确定其在每一个分测验上的基础水平和上限水平。所谓基础水平，是指受测者对两个相邻难度水平的题目都能做出正确回答的那个最高水平。如果从起测点开始，两个相邻难度水平的题目都能通过，受测者就不必再做难度更低的题目；如果从起测点开始，在两个相邻难度水平的题目中有不能通过的题目，受测者就要往难度更低的方向做，直到两个相邻难度水平的题目都能通过为止。当两个相邻难度水平的题目中有三道或四道题不能通过时，这两个水平的最低点就是受测者的上限水平。找到某个分测验的上限水平之后就应该停做这个分测验，开始做下一个分测验。当所有的分测验都找到基础水平和上限水平，就可以进行记分和分数的解释。

3.古迪纳夫-哈里斯绘人测验

吉迪纳夫-哈里斯绘人测验（Goodenough-Harris Drawing Test）是由美国明尼苏达大学的古迪纳夫（F. L. Goodenough）编制的，最早的版本发表于 1926 年。1963 年美国人哈里斯（F. L. Harris）对这套测验进行了修订并发表了它的修订本。后来日本的小林重维和城户氏在研究的基础上提出了 50 项评分法。1979 年上海第二医科大学将这套测验引入我国。1985 年首都儿科研究所作为全国幼儿智能研究协作组成员之一，发表了该测验在北京地区的修订报告，这个北京地区的修订本被命名为绘人智能测验。

（1）测验目的：评估幼儿的智能。

（2）适用范围：适用于 4～12 岁的幼儿。

（3）测验形式：既可以个别施测，也可以团体施测。

（4）施测方法：让受测者按自己脑子里想象的人画一张全身的人像，可用橡皮擦，测试时间不限，但一般都能在 10-20 分钟内完成。在受测者画完人像以后，主试按照测验手册中提供的评分标准及评分样例进行评分，并根据受测者的实足年龄和原始分数查智商转化表，得到他的智商。

（四）动作功能评估

动作能力包含骨骼、体能，包含大小肌肉动作、肌力、关节能力等。动作功能评估主要评估个案动作发展的现有能力、动作发展训练阶段、障碍类型、障碍部位、异常肌张力分布以及影响动作发展的有利与不利相关因素。动作功能评估的目的在于掌握个案的动作发展(粗大动作、精细动作等)阶段。

常用的动作功能评估量表有《动作康复训练评估表》《幼儿感觉统合发展检核表》《幼儿感觉发展检核表》《动作训练评估记录表》等。

1.动作训练评估量表

现有能力:□头直立□双侧翻身□双手支撑□手支撑坐□坐□坐立起□四点爬姿
　　　　　□爬行□高跪□行走□跪走□半跪□交替半跪□半跪站立起□双脚跳
　　　　　□蹲走□单脚站□蹲跳□单脚跳

动作发展训练阶段:□头颈控制　□躯干控制　□上肢控制　□骨盆控制
　　　　　　　　　□下肢控制

障碍类型:□痉挛型　□松弛型　□徐动型　□协调不良(共济失调)型　□混合型

障碍部位:□单瘫　□截瘫　□偏瘫_____侧　□四肢瘫　□双瘫
　　　　　□重复偏瘫_____

异常肌张力分布:

从前后看:□全弯　□上弯(垂)下直　□上直下弯
　　　　　□全直-□直1　□直2　□直3

从左右看:□上左　□上右　□下左　□下右
　　　　　□全左(倒C型)　□全右(C型)　□上左下右(倒S型)
　　　　　□上右下左(S型)

2.幼儿感觉统合能力发展评定表

(1)测验目的:旨在评估幼儿的感觉和动作技能。

(2)编者:J.Ayers发表于1975年;我国已修订。

(3)使用范围:4~12岁幼儿。

(4)测验形式:个别测试。

(5)量表构成:量表共有五个部分组成,包括前庭失衡(14题);触觉过分防御(21题);本体觉失调(12题);学习能力发展不足(8题);大龄幼儿的问题(3题)。

(6)评价:该量表具有一定的信效度,内容简单,操作简便易行,应用广泛。幼儿感觉统合能力发展测评定量表每题1分,凡标准分<40分则说明存在感觉统合失调现象。该量表提供年龄常模,一般来说标准分在30~40分为轻度失调,20~30分为中度失调,20分以下为重度失调。使用时通常由熟悉被评估者的家长或教师进行评分,因此,评估者需要特别解释量表中某些词句的准确含义,以免家长或教师误解造成评分错误。

（五）语言功能评估

语言能力包含发音器官的结构与功能、语言理解、语言表达以及语言障碍情形等内容。语言功能评估主要是为了了解个案语言发展的现有能力、存在的问题，从而进行针对性的干预训练。

语言功能评估量表有《学前幼儿与小学低年级幼儿口语语法能力诊断测验》《修订学前幼儿语言障碍评量表》《VB-MAPP 语言行为评估》等。

1.学前幼儿语言障碍评估表

（1）测验目的：用于测量学前幼儿的口语理解能力、表达能力及构音、声音、语言流畅性等情况，可用来筛选沟通障碍或语言障碍幼儿。

（2）编制者：林宝贵、林美秀，1993 年。

（3）适用范围：3 岁~5 岁 11 月的学前幼儿。

（4）测验时间：无时间限制（10~20 分钟）。

（5）测验形式：个别测验。

（6）量表内容：该量表由语言理解和口语表达两个分测验组成。第一个分测验共有 30 题，用来了解幼儿的语言理解和语法能力；第二个分测验共有 32 题，分别用来了解幼儿的声音状况、构音、声调情形、表达能力及语畅和语调是否正常。

（7）信效度：该量表具有较高的信效度。建有我国台湾地区的常模。

2.VB-MAPP

全称为 Verbal Behavior Milestones Assessment and Placement Program，翻译成中文即为语言行为里程碑评估及安置计划，它是由马克·桑德伯格（Mark Sundberg）编写而成的。VB-MAPP 是一个呈现学生语言和其他相关技能的实际情况、跟踪学习进度、进行目标调整和提供效果量度的一个工具，整合了 ABA 程序和教导方法以及斯金纳的语言行为分析，以便为所有语言发育迟缓的幼儿提供一个以行为为基础的语言评估程序。目的是与正常发展幼儿的数据进行比较，从而找出幼儿语言习得和学习存在的障碍，确定个别化训练计划的目标。

（六）社会适应行为及情绪行为评估

社会适应行为及情绪行为评估主要测量个案社会适应技能，个体社会化发展、气质与人格（注意力、活动量、坚持度等）、兴趣与动机、异常行为，包括不适应行为、学习态度、异常行为、各环境中的行为等。

社会适应行为及情绪行为评估量表有《生活适应能力检核表》《学前幼儿提早入学能力检核表》《文兰适应行为量表》《多动症幼儿问题行为检核表》《学龄幼儿社会适应

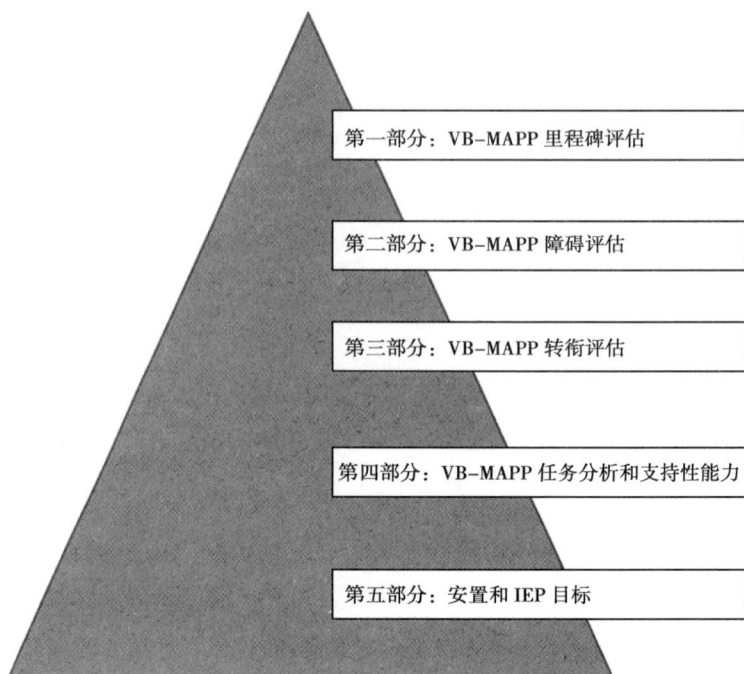

| 第一部分：VB-MAPP 里程碑评估 |
| 第二部分：VB-MAPP 障碍评估 |
| 第三部分：VB-MAPP 转衔评估 |
| 第四部分：VB-MAPP 任务分析和支持性能力 |
| 第五部分：安置和 IEP 目标 |

VB-MAPP 内容简介

技能测查量表》《启智学生学习态度观察评量表》《DSM-Ⅳ-R 诊断准则》《注意力缺陷及过动症（ADHD）》《自闭症幼儿发展测验》《幼儿园幼儿活动量评量量表》《学生兴趣调查表》《学生学习特点调查表》。

以《文兰适应性行为量表》为例进行详述：

（1）编制者：吴武典、张正芬、卢台华、邱绍春。

（2）测验用途：本量表系由熟悉学生之教师，依其对学生之长期观察与了解进行评量，不必直接对学生施测，固有助于对年龄较小、能力较差或不易施测的学生情况与能力之掌握。量表可提供个别间及个别内在差异之比较，协助有关人员了解学生在同龄团体上的相对地位及内在差异情形。判断是否需要实施进一步的评量或更详细的诊断程序。与个别化智力测验一并使用，用以诊断智能障碍学童。量表可作为诊断、评量智能障碍学生适应行为之评量工具，作为教育安置之重要参考。量表可配合其他领域的评量，如智力测验、成就测验、语言发展评量及心理功能发展评量等，做广泛而周全的教育诊断，作为个别化教育计划拟订之参考，其包括教育、复健、家庭服务、职业重建等计划。

（3）适用对象：量表适用于 3 岁～12 岁的一般学童。量表应用于智能障碍学生时，其年龄应可延伸至 15 岁～18 岁。适应行为量表虽主要用来评量智能障碍学生，作为鉴定标准之一；同样，亦适用于评量智能障碍以外之身心障碍学生，以了解其社会适应能力,作为教学与辅导之参考。

（七）课程评量

作为教师,可能因为康复医学知识的缺乏无法对特殊儿童进行较为专业的认知、动作、语言等领域的评估,但是必须要掌握课程评估技能。只有通过科学、客观的课程评量,才能准确把握特殊幼儿的学业成就等方面的现有能力,协助教师明确特殊幼儿本学期、学年的学习目标以及学习内容。该部分将会在下一章中进行详细的介绍。

> 　四、学前融合教育中特殊幼儿教育评估与诊断的流程

对特殊幼儿的诊断与评估需要一定比例的教学人员、管理人员、心理学工作者、医生、康复训练师等人员组成专业评估团队来执行。整个评估过程分为三个阶段,即准备阶段、测评阶段与综合评定阶段。

（一）准备阶段

特殊幼儿教育诊断与评估的准确性、科学性、针对性如何,除了诊断与评估中的技术问题之外,正式实施评估前的准备工作是非常重要的一环,它在某种程度上决定了评估的效果和质量。因此,在特殊幼儿正式评估前,要把好评估的准备工作这一关。

在评估的准备阶段,首先要明确评估目的和了解评估对象,以便选择更恰当的评估工具和评估方法。明确评估的目的和评估的对象以后,就可以着手拟订评估方案了。特殊幼儿的评估方案需从以下几个方面入手。

第一,确定评估的指标体系,即确定评估的具体范围、具体项目。通常特殊幼儿评估包括智力测查、语言功能评估、动作功能评估、适应行为和情绪行为评定、幼儿生长发育史、疾病诊疗史、家族史、教育史、体格检查、教育成就和家庭情况。

第二,选择收集资料的方法、途径和工具,并设计收集资料的程序。

第三,选择和训练评估人员。

第四,成立诊断与评估小组。

第五,安排评估场所,准备工具、器材、强化物等。

第六,联系个案家长,同家长沟通评估目的、内容,确定评估时间、地点,争取家长的支持和配合。

（二）测评阶段

测评阶段是检查、测试、评估、询问的阶段,即通过同个案本人以及家长的接触,采用不同的方法来获得有关个案身心发展的数据和信息。

在测评中,首先由教育管理人员或教师接待前来参加评估的幼儿和他们的家长,

并和家长做初步交谈。确定每个幼儿的评估目标;然后由医务人员、心理学工作者和特殊教育教师进行分项测评;最后,由评估小组收集和汇总各项专业性检查测定资料,编号装袋,检查有无遗漏,送走参评家长和个案。

（三）综合评定阶段

这是评估的最后一环,也是最重要的一环。评估小组将个案的测定、评估的材料提交会议讨论、通过分析、综合与讨论,为参评的个案写出书面的评估意见和教育建议。在综合评定阶段,首先需要对评估资料进行分析,剔除无效资料,筛选出真实、准确、有用的资料,并对评估资料中有矛盾的部分重新验证;其次,评估者需要运用专业知识以合理的方式分析、比较和解释各种资料,根据评估目的对评估对象的心理发展状况、存在的各种问题及需要的特殊支持等做出书面结论,撰写《综合分析研判报告书》。

《综合分析研判报告书》主要是统整教育评估与诊断的内容,为个别化教育计划会议的召开做准备。该报告书前三个部分的主要内容有:被评估者的基本信息、评估过程中使用的评估工具清单、个案各项评估内容信息汇总(学生基本资料、生理状况、认知能力、动作能力、语言能力、社会适应以及情绪行为、课程评量)。表格式样如下。

评量结果综合分析研判报告书

一、幼儿信息

幼儿姓名:_____　　性别:____　　出生日期:_____年____月____日

入籍日期:_____年____月____日　　除籍日期:_____年____月____日

二、使用的评估工具

评量内容	评量工具	评量者	日期
生理状况			
认知功能			
语言功能			
动作功能			
社会情绪			

续表

评量内容	评量工具	评量者	日期
学习特质			
学业评量			
其他			

三、评量结果摘要

1.学生基本资料(含生育史、发展史、目前的能力等)

_____

_____

2.家庭资料(含父母、手足、教养状况、经济能力、家居环境)

_____

_____

3.生理状况

(1)视力(含敏锐度、空间与转移、视知觉等)

_____

(2)听力(含听力损失值、类型、两耳听力、语言听力、听知觉等)

_____

(3)神经系统功能

_____

其他(新陈代谢功能、呼吸系统、消化系统及其他涉及生理学的疾病)

_____

4.认知功能(含认知发展、认知形态、适应行为)

_____

_____

5.语言功能

_____

_____

6.动作能力(含大小肌肉动作、肌力、关节能力等)

_____

_____

_____

7.社会情绪(含不适应行为、学习态度、异常行为、各环境中的行为)

_____

_____

_____

8.学习特质(含接受刺激、目前认知发展阶段、以何种形式表达或反应)

_____

_____

_____

9.学业成就(课程评量结果)

课程名称——学前发展课程评量

领域	现状分析

10.其他

_____

_____

> 五、学前融合教育中特殊幼儿教育评估与诊断的注意事项

(一)注重评估内容的全面性

对特殊幼儿的评估,涉及个案生理、心理、智力、运动、语言等,要想获得个案全面

的资料,了解个案存在问题及发展潜能,需要对个案进行全面而系统的评估。

（二）保证评估的科学性、真实性、系统性

对于特殊幼儿的评估,想要实现评估的科学性、真实性、系统性,不仅需要评估教师具有认真负责、实事求是的态度和精湛的专业技能,还需要教师具备较强的沟通能力,与个案的家长或监护人进行深入细致的沟通,让家长积极参与到评估与诊断的工作中,同时,部分评估内容,如智力评估、生理、心理评估则需要心理测量专家、语言病理学家或听力学专家、眼科专家、医院的其他相关大夫及专业人员的协助,才能确保评估结果的真实、可靠。

（三）坚持动态评估,恰当运用生态评估

标准化的智力测验仅仅检测出个案目前的水平,对于特殊幼儿的评估,还需要了解个案"可能"达到的水平,及如何实现可能。通过"前测—教育介入—迁移—后测"这一系列程序实施动态评估,使个案在动态评量的学习、探索、支持、帮助的过程中达到最佳的发展状态;对个案的社会适应能力及情绪行为进行评估时,要充分运用生态导向的评量,对于个案的情绪及适应能力问题,不仅要从智力层面分析,更要对个案的生活环境进行多维度分析,找到个案的生活圈以及影响与之互动的诸多环境因素,呈现出个案在复杂生态系统的位置及生存状态,使评量在自然时间、常态生活环境和生活活动中进行,在活动中生成教学目标的同时,也明晰了促进环境调整进步的方向。

（四）避免过度评估

特殊幼儿注意时间短暂,容易疲劳,因此,在评估中不能为了全面掌握个案情况就在短期内对其实施所有项目的评估,这样易造成个案对评估的抵触和不配合,评估的准确性将大打折扣,因此,实施评估之前,要根据个案实际情况选择好评估项目,在实施评估中,要有计划分阶段地对个案实施评估,只有这样,才能确保评估的准确性和科学性。

（五）遵守职业道德

对特殊幼儿实施评估以后,将产生一系列社会和教育行为,因此,评估者应对其工作的行为后果负责,严格按照测验使用手册中的有关规定来实施测验,评估中使用的方法和程序也必须达到专业标准,同时,在评估中获得的个案个人及家庭资料系个人隐私,不能向参与个别化教学以外的人员谈及,未经许可,不得在学术期刊上公开发表涉及个案的相关资料。

第三节　学前融合教育中个别化教育计划的拟订——教育评估与诊断方法

为充分了解特殊幼儿的教育需求,明确教育起点,拟订科学合理的个别化教育计划,需要对入园的特殊幼儿进行教育评估与诊断。教育评估与诊断的方法有多种,本章着重介绍特殊幼儿教育评估与诊断中最常用的观察法、访谈法、量表评定法三种方法。

> 一、观察法

（一）观察法的定义

观察法是指研究者根据一定的研究目的、研究提纲或观察表,用自己的感官和辅助工具去直接观察被研究对象,从而获得资料的一种方法。观察法在特殊幼儿的生理、心理、认知、动作、语言、社会适应行为及情绪行为的评估中都被广泛运用。

（二）观察法的类别

观察法可以根据不同的标准划分为不同的类别,在此,把观察法分为系统观察和非系统观察两类。

1.系统观察

系统观察是针对特殊幼儿的某几项特别行为或障碍程度进行观察,观察者必须设计时间表,并排列观察顺序,以探究行为背后所隐藏的问题。如针对某一个案的自伤行为问题,可以设计在不同的时间段、不同的地点、不同的情境下,观察记录个案的自伤行为,以探究个案自伤的原因和目的,并寻求解决这一问题的途径。

2.非系统观察

非系统观察是指观察者并非依照一定的观察规则进行观察,只要与观察目标有关的所有特征及行为反应都要列入观察记录中。如在个案的游戏或学习过程中,我们可以观察个案的认知、语言、动作、情绪及社会适应性,并把观察到的各项内容都做记录。

（三）观察法的实施要求

1.观察的目的要明确

在对特殊幼儿进行观察时,必须做到整个过程有目的、有计划、有步骤地进行。

2.坚持观察的客观性原则

观察资料直接关系到研究结果的真实性,必须以实事求是的科学态度进行观察研究,在整个观察过程中,要坚持对个案的各种表现和能力进行感官观察,避免使用感觉观察,掺杂个人的主观倾向性。

3.保证观察的自然性

为保证观察的客观性,应让个案处于自然情境与状态中,不能加以干预和控制,同时,还应防止被观察对象的虚假现象干扰。

4.力求观察的全面性

从空间上,观察个案的各个方面;从时间上,系统研究个案演变发展的各个阶段、发展的全过程;从研究对象的内部关系以及它与其他事物之间的相互联系上,观察它的整体特征和它在周围环境或更大系统中的表现。只有全面地、系统地、动态地观察个案,才能比较客观地反映个案实际情况。

5.重视对观察者的培训

要确保观察资料真实可靠,观察者是重要的决定因素之一。因此在对个案进行观察前,要对观察者进行系统的理论及实践培训,使观察者具备观察个案的理论知识、专业技能和技巧。

(四)观察法的实施流程

1.确定观察目的

观察目的指的是观察者希望了解或解决的问题。如减少个案刻板行为和延长个案专注时间,都属于观察目的。

2.拟订观察主题

观察主题与观察目的密切关联,有时观察目的与观察主题可以是相同的,但在多数情况下,为达成一个观察目的,需要多个观察主题为其服务。确定了为其服务的观察主题后,就要对主题进行分析,即分析用什么观察方法、从什么角度、观察什么内容、收集哪些资料,这些资料各有什么用途。分析主题时要根据主题所指,充分运用特殊幼儿心理学的相关知识,结合教育经验,联系个案生活环境及发展需求来进行分析。

3.确定观察类型

在观察前要选择合适的观察方法,以便于观察工作的开展和观察目的的达成。首先,要分析各种观察类型的优势与弱势,看哪一种观察类型更容易实现观察目的。其次,要考虑观察的经验和能力。最后,根据观察类型及该类型的观察要求,制作或选择相关的评量表。

4.明确观察对象、内容、时间、地点及联系工作

(1)观察对象:针对资料的收集,我们的观察对象应该包括两个方面,一个方面是观察特殊幼儿在家庭和社区的表现;另一个方面是观察父母和孩子的互动方式、互动效果以及存在的问题。

(2)观察内容:我们的观察内容应该包括环境、活动参与者及影响。环境包括特殊幼儿所在的家庭和社区环境是怎样的?是融合、接纳、尊重、平等互助还是冷漠、排斥、拒绝的环境。活动参与主要是指在社区和家庭中有哪些人参与了特殊幼儿的活动,比如游戏活动、学习、康复、一日三餐、清洁、如厕、外出等。活动影响是指在所有的活动

中,幼儿和活动参与者之间的互动程度,产生的影响,幼儿及参与者的满意度。

(3)观察时间:指连续或不间断地对个案观察的时间。如个案近一个月的活动时间、某一天的活动时间或用餐时间。

(4)观察地点:指需要观察的个案的生活、学习或活动的场所。如:客厅、个训室、操场等。

(5)联系工作:指个案进行观察时,需先征得个案监护人的同意,并在观察前同个案监护人作好联系沟通。

5.培训观察人员

参与观察的人员有教师、专业大学生、教育科研人员、个案监护人,要使观察高效有序,且获得真实有效的资料,必须对观察人员进行专业态度和专业技能方面的培训。让观察人员在观察中要有耐心、负责的态度,不误记、不漏记,根据观察主题准确抓住观察要点,观察记录重要场景与个案的相关活动,同时要尊重个案,妥善处理个案隐私资料。

6.进行观察

在观察中,观察者要与个案保持友好、合作的态度,尽量避免对个案的干扰,观察时,要按观察计划、观察步骤进行,并如实做好观察记录。

7.整理观察记录

观察结束后,要及时做观察记录的整理。观察记录的完整性及信息抓取的有效性直接影响到后期资料的整理。观察者可以提前准备好观察记录表,并在观察记录表上列出关键信息,比如:时间、地点、人物、事件、影响(结果)。这样,观察者可以快速、真实地记录关键点。在观察结束后,根据记录表上的内容尽可能地回忆起完整的内容。为了资料更加科学、完整,在家长同意的情况下,观察者可以录下视频资料,以作为补充。

8.分析观察资料,得出结论

通过观察资料中的诊断信息,可以看到个案的活动内容、活动情景,通过对个案行为前因后果的分析,再结合个案其他资料及相关教育理论、实践作进一步分析,最后对个案的心理、行为作出科学的诊断。

> 二、访谈法

(一)访谈法的定义

访谈法是指为了解相关信息,收集相关资料,访者与被访者双方作的面对面的直接交谈。访谈法是特殊幼儿评估与诊断中最常用的方法,主要是通过访谈家长或者主要照顾者,以更好地了解特殊幼儿的基本情况的评估方法。

(二)访谈法分类

1.结构性访谈

又称为"标准化访谈"或"封闭式访谈",是指访谈者根据事先设计好的有固定格式的提纲进行提问,按相同的方式和顺序向被访谈者提出相同的问题,被访谈者从备选答案中进行选择,类似于一种封闭式的口头问卷。我们在针对特殊幼儿家长进行访谈时,可以采用结构性的访谈,来增强访谈内容的有效性。

2.非结构性访谈

指不采用固定的访谈问卷,不依照固定的访谈程序进行的访谈,鼓励被访谈者自由表达自己的观点。非结构性访谈具有较强的灵活性,而且可以深入了解问题,可以对感兴趣的问题进行追问,得到更为深入的信息,但是比较耗时、费力,一定要把握好时间。

(三)访谈的特点

(1)访谈者与被访谈者需要面对面地直接交谈。

(2)访谈是通过交谈方式进行的口头调查。

(3)访谈是访谈者与被访谈者双向传导的互动式调查。

(4)访谈需要一定的访谈技巧以有效控制调查方向。

(四)访谈的实施流程

(1)确定访谈目的。

(2)明确访谈范围,选择访谈方式,制定访谈内容。

(3)预约访谈,确定访谈时间、地点、对象、内容预告、准备相关资料。

(4)进行访谈,按访谈表或访谈提纲进行访谈

(5)整理访谈记录,对访谈获得的资料进行分析,得出访谈结论。

(五)访谈的实施策略

1.访谈前

做好访谈人员的培训工作,列好访谈提纲或准备好访谈记录表,准备好纸、笔、照相机、录音机等相关工具,同访谈对象预约好访谈时间和地点,告知其访谈目的和内容。

2.访谈中

访谈者衣着整洁大方,言行举止得体,充分尊重访谈对象,需要录音、录像或拍照时,须征得访谈对象同意,访谈内容要依照访谈提纲或问卷上的顺序进行,当访谈对象

的谈话内容偏离主题时,要适时引导,并留意访谈对象的动作、表情等非语言信息所隐含的内容,如遇到访谈对象不愿提及的内容,可切换下一问题,不能为难或激怒访谈对象,同时注意控制访谈时间,以1—2小时为宜。

3.访谈后:

访谈后应立即对访谈内容做如实记录。访谈者必须严守职业规范,妥善保存访谈对象的家庭资料、学生资料信息,未经许可不得公开发表和在公共场合呈现。

＞ 三、量表评定法

量表评定法是指根据评定量表来收集有关幼儿心理特征和行为表现资料的一种评估方法。它也是搜集特殊幼儿评估资料的一种最重要的方法和途径。在对特殊幼儿的评估中,运用量表评估的项目较多,如动作功能评估、语言功能评估、社会适应行为及情绪行为评估,主要便于个别化教育计划的拟订。

评定量表的形式是多种多样的,有数字等级评定量表、图示等级评定量表、图示描述评定量表、检选式评定量表、脸谱式评定量表等。融合教育幼儿园在使用评定量表时,既可以选用已有的、经过大量实践验证的量表,也可以根据需要自行编制量表。编制量表没有标准化、信效度的要求,可以依据需要评定的目标自行设计量表。

＞ 四、档案评量法

档案评量,又称为文件夹评量或成长记录袋评量,幼儿园教师有目的、有系统地搜集特殊幼儿的作品,并依据一定的体系建立档案,用以呈现特殊幼儿身心发展现状以及学习成就等情况。

档案评量要求只要是与特殊幼儿学习、成就有关的作品都要编入幼儿档案中,这些作品包括报告、图片、测验结果、录像、照片、幼儿园完成的学习任务记录等,通过搜集幼儿作品,记录幼儿学习过程档案。

档案评量有其自身的特点,档案评量强调档案收集要有目的性、系统性;既重视过程也重视结果;档案评量需要长期的坚持,需要做到真实性;档案评量既有对过去的回忆也包含对未来的思考;此外,档案评量也强调要调动特殊幼儿的主动性,尽可能提升特殊幼儿的参与度。

档案评量的步骤包括:①为特殊幼儿准备一个档案盒;②明确评估目的;③确定评估内容;④制定评量标准;⑤收集档案评估项目;⑥执行档案评量;⑦档案评估结果呈现。

> ## 五、实作评量法

实作评量即在实际操作中进行评量。实作评量适用于年龄小、发展迟缓的幼儿，重视个别差异，强调考虑幼儿本身的能力、学习特征以及兴趣等，通过实作来反映学习成果，使得特殊幼儿教育评估更加多元化，确保特殊幼儿的教育评估更加客观、公正。

实作评量具有实用性、阶段性、整合性、个别化等特点，教师们经常使用的实作评量的类型有纸笔成就表现、确认测验、结构化成就表现测验、模拟成就表现、工作样本等。

实作评量的步骤包括：①确定评估目标；②设计评估活动；③确定实作评估标准；④提供适当的表现情景；⑤开展实作评估；⑥呈现评估结果。

教育评估与诊断是学前融合教育个别化教育计划拟订中的关键一环，全面的教育评估有助于准确把握特殊幼儿身心发展现状，是有效个别化教育计划拟订的前提，能够促进教学的针对性与有效性。当然，教育评估与诊断的方法是多种多样的，教师需要根据特殊幼儿的评估需求，合理选择。

第四节 学前融合教育中个别化教育计划的拟订——教育评估与诊断资料收集之案例分析

> ## 一、特殊幼儿基本资料收集

特殊幼儿情况登记表

填表人：__曾老师__　　　　填表日期：__2019 年 08 月 27 日__

一、基本信息						
姓名	张××	性别	女	籍贯	湖南	照　片
民族	汉族	出生日期	2015 年××月××日			
家庭住址	湖南省××市××县××					
障碍类型	□听力障碍　□视力障碍　☑智力障碍　□自闭症　□言语障碍 □脑瘫（类型）　□发育迟缓　□其他障碍类型					

续表

二、家庭情况

家庭主要成员

姓名	与孩子关系	职业	学历	联系电话	对孩子态度
王××	母女	个体	中专	158××××××××	严厉
张××	父女	个体	中专	138××××××××	民主
张××	祖孙	个体	初中	136××××××××	溺爱
赵××	祖孙	个体	小学	181××××××××	溺爱

主要照顾者	父母	家庭住址	云南省 XX 市 XXXXXX

三、个人发展史

1.孕产史:

为第__1__胎

是否服药: ☑ 否　□是,病名:_____ 药名:_____

孕期是否有其他异常情况:

出生时父亲__24__岁,母亲__25__岁。

胎位: ☑ 正常　□异常_____

分娩情况:□顺产　☑剖宫产　□早产　□超产

　　　　　□难产　□产钳　□吸引器　□其他:

是否有窒息史: ☑ 否　□是

是否有核黄疸病史:□否　☑是(几天)__7__天

体重__2.8__ kg　身长__49__ cm

2.早期发育情况:

立即哭 ☑是　□否,发紫____分钟 立即吸吮:□是　☑否

畸形:☑无　□有_____　婴儿常啼哭:☑是　□否　是否高烧:☑否　□是

其他:_____

请填写时间:

抬头__6个月__ 坐__12个月__ 爬(四肢爬)__12个月__ 走__2岁8个月__ 跑__2岁8个月__

跳(双脚、原地)_____

3.目前情况:□没有语言　□牙牙学语　☑单音　□简单句　□会与人交谈

　　　　　□坐　□爬　□扶物走　☑独立走

4.沟通方式:□语　□手语　☑肢体语言　□沟通板

　　　　　□沟通图片　□读唇　□其他_____

续表

四、疾病史及医学诊断
1.既往病史:<u>先心病</u>
2.家族病史:☑无 □有_____ 　　　　　　　父母及家庭其他成员是否存在类似情况 □否 □是
3.过敏史(食物、药物):<u>急性荨麻疹</u>_____
4.手术史:<u>先心病手术</u>_____
5.用药史:____<u>无</u>_____
6.医学诊断:_____ 诊断机构:_____

五、入学情况
□ 从未入学
☑ 曾入学:
☑普通幼儿园,入园时间__2018 年 8 月__。入园多久__1 个月__,因__回昆明__未继续就读
□ 康复机构,入学时间_____。入学多久____,因_____未继续就读
☑其他__早教__,入学时间__2019 年 3 月__。入学多久__5 个月__,因__学校开学__未继续就读
康复或早教效果:

六、生活信息
1.健康状况:
☑ 很少生病
□ 常生病,经常是这些疾病_____
2.饮食习惯:□无异常 ☑挑食,偏爱__汤类__ □ 有食物限制_____ 　　　　　　□硬质 ☑软质 ☑流质 □ 其他
3.进食情况:□独自解决 ☑需协助(协助方式)__有时需要,有时不需要__
4.睡眠状况:
☑午睡,一般__13:00__开始,持续__2 个小时__ ☑单独睡 □和____一起睡)
☑晚上睡觉,一般__22:00__开始,持续__9 个小时__ (□ 单独睡 ☑和__妈妈__一起睡)
□ 嗜睡 □ 失眠,时间长达____,其他说明:_____
5.如厕情况:
□ 便秘
☑大便正常,一般每天2 次,时间10 分钟(☑马桶 □ 痰盂 □ 蹲式便槽 □ 其他_____)
每天小便__4__次(☑马桶 □ 痰盂 □ 蹲式便槽 □ 其他____)
□ 独自解决 ☑需协助(协助方式)__大便时需要帮助擦屁屁__

七、兴趣爱好

续表

食物:喜欢:<u>流食、汤类</u> 不喜欢:<u>硬质食物</u>	
水果:喜欢:<u>果汁果酱</u> 不喜欢:<u>硬水果不吃</u>	
饮料:喜欢:<u>基本都喜欢</u> 不喜欢:<u>无</u>	
活动:喜欢:<u>跳舞、做游戏、玩玩具</u> 不喜欢:<u>平衡的活动</u>	
身体接触:喜欢:<u>跳舞</u> 不喜欢:<u>无</u>	
玩具:喜欢:<u>基本都喜欢</u> 不喜欢:<u>无</u>	
其他:<u> </u>	

八、其他表现
1.行为问题:□ 无 ☑ 有 <u>喜欢蹲着</u>
2.情绪问题:□ 无 ☑ 有 <u>偶尔会激动</u>
3.感官、动作问题:☑ 无 □ 有 <u> </u>
4.注意力:<u>不是很集中</u>

九、关于孩子需要特别注意的事项
1.饭菜太硬时,她可能会吃不下,需要帮助把食物切碎
2.不会跳跃,平衡感不是太好
3.多给孩子喝水

十、家长对孩子的教育期望
1 期待孩子的语言表达能提高
2.以后生活能自理

> ## 二、学前融合教育中特殊幼儿教育评估资料收集与整理的案例

评量结果综合分析研判报告书(一)

一、幼儿信息

学生姓名:<u>××</u> 性别:<u>×</u> 出生日期:<u>20××</u> 年 <u>×</u> 月 <u>×</u> 日

入籍日期:<u>20××</u> 年 <u>×</u> 月 <u>××</u> 日 除籍日期:<u> </u>年<u> </u>月<u> </u>日

二、评估工具

评量内容	评量工具	评量者	日期
生理状况	外周核染色体核型分析	×××××××医院	20××年×月
认知功能	韦氏儿童智力量表(4.5~6岁)	陈老师	20××年×月
语言功能	学前幼儿语言障碍评估表	李老师	20××年×月
动作功能	粗大运动功能评估表(GMFM)	曾老师	20××年×月
	精细运动能力评定表(FMFM)	李老师	20××年×月
社会情绪	儿童适应行为评定量表(城市本)	李老师、陈老师	20××年×月
学习特质	学生学习特点调查表	陈老师	20××年×月
	双溪学生学习态度观察评量表	李老师	20××年×月
学业评量	学前发展性课程	李老师、陈老师、曾老师	20××年×月
其他	学生兴趣调查表、幼儿情况登记表	李老师	20××年×月

三、评量结果摘要

1.学生基本资料(含生育史、发展史、目前能力等)

孕期21三体综合症排查比例高达1/360,顺产,出生时有先天性心脏病,手术后已痊愈,障碍类型为智力障碍;语言表达能力较差,无法用语言与人沟通,主要靠手势;生活自理能力及认知能力相对较差;喜欢跳舞,乐于助人。

2.家庭资料(含父母、手足、教养状况、经济能力、家居环境)

家在××市,家庭关系和谐。父母均做生意,经济较为宽裕,平时多由爷爷奶奶照顾,教养态度为宠溺;父母希望孩子在幼儿园期间提升其生活自理能力,对学习方面的要求为尽力而为,快乐学习。希望三年后能进入普通小学就读。

3.生理状况

①视力(含敏锐度、空间与转移、视知觉等)

未见异常。

②听力(含听力损失值、类型、两耳听力、语言听力、听知觉等)

未见异常。

③神经系统功能

未见异常。

④其他(新陈代谢功能、呼吸系统、消化系统及其他涉及生理学的疾病)

吞咽功能较差。

4.认知功能(含认知发展、认知形态、适应行为)

对陌生环境适应能力差、智力障碍、认知发展相对同龄儿童较差。

5.语言功能

能说简单叠词(如:爸爸、妈妈等);其他情况下基本以咿呀等发声表达需求。

6.动作能力(含大小肌肉动作、肌力、关节能力等)

手部力量欠缺,动作缓慢,吞咽困难,下肢控制能力差,姿势控制能力较差、不能做跳跃动作,平衡能力较差。

7.社会情绪(含不适应行为、学习态度、异常行为、各环境中的行为)

学习态度积极,课堂参与度高,教师表扬鼓励后学习积极性会更高。依赖性较强,易放弃;不知怎么正确与人交往,环境适应能力差,在陌生环境中有不适应行为。

8.学习特质(含接受刺激、目前认知发展阶段、以何种形式表达或反应)

多以手势及咿呀声表达需求。

9.学业成就(课程评量结果)

课程名称——学前发展课程评量

领域	现状分析
感官知觉	优:视觉、听觉、触觉　　　　弱:味觉
粗大动作	优:姿势控制、转换姿势、移动力　弱:简单运动技能
精细动作	优:抓放能力、操作能力　　弱:简单运动技能
认知	优:物体恒存、模仿、记忆、符号、解决问题　弱:配对、分类、推理、概念理解
生活自理	优:饮食能力、如厕、清洁与卫生、穿着
沟通	优:言语转机、语言理解　　　弱:沟通能力、口语能力
社会技能	优:人际互动、自我概念、环境适应　弱:游戏特质

10.其他

评量结果综合分析研判报告书(二)

一、幼儿信息

学生姓名:王×× 性别:___女___ 出生日期:__2012__年__4__月__22__日

入籍日期:__2018__年__10__月__7__日 除籍日期:____年__月__日

二、评估工具

评量内容	评量工具	评量者	日期
生理状况	学生基本资料表	崔××、王×	2018.10.14
	特殊儿童家庭访谈表	崔××、王×	2018.10.14
认知功能	韦氏儿童智力量表(4.5~6岁)	陈××、段×	2018.10.21
语言功能	特殊需求儿童语言沟通评估记录表	田××	2018.10.21
动作功能	粗大运动功能评估表(GMFM)	陈×、吴×	2018.10.28
	精细运动能力评定表(FMFM)	崔×、陈××	2018.10.28
社会情绪	儿童适应行为评定量表(城市本)	崔×、吴×	2018.10.28
学习特质	学生学习特点调查表	田××	2018.10.14
	双溪学生学习态度观察评量表	陈××	2018.10.14
学业评量	双溪心智障碍儿童个别化教育课程	全组人员共同完成	2018.11.11
其他	学生兴趣调查表(增强物调查)	陈××	2018.10.14
	日常一日例行活动调查表	陈×	2018.10.14
	社区生态环境调查	段×	2018.10.14

三、评量结果摘要

1.学生基本资料(含生育史、发展史、目前能力等)

胎位异常,早产20天,体重1kg,出生时父亲34岁,母亲33岁;出生后没有立即哭,曾患高烧。动作障碍和智力障碍是其发展的主要障碍,个案粗大动作除步态与平衡外基本无障碍,但精细动作较差,左右手协调性不好;害羞,紧张,怕生,说话精细度存在问题,但与熟悉的人可以进行有效沟通;认知能力相对较好,喜欢团体活动,也喜欢帮老师做事情。

2.家庭资料(含父母、兄弟姐妹、教养状况、经济能力、家居环境)

个案与父母同住,父母是其主要照顾者,父亲学历为初中,母亲学历为小学,对个案的教养态度都比较民主,经常鼓励个案的正向行为,对个案的障碍程度比较了解,家人主要休闲的活动有看电视和逛街;无其他兄弟姐妹;家庭经济条件一般,可以保证个案正常接受教育;家住六层,两室一厅,住房面积为100 m²,个案有自己的房间,社区清洁情况和治安状况一般。

3.生理状况

①视力(含敏锐度、空间与转移、视知觉等)

视力正常,且视觉敏锐度较高。

②听力(含听力损失值、类型、两耳听力、语言听力、听知觉等)

听力正常,且听知觉较为良好。

③神经系统功能

神经系统功能异常,因产中窒息,导致脑瘫障碍,且伴随轻度智力障碍,于半岁的时候诊断出来。

④其他(新陈代谢功能、呼吸系统、消化系统及其他涉及生理学之疾病)

新陈代谢功能良好,每天大小便排泄有规律且正常。呼吸系统良好,睡眠质量高且有规律。消化系统正常,饮食习惯良好,喜欢喝纯牛奶。健康状况良好,很少生病。

4.认知功能(含认知发展、认知形态、适应行为)

认知主要分为:物体恒存、记忆力、配对和分类、顺序,解决问题等几个大的方面。物体恒存性、物品操作之记忆能力、地点位置之记忆能力、物品所属之记忆能力、配对和分类、顺序、设法取得物品、计划思考、应用所学、纠正错误的能力已经能基本达到适应环境的需求。

根据韦氏智力测验来看其智商为58,在算数、词汇、背数、填图、排列、积木等方面的能力较好,在常识、数同、理解、译码和迷津等几个方面的能力较弱。

6.动作能力(含大小肌肉动作、肌力、关节能力等)

粗大动作:粗大动作的很多方面没有较大问题。粗大动作里面包括仰卧位与俯卧位,躺着和趴着这17项动作里面能很好地完成一些动作,但是像一只手肘支撑,另一只手抬起来这个动作做得不太好。坐位里面,做不到左右侧坐。爬和跪高跪无问题,但高跪行走时走得很急,经常摔倒;站立位下可以不用上肢辅助做到抬脚单脚站立,但是时间都不超过5秒。走、跑、跳不能做到单脚跳,尝试单脚跳时会因无法维持平衡而摔倒。

精细动作:上肢关节活动能力较好,在物体的拾取、抓放方面有较好的完成度,对力量的把控能力较弱,软硬物抓取力度不能控制,一般使用右手操作,训练活动完成速度较慢;有堆叠及嵌塞能力,可以在示范下完成较简单的积木堆叠和较简单的图形嵌塞;顺序工作方面需要老师的辅助及提醒;腕部旋转范围较小,只能开关较简单容器,可以使用简单文具,但图形仿画能力较差,线条仿画能力较好;手眼协调能力较差,在使用工具方面如剪刀等无法正确操作。

7.言语能力(含语汇、语言理解、语言表达)

能自发地发出大小音量、快慢节奏、高低音调的声音,能模仿发出环境中熟悉的声音,可以使用少部分声母韵母。性格方面有些内向,不爱主动开口说话。

在语汇方面,会复诵简单的生活语汇,会说简单的生活语汇,会说自己和家长的称谓,会说社交用语,会说常用物品的名称,会说允许和拒绝的词汇,会说赞美和责备的词汇,会说常用的动词、形容词、疑问词、人称代词等语汇,能说出适当的语调。能说语汇联结的短句,能说完整的简单句、否定句,会说问句,能和人进行对话。声音察觉方面,会转头寻找或注视声源,能区分说话声音量的大小、说话声的高低、说话快慢的节拍。在语汇理解方面,听得懂简单的生活词汇,能理解简单短句,听得懂简单指令、表示方向的简单句,能理解连续指令,个别指导和团体活动时能听懂连续指令并照做,能理解否定句,能理解问句,对完整的复杂句理解困难,能理解简单的故事内容,能理解较复杂或抽象的说话内容,能听懂笑话、假设句、讽刺。

在语言理解方面的能力相对较好,但在语言表达方面的能力相对较弱,因此在言语上,我们的侧重点应该放在语言表达方面,同时更多地引导其主动开口说话,使其做到能够自主开口表达。

8.社会情绪(含不适应行为、学习态度、异常行为、各环境中的行为)

社会适应良好,该个体产生的行为能够随环境的改变而改变,几乎没有不适应的行为产生。因为个案的注意力不集中,个案对于学习书本知识不会产生太大的兴趣,更喜欢在训练课中接受老师讲的知识。因为个案正处于青春期,同时也会有一些青春期的表现,比如:喜欢和人亲近;对喜欢的人(同性)会口型上表现出亲吻的行为;偶尔会不分场合吐口水,但在提醒下会得到控制,无其他异常行为;在学校能和同学们友好相处,不会表现出攻击行为;在家庭中,能和父母、爷爷奶奶主动亲近,氛围温馨融洽。

个案的自我意识能力良好,能够察觉自己的身心活动,能正确认识自己的生理状况;因为她的身体右侧部分处于弱势,所以平时使用手的时候更喜欢使用左手;自尊心比较强,对自己的信心不够;意志坚定,虽然注意力不集中,但是能够在老师的鼓励下坚持完成一项任务。

9.学习特质(含接受刺激、目前认知发展阶段、以何种形式表达或反应)

能主动或被动接受刺激;认知发展方面,注意力不集中,记忆力较好,对具体物可以认知,不能理解抽象符号,抽象思维发展较差;模仿力及配合度强,能较快适应集体,对集体活动有较大兴趣;学习动机弱,不会主动学习,需要在老师的指示和监督下才能完成学习;与人能用简单的口头语言以及肢体语言进行沟通交流。

10.学业成就(课程评量结果)

课程名称——双溪心智障碍儿童个别化教育课程

领域	情况摘要
感官知觉	优势:视听触觉敏锐度、视听触记忆能力、前庭觉本体觉能力 弱势:无
粗大动作	优势:姿势控制能力,翻滚、四肢爬行、跪行、走、上下楼、跑、跳,球类游戏、垫上运动、轮胎游戏、投掷游戏、循环体能、大道具游戏、体操能力 弱势:臂行、游乐器材、绳类游戏、溜滑活动、水中活动
精细动作	优势:抓放能力、作业能力、工具使用 弱势:腕部旋转、顺序工作能力、顺序套物能力、使用剪刀能力
认知	优势:物体恒存性、物品操作之记忆能力、地点位置之记忆能力、物品所属之记忆能力、配对和分类、顺序、设法取得物品、计划思考、应用所学、纠正错误 弱势:经历事件的记忆能力、了解因果关系
生活自理	优势:咀嚼和吞咽,拿食物吃,喝饮料,用餐具取食,穿脱鞋子、裤子、衣服,如厕,身体清洁能力 弱势:做饭前准备及饭后收拾,适当的用餐习惯,穿戴衣饰、佩件、使用雨具、卫生棉条、剪指甲的能力
沟通	优势:听的能力,说出常用句、简单否定句,读前准备,肢体沟通(接受性和表达性),图片和照片沟通(表达性),内在语言上除注意力、模范能力外的能力,适应能力 弱势:注意力,模仿能力,适应能力,说的能力,非语言沟通除肢体沟通(接受性质表达性)、图片和照片沟通(表达性)以外的能力、读写能力
社会技能	优势:数的应用、打招呼、团体活动、求助、清洗器具、整理衣物、认识社区、使用公共设备、音乐、影视 弱势:介绍、尊重别人、约会、清洗衣物、烹饪、缝纫、使用交通设施、公家单位、参与社区活动、休闲活动、身心健康、安全技能

【本章摘要】

1.个别化团队建设:概念;建设缘由;成员组成及职责;团队工作开展。

2.学前融合教育中特殊幼儿教育评估与诊断是一项综合性的工作,在广泛收集特殊幼儿大量信息、资料(包括医学鉴定与检查、认知功能、动作发展、语言功能、行为问题、心理测量、学业测试以及家长、教师提供的相关资料)的前提下,采用科学的方式方法对这些信息、资料进行综合的分析、判断、解释,全面了解特殊幼儿的现有能力、存在的问题以及教育需求,从而为特殊幼儿做出科学、有效、可操作的教育性决定。

3.教育评估与诊断的意义与价值:①有助于个别化教育理念的贯彻实施;②有助于特殊教育教师教学的针对性、有效性,提升特殊教育教师教学技能;③有助于幼儿园服务特殊幼儿的支持体系建构;④科学的教育评估与诊断,符合国家特殊教育相关法律法规政策的要求。

4.教育评估与诊断包含的内容:①生理状况诊断、评估;②认知功能评估;③动作功能评估;④语言功能评估;⑤社会适应行为及情绪行为评估;⑥课程评量。

5.教育评估与诊断方法:①观察法;②访谈法;③量表评定法。

6.教育评估与诊断的流程:准备阶段、测评阶段、综合评定阶段。

【复习思考题】

1.试论述学前融合教育中个别化团队建设的意义与价值。

2.试论述学前融合教育中特殊幼儿教育评估与诊断的意义与价值。

3.详细阐述学前融合教育中特殊幼儿教育评估与诊断的内容。

4.结合实践,论述学前融合教育中特殊幼儿教育评估与诊断的基本要求。

5.详细阐述学前融合教育中特殊幼儿教育评估资料收集的内容。

第三章

学前融合教育中个别化教育计划的拟订——课程评量

◎ **本章聚焦**

1.课程定义、基础、分类。

2.课程评量定义、意义与价值、特点、原则、工具、方法。

3.学前融合教育个别化教育拟订——课程评量的实施。

4.学前融合教育个别化教育拟订——课程评量案例分析。

◎ **内容导览**

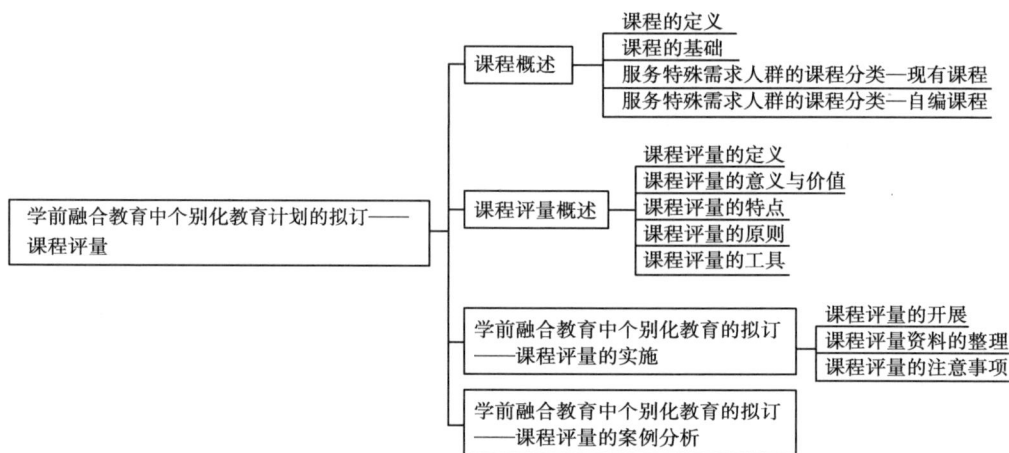

◎ **小案例**

　　幼儿园资源教师为冬冬开展完系列评估以后,联合班级教师依据幼儿园现有课程为冬冬展开课程评量。首先,将现有课程通过全方位通用课程设计,使其具备评量功能,并组织评估团队成员设计评估活动,准备评估材料。然后,由评估团队成员两两一组为冬冬进行课程评量,评量结束统整评估资料,撰写《评量结果分析表》,得出评量结果。

◎ **大思考**

1.教师如何选择适合特殊幼儿发展需求的个别化课程?

2.幼儿园教师如何做好特殊幼儿的课程评量?

3.为确保顺利制定个别化教育计划,教师如何做好课程评量材料的整理与分析?

课程评量作为教育评估与诊断的一部分,是个别化教育计划拟订的重要依据,也是学前融合教育教师的必备技能。

第一节　课程概述

＞　一、课程的定义

认识课程评量,首先需要了解课程是什么。

课程是指学校学生所应学习的学科总和及其进程与安排。狭义的课程是指某一门学科;广义的课程是指学校为实现培养目标而选择的教育内容及其进程的总和,它包括学校所教的各门学科和有目的、有计划的教育活动。

＞　二、课程的基础

(一)教育思想

教育思想是课程基础的基础,教育思想影响着课程的内容与结构,导向着课程的目标,也决定着教学的方法与策略。教育思想决定了学校的办学定位、教育理念。作为融合教育幼儿园,首先需要做到的是依据教育思想明确本园的办园定位、办园理念。

(二)学生需要

融合教育幼儿园课程的建设需要充分考虑特殊幼儿的生理需要以及心理需要,了解特殊幼儿的障碍类型、障碍程度、生理特征以及心理表现,只有这样才能确保融合教育课程的针对性、有效性。融合教育课程既要能够帮助特殊幼儿掌握必备的基础知识和基本技能,培养思维能力,又能促进特殊幼儿在情感态度与价值观等方面的发展,为其今后适应生活、适应社会、贡献社会打下良好基础。

(三)社会发展需求

党的教育方针提出:"坚持教育为社会主义现代化建设服务,为人民服务,把立德树人作为教育的根本任务,全面实施素质教育,培养德智体美全面发展的社会主义建设者和接班人,办好人民满意的教育。"党的教育方针正是我国社会发展需求的充分体现。社会发展需求决定教育的思想与方针,直接影响各阶段的教育课程体系。融合教育幼儿园课程的建设需要一定的社会背景作为支撑,因为只有接纳、包容、平等的社会环境,才能够促进学前融合教育的发展,同时融合教育幼儿园课程的建设还需要充分考虑社会发展的需求。

> **三、服务特殊需求人群的课程分类——现有课程**

(一)发展性课程

发展性课程是指依据一般儿童的身心发展顺序,通过适当引导来满足儿童的身心发展需求,最终促进儿童各方面能力充分发展的课程。发展性课程注重把握儿童最近发展区,对其进行潜能的挖掘,通常适合学前(年龄较小)或障碍程度较轻的儿童。让不同类别、不同障碍程度的儿童在语言、认知、动作、生活自理等方面得到与身心发展相符的基础性教学与训练,以此来补偿缺陷、发掘潜力,最终推动儿童身心进一步发展。

(二)义务教育阶段课程

《中华人民共和国义务教育法》明确规定:"对视力残疾、听力语言残疾和智力残疾的适龄儿童、少年实施义务教育。"为全面提升特殊教育教学质量,国家教育部于2016年发布了《盲校义务教育课程标准(2016年版)》《聋校义务教育课程标准(2016年版)》和《培智学校义务教育课程标准(2016年版)》,在课程标准中详细阐述了各个学科的课程性质、课程基本理念、课程设计思路、课程具体内容和教学目标,并出版配套的义务教育教科书。义务教育阶段课程的持续改革不仅进一步满足了特殊儿童身心发展需求,也全面提升了特殊教育质量。

(三)功能性课程

最早提出功能性课程概念的是美国特殊教育学者雷诺和伯奇。在1992年美国智力障碍协会修改智力障碍的定义后,功能性课程成为一种流行趋势。功能性课程观认为,残疾障碍不应被当成一种能力缺陷看待,而应视为功能及适应性行为受到某种限制。从此,人们对能力发展障碍儿童的教育观念、课程观念发生了转变,以普通儿童发展为参考的模式转向以障碍儿童现在至将来适应社会生活需要的知识与技能目标为参考的模式。

功能性课程注重儿童个体障碍与环境之间的关系,侧重于消除儿童个体所在环境中可能存在的障碍,或者改善环境条件以达到功能性的支持。例如,听力障碍儿童无法听音,通过给其配备助听器即能实现听音功能。让儿童个体能有符合环境要求的适应性行为是功能性课程的本质,课程内容与儿童在社会生活环境中所需掌握的技能相关。功能性课程以儿童现有的能力、技能和他们在环境适应上的需求为基础,主要培养日常生活中必要的活动和技能,并以此来设计课程,例如生活自理、沟通、居家生活、社区生活等技能。

(四)生态课程

生态课程是指将儿童置于家庭、学校、社区、职业等日常常态生活环境中,在充分了解儿童生活环境的情况下,根据儿童现有能力发展水平及环境适应状态而提供的个别化教育课程,它是以个体能适应未来的常态生活为导向的。生态课程以儿童生活的"环境"为中心进行教学活动,教育者必须对儿童生活的环境有整体性的把握,重视对儿童生活的家庭环境和社区环境因素的构成做细致的解析,运用各种辅助手段对环境进行改善和支持,注重儿童在理想环境中参与活动的主动性,使儿童对环境的适应能力得到提升。

(五)职业教育课程

特殊教育学校职业教育的发展是衡量一个社会进步和文明的重要标志。特殊教育学校对有残疾障碍的青年学生进行职业教育,所开设的职业教育课程内容要符合当地的经济发展需求和劳动力需求。重点培养学生掌握某种职业或生产劳动需要的知识、技能、职业素养、工作人格,解决残疾障碍学生的就业、自立问题,使之将来能够适应社会、立足于社会,从而减轻家庭与社会的负担,能够促进残疾障碍青年自强、自立、自信、平等地参与社会生活与劳动,为社会发展贡献力量。

(六)教康整合课程

教康整合课程从名称意义上解释就是将教育教学和康复训练有机融合的课程,这是针对特殊儿童身心发展需求产生的特殊课程模式。特殊儿童生理和心理上的缺陷阻碍他们像普通儿童一样生活、学习,极易让他们产生自卑感以及出现消极、自暴自弃的性格特点。他们不仅需要良好的教育,而且需要有针对性的康复训练。目前在特殊教育学校开设的教康整合课程主要包括自闭症儿童康复训练、言语康复训练、心理辅导、感觉统合训练、多感官训练、大小肌肉训练等。教康整合课程能有效促进特殊儿童运动功能、语言、社会技能、心理素养、认知、思维等方面的发展,为特殊儿童成长为完整的社会化的人奠定基础。

(七)融合教育课程

融合教育的发展让更多特殊儿童能有机会进入普通幼儿园和学校与普通儿童、少年一起接受学校教育,这是追求教育公平的结果,也是社会文明进步发展的必然结果。

融合教育课程既要面向普通儿童发展需求,又要面向特殊儿童发展需求,因此,融合教育课程是一种共同课程,重点关注课程调整,通过分解、细化、调整达到"全方位通用课程设计",确保每个儿童都能公平、全面地参与幼儿园或学校的课堂内外活动,促进儿童各方面发展。同时融合教育课程也是一种兼顾特殊儿童个别差异,能满足不同学习能力与需要的弹性课程。融合教育课程能有效促进特殊儿童学业和社会性发展,是特殊儿童融入主流社会的有力支持。

> **四、服务特殊需求人群的课程分类——自编课程**

(一)自编课程的定义

自编课程是学校为了达到教育目的或解决学校的教育问题,依据学校自身的性质、特点、条件以及可以利用和开发的资源,由学校教育人员与校外团体或个人合作,依据国家教育方针、国家或地方课程计划开发的课程。自编课程强调以学校为基地、以学校为基础、以学校为主体,与地区特殊教育需求和特殊儿童身心发展需求高度契合,同时兼顾地区性或校际间的个别差异。自编课程包含课程目标的制订、课程内容的选择、课程实施、课程评价等课程开发的基本内容。

(二)自编课程的优点

自编课程的优点:①教师依据教学需求编制课程,课程对于本校学生的适用性较强;②课程的开发与运用能依照社会变迁与学生需求随时作出调整与改变,课程更富机动性、多样性与弹性;③它不提倡编写固定的、正规的教材,而是强调活动与过程,以保持较大的开放性、灵活性与适应性;④自编课程开发是促进教师专业发展的又一条重要途径,因为课程开发不仅对教师提出了新的要求,还为教师的专业发展提供了可能性。

(三)融合教育幼儿园自编课程的流程与方法

1.确定课程理念
课程理念是指课程的中心思想,课程要达到或追求的最高目标。

2.确定课程依据和使用范围
课程依据是指课程编写的方向性参考内容,如"双溪课程"将一般儿童身心发展规律和社会适应作为课程内容的依据。使用范围是指课程适用于什么年龄段的儿童和障碍类型,如"双溪课程"适用于3~16岁的中、重度智障儿童、少年。

3.确定课程目标

课程目标主要是指本课程要培养什么样的学生,要让学生通过学习达到什么样的目标。课程的组织框架、课程内容及评分标准皆以课程目标为引领。课程目标体系结构可以分为:领域(一级目标),以一码为代号;次领域(二级目标),以二码为代号;功能(三级目标)以三码为代号。

4.设置课程组织结构

课程组织结构是课程的内容概要,一般以工学模式或思维导图模式层层分解呈现,形成几个领域,每个领域再层层分解,不断细化。

5.确定课程内容

课程内容的确定可以采用工作分析法,分析课程组织结构中所包含的具体内容,并一一罗列出来。课程内容续写的方式可以采用常用动词+名词(词组)的原则撰写。

6.设定课程评量标准

课程评量标准以适应环境的需求、能力成熟度、能力具备的功能等角度设置,与课程内容、课程目标体系相匹配,能较为准确地将课程目标作更深入、具体的解读。便于表达该项目的能力,掌握等级现状,便于教师找到教学起点。课程评量标准是多元化的,一般有好、中、差或 A/B/C。

（四）自编课程案例——幼小衔接适应性功能课程

1.课程理念

本课程理念是希望学生能够较好地适应小学生活,热爱小学生活。

2.课程依据

本课程依据普通儿童身心发展规律及社会适应需求而编制。

3.课程目标

(1)知识与技能:通过学习引导学生掌握参与班级活动、处理日常事务以及表达自己需求的知识与技能。

(2)过程与方法:教师通过讲授法、谈话法、任务驱动法等引导学生在实验中掌握适应小学生活的必备知识与技能,进而提升学生的语言表达能力、逻辑思维能力等。

(3)情感态度与价值观:培养学生热爱小学生活的情感以及主动表达需求的意识。

4.课程组织结构

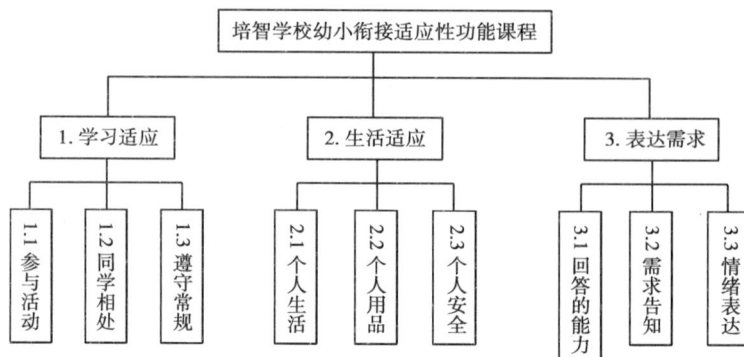

```
┌─────────────────────────────────────┐
│      培智学校幼小衔接适应性功能课程        │
└─────────────────────────────────────┘
        ┌─────────────┼─────────────┐
   ┌─────────┐   ┌─────────┐   ┌─────────┐
   │1.学习适应│   │2.生活适应│   │3.表达需求│
   └─────────┘   └─────────┘   └─────────┘
    ┌───┼───┐     ┌───┼───┐     ┌───┼───┐
```

| 1.1 参与活动 | 1.2 同学相处 | 1.3 遵守常规 | 2.1 个人生活 | 2.2 个人用品 | 2.3 个人安全 | 3.1 回答的能力 | 3.2 需求告知 | 3.3 情绪表达 |

5.课程内容——以生活适应板块为例

课程内容			评分标准			
			0	1	2	3
2. 生活适应	2.1 个人生活	2.1.1 提高如厕的能力				
		2.1.2 提高个人清洁的能力				
		2.1.3 提高饮食的能力				
		2.1.4 提高就寝能力				
	2.2 个人用品	2.2.1 认识自己的物品				
		2.2.2 能把物品放到适当的位置				
		2.2.3 能适当地使用自己的物品				
		2.2.4 能适当地保管自己的物品				
	2.3 个人安全	2.3.1 提高食品安全的能力				
		2.3.2 提高药品安全的能力				
		2.3.3 提高安全使用水电的能力				
		2.3.4 提高安全使用器械的能力				
		2.3.5 提高安全活动的能力				

评分标准:0—完全不能做;1—能做一点点;2—能自己做大部分;3—能完全自己做。

第二节 课程评量概述

> ### 一、课程评量的定义

课程评量是指依据特殊儿童身心发展需求,选择一套适合的课程,利用完整的课程目标、内容,依据课程所拟订的评量标准,对特殊儿童进行课程涉及的领域、项目的动态性评量。

> ### 二、课程评量的意义与价值

现行的教育法律法规及国家相关文案、计划对融合教育课程体系提出了新的要求。学前融合教育课程设置应体现先进的融合教育思想,符合学前融合教育的基本规律和特点,遵循学前特殊幼儿身心发展规律,适应构建和谐社会的要求,为学前特殊幼儿的全面发展奠定基础。通过课程评量,评量者可以找到幼儿的教学起点,把握幼儿各项(依课程)能力分布状况及相互关系,为拟订和实施个别化教育计划提供有效、可信的依据,让学前特殊幼儿能更好地享受优质的学前融合个别化教育。

> ### 三、课程评量的特点

课程评量具有"全面性""生态化""动态性""重过程和结果""教育全面介入"的特点。课程评量能全面了解特殊幼儿在各领域的发展现状,要求幼儿在熟悉的生活、学习环境中进行评量活动,注重评量活动的前期准备、操作方法与流程、评量结果的整理分析与运用。第一次课程评量是为了掌握特殊幼儿的发展现状、教育起点与身心发展需求,拟订和实施个别化教育计划,之后的再次评量是为了检验执行个别化教育计划后教与学的目标达成情况,有阶段性评量和总结性评量,是一个伴随整个教育过程的动态性活动,是教育的全面介入。

> ### 四、课程评量的原则

(一)以幼儿为本原则

了解、尊重每个特殊幼儿的个别差异,依据评量内容设计适合幼儿个体的评量活动(沟通方式、材料准备、活动设计),安排幼儿熟悉的评量人员、评量环境、场地、适宜的评量时间等,一切以幼儿为本完成课程评量。

（二）真实性和客观性原则

课程评量以幼儿为主体,但教师是评量的主要负责人,对评量过程起主导作用,要避免主观性,不能猜测幼儿的表现,可以让班级其他教师和家长也参与评量,多角度了解幼儿在不同场景中的表现。多人的评量意见整合在一起,能得到比较真实、客观的评量结果。

（三）全面性原则

课程评量能使评量者掌握特殊幼儿的能力发展现状、教育起点与水平及下一步的身心发展需求,能帮助评量者确定特殊幼儿的学期、学年身心发展的长短期目标。课程评量时,无论幼儿属于哪种障碍类型,都要从多领域评量幼儿的发展状况。各领域的发展相互关联,密不可分。因此,不能舍弃某个领域,要做到评量的全面性。

（四）生态化原则

将特殊幼儿置于家庭、幼儿园、社区等日常常态生活环境中,让幼儿在熟悉的生活、学习环境中进行评量活动。只有在幼儿熟悉教师和熟悉场地后,身心放松、舒畅时才是最佳评量时机,此时幼儿才会有最真实的评量表现。因此,要求评量者要对幼儿生活的环境有整体性的把握。

（五）动态性原则

课程评量不是一次性活动,而是一个伴随整个教育过程的持续活动,有周、月的阶段性评量,也有学期、年的总结性评量,也有同一目标不同场景的评量,如在幼儿园、在家里都针对"会自己刷牙、洗脸"做评量。既要评量幼儿的现有能力,也要评量可能达到的目标或发展优势。

> 五、课程评量的工具

特殊需求学生的年龄不同、障碍类型不同,选择的课程评量工具也不同。面对0~6岁的特殊幼儿,融合教育幼儿园经常会使用的评量工具有《双溪心智障碍儿童个别化教育课程》《学前发展性课程》《学前儿童教育发展评量手册》等;面对义务教育阶段的特殊需求学生,特殊教育学校经常会使用的有《自编培智课程四好评量表》《培智义务教育课程评估手册》,普通学校经常会使用的有《普通学校特殊需要学生课程评估工具》,普通学校也会依据全方位通用课程设计理念,对现有课程进行课程调整,使其具备评量功能;面对高年级中重度障碍程度严重者,特殊教育学校经常会使用《弱智儿童适应性功能教育课程》开展评量;此外,对于有康复需求的学生,学校也会使用教康整合课程的评估量表对其开展评估;对于高年级学生的就业需求,在开展职业教育过程中也会对学生进行职业教育课程评量。

总之,随着国家对特殊需求人群的重视,满足特殊需求人群评估需求的课程评量工具越来越丰富,老师们有了更多的选择,这也为普通学校融合教育、特殊教育学校的有效教育教学提供了强有力的保障。

该书主要涉及学龄前特殊幼儿,因此重点介绍现有的、适用于幼儿园融合教育开展的发展性课程。

(一)双溪心智障碍儿童个别化教育课程

从特殊幼儿身心发展角度设置的课程,目前应用较多的有江津向阳儿童发展中心的双溪心智障碍儿童个别化教育课程(以下简称"双溪课程")。

1.课程历史

双溪课程是台湾双溪启智文教基金会于1983年至1986年间开发的一套以儿童发展为导向的培智教育课程,适用于3~16岁的中、重度智障儿童、少年,是特殊教育领域中开发较早、较为经典的课程之一。重庆市江津向阳儿童发展中心的创始人也是该课程的主要编著者——李宝珍、方武二位老师在1996年将该课程在重庆市江津区试用并取得良好教学效果。因此,向阳儿童发展中心将此课程重印,与全国其他地区特教同人分享。之后向阳儿童发展中心与重庆师范大学特殊儿童重点教育实验室合作,双溪课程作为一种示范课程被再次重印。因特殊儿童的教育教学仍需要有一套以儿童发展为导向的课程大纲来培养特殊儿童的基础能力,同时让参与特教工作的老师掌握特殊儿童发展的序阶概念。向阳儿童发展中心经过全体教师的努力,于2010年将旧版的双溪课程进行校对及合理性的修改,在保留原始课程架构的前提下,让新旧两版的双溪课程评量融洽衔接。修改后的课程内容与时俱进,更符合时代发展和特殊儿童的发展需求,也更具实用性和操作性。

2.课程依据

双溪课程将一般儿童身心发展规律和社会适应作为课程内容的依据,注重分析一般儿童各个领域综合能力的发展,同时对比身心发展特征,将心智障碍儿童现有的各领域能力与社会生活适应联系在一起,构建相应的课程目标体系,帮助教育者掌握儿童现有的发展现况,拟订适合其能力发展及需要的下一学习目标,促进特殊儿童各项能力逐步发展提升,从而适应社会生活。

3.课程使用范围

双溪课程适用于 3～16 岁的中、重度智障儿童、少年,并作为拟订 IEP 的依据。此课程将一般儿童身心发育的顺序作为编制的依据,还包含系统化的学习结果评鉴,因此,此课程同样适用于一般幼儿园。

4.课程特色

双溪课程同时具有鲜明的两大课程特色:一是兼具发展性与功能性,即依据一般儿童身心发展的规律及社会适应,由易到难构建各领域发展的目标体系,并兼顾心智障碍儿童发展的特殊性,不同地区及不同文化背景的使用者,都可以依据当地生活的特色、地域文化、风俗习惯设计适合儿童的评估活动,帮助儿童发展出相应的适应性能力;二是评量与教学合一,通过评量找出学生的现有能力基础和发展需求,了解其身心发展的优势弱势,寻求问题及解决策略,制定长短期目标,评量内容与教学内容相符,评量的结果直接关联之后的教学内容和教学设计。

5.课程框架

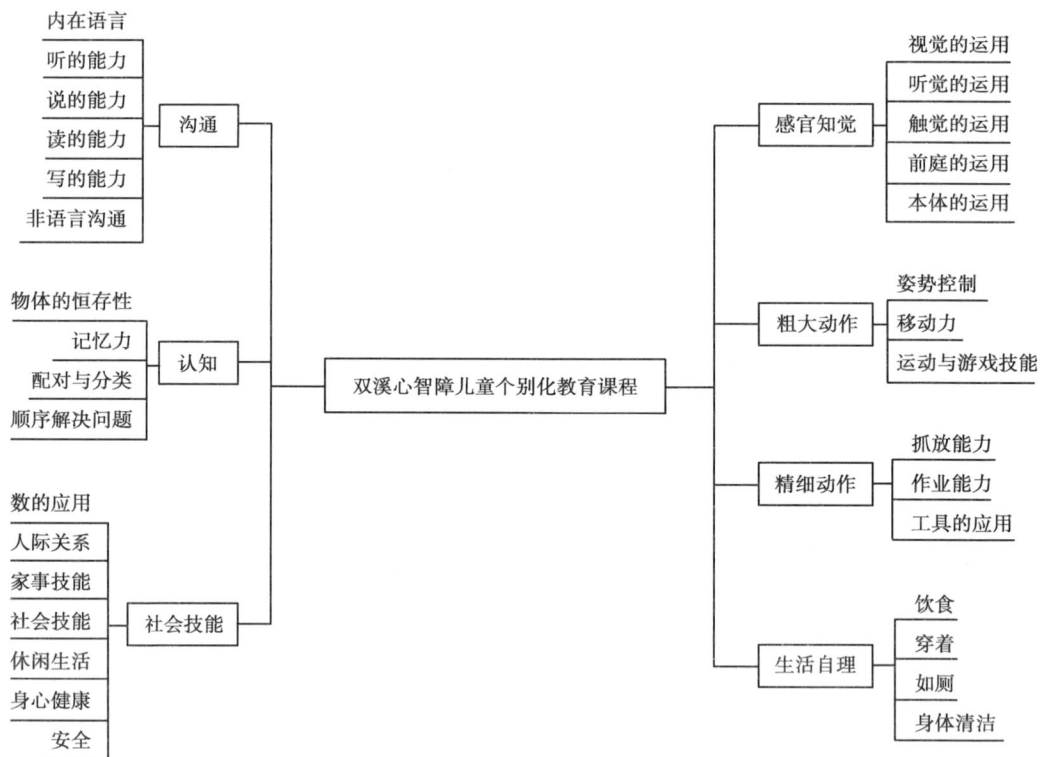

6.课程具体内容

双溪课程包含"课程纲要""评量表"和"评量记录表",三者紧密联系,分开装订,缺一不可。

（1）课程纲要

课程纲要是一个学生身心发展和社会适应能力的四级行为目标体系，一级目标即领域目标，一级目标以1码为代号，包含"感官知觉""粗大动作""精细动作""生活自理""沟通""认知""社会技能"七大领域。每个一级目标再依次分出相应的二级目标即技能目标，二级目标以2码为代号，如"1.1技能"。二级目标又依次细分出相应的三级目标即终点目标（长期目标），三级目标以3码为代号，如"1.1.1终点目标"。三级目标最后细分出相应的四级目标即教学目标（短期目标），四级目标以4码为代号，如"1.1.1.1教学目标"。四个级别的行为导向目标条目以检核表的形式呈现出来。课程纲要可以用作检核表，也可以作为教学目标的参考。

双溪心智障碍儿童个别化教育课程的"课程纲要"——感官知觉

代　号	教学目标	检　核		
1	感官知觉			
1.1	视觉运用			
1.1.1	学生能对视觉刺激有可观测的行为反应			
1.1.1.1	当光线突然出现在学生面前时，学生会眨眼睛或有惊吓反应			
1.1.1.2	当一物体快速接近学生面前时，学生会眨眼睛			
…				
1.1.2	学生能在其视觉敏锐度内追视一移动物体			
1.1.2.1	学生能用眼睛注视其周围移动的物体			
1.1.2.2	学生能追视在视野内水平移动至中线的亮光			
…				
1.1.3	学生能在其视觉敏锐度内辨别形状、大小、颜色、图片和文字			
1.1.3.1	学生能将相同的物品加以配对和分类			
1.1.3.2	学生能将简易的立体形状加以配对和分类			
…				
1.2	听觉运动			
1.2.1	学生能对听觉刺激有可观测的行为反应			
1.2.1.1	学生对突然出现的巨大声音会有惊吓、眨眼等行为反应			

续表

代　号	教学目标	检　核		
1.2.1.2	当能发出巨大声音的器具靠近时,学生能注意到其所发出的声音			
...				
1.2.2	学生能在其听觉敏锐度内辨别声音			
1.2.2.1	学生对亲人的呼唤会有愉快的反应			
1.2.2.2	学生对友善的声音会有愉快的反应			
...				
1.2.3	学生能记忆其听觉经验			
1.2.3.1	当熟悉的声音出现时,学生会倾听			
1.2.3.2	学生能对固定声响有联结的动作反应			
...				

（2）评量表

评量表是实施课程评量的主要依据,是将"课程纲要"中的所有三级目标即终点目标单独列出来,按照环境,将每条目标所指行为的适应性要求分成"0～3"四个能力和适应等级。教师可依据每个等级的得分描述和幼儿的能力表现评量出相应得分。

双溪心智障碍儿童个别化教育课程的"评量表"——感官知觉

双溪心智障碍儿童个别化教育课程（二）

评量表

学生姓名:＿＿＿＿＿＿　性别:＿＿＿＿　出生日期:＿＿＿年＿＿月＿＿日

1 感官知觉　　　　　　　　　□　□　□　□

1.1 视觉的运用　　　　　　　□　□　□　□

1.1.1　视觉敏锐度　　　　　　　　　　□　□　□　□

　　　　　0 盲或无视觉注意力

　　　　　1 只能看到眼前约30厘米远的小物体

　　　　　2 能看到眼前1～2米远的小物体

　　　　　3 能看到眼前约3米远的小物体

1.1.2　视觉追视能力　　　　　　　　　□　□　□　□

　　　　　0 盲或视觉注意力短暂

> 1 能注视物体五秒以上
>
> 2 能追视视野内一个方向移动的物体
>
> 3 能追视视野内任何方向移动的物体
>
>
> 1.1.3　视觉辨别能力　　　　　　　　　□　□　□　□
>
> 　　0 盲或无法表现其辨别能力
>
> 　　1 能辨别少数特定物品
>
> 　　2 能以视觉辨别不同的物品
>
> 　　3 能以视觉辨别不同形状及颜色
>
>
> 1.1.4　眼手协调能力　　　　　　　　　□　□　□　□
>
> 　　0 盲或不看目标、无法对准目标工作
>
> 　　1 能尝试对准目标工作,如尝试套杯但套不中
>
> 　　2 能对准目标工作,但准确度及敏捷度稍差,如套杯偶可成功
>
> 　　3 能对准目标敏捷地操作,如套杯经常成功
>
> ……

（3）评量记录表

此表主要用于记录使用"评量表"实际评量后,一级、二级、三级目标的得分情况,包含评量结果分析表和综合发展侧面图（一）（二）（三）。其中,综合发展侧面图（三）分别将七大领域下每个三级目标得分记录点从左到右依次连接起来,构成一系列反映学生在七大领域下每个三级目标发展状况的折线图。综合发展侧面图（二）,将七大领域下每个二级目标得分记录点从左到右依次连接起来,构成一系列反映学生在七大领域下每个二级目标发展状况的折线图。综合发展侧面图（一）,将七大领域（一级目标）的得分记录点从左到右依次连接起来,构成一系列反映学生在七大领域发展状况的折线图。评量结果分析表分析学生在综合发展侧面图（一）（二）（三）中体现的各种发展能力的优势、弱势、弱势原因推断及建议策略,为撰写综合分析研判报告书和召开IEP 会议做准备。

7.课程评量标准

依据课程目标体系,将三级目标(技能目标)单独列出后进一步解读,把评量标准分成"0~3"四个能力和适应等级。其中,"0"分表示无法适应环境的需要(完全缺乏能力);"1"分表示需要特别的协助才能适应环境的需要(具有微弱能力);"2"分表示在重点协助下即可达到适应环境的需要(具有很多能力);"3"分表示具备达到环境所需要的能力(具有需要的能力)。

(二)学前发展性课程

学前发展性课程源自资深特殊教育语言治疗师林丽英老师编制的《早期疗育课程评量》,适用于0~6岁的发育迟缓及障碍幼儿。

1.课程历史

1997年9月,林丽英老师编写的《学前发展性课程评量》出版后,被国内的一些儿童发展中心、早期疗育机构、特教学前班和实施融合教育的幼儿园作为拟订个别化教育计划的依据。因学前特殊幼儿的发展需求,2008年林丽英老师对原有的《学前发展性课程评量》进行修订,对各领域的结构、评量题目及题量做了修改,后又在早期疗育机构、专业物理治疗师、听力治疗师、语言治疗师及特教老师的评量实践中不断修正完善,最终于2009年重新出版,并改名为《早期疗育课程评量》。修改后的课程内容大量增加了各领域评量的题目,更符合学前特殊幼儿的发展需求,也适用于各领域治疗师作为幼儿发展评量的工具。大陆引进该课程后出版了简体中文版,并定名为《学前发展性课程》。多年实践证明,此课程让学前特殊幼儿的个别化教育的拟订与实施更具体有效。

2.课程依据

《学前发展性课程》以0~6岁普通幼儿身心发展作为课程内容的依据,将发育迟缓或身心障碍幼儿的各项能力发展与之作对比,找到特殊幼儿的适应性目标,构建目标体系。联合国世界卫生组织的统计报告指出,婴幼儿发育迟缓的发生率占儿童总人数的6%至8%,也就是说每一百名婴幼儿中就有6~8名幼儿发育迟缓或有身心障碍。这些幼儿在动作发展、语言沟通、认知学习、生活自理、人际关系发展等方面落后于同龄幼儿。一旦发育迟缓被确诊,在婴幼儿身心发育的成长过程中,就应该积极提供发展上的训练,从而让特殊幼儿适应社会生活。

3.课程使用对象

学前发展性课程适用于评量0~6岁正常儿童的各项能力发展,如感官知觉、动作、语言、认知、生活自理、社会适应等能力评量。此课程同样适用于 0 ~6 岁各类发育迟缓或有身心障碍儿童的各项发展能力的评量,评量结果可作为拟订 IEP 的依据。

4.课程特色

学前发展性课程同样兼具发展性与功能性,即依据普通幼儿身心发展的规律及社会适应,由易到难构建各领域发展的目标体系。学前发展性课程兼具各类发育迟缓或身心障碍儿童发展的特殊性,评教结合,通过课程评量掌握特殊幼儿的各项现有能力和发展需求,了解幼儿各领域发展的优势和弱势,分析存在的问题及解决策略,依据评量结果制定适合特殊幼儿身心发展需求的长短期目标。评量的结果直接关联之后的教学内容和教学设计,通过课程实施能帮助幼儿发展出相应的适应性能力。

5.课程框架

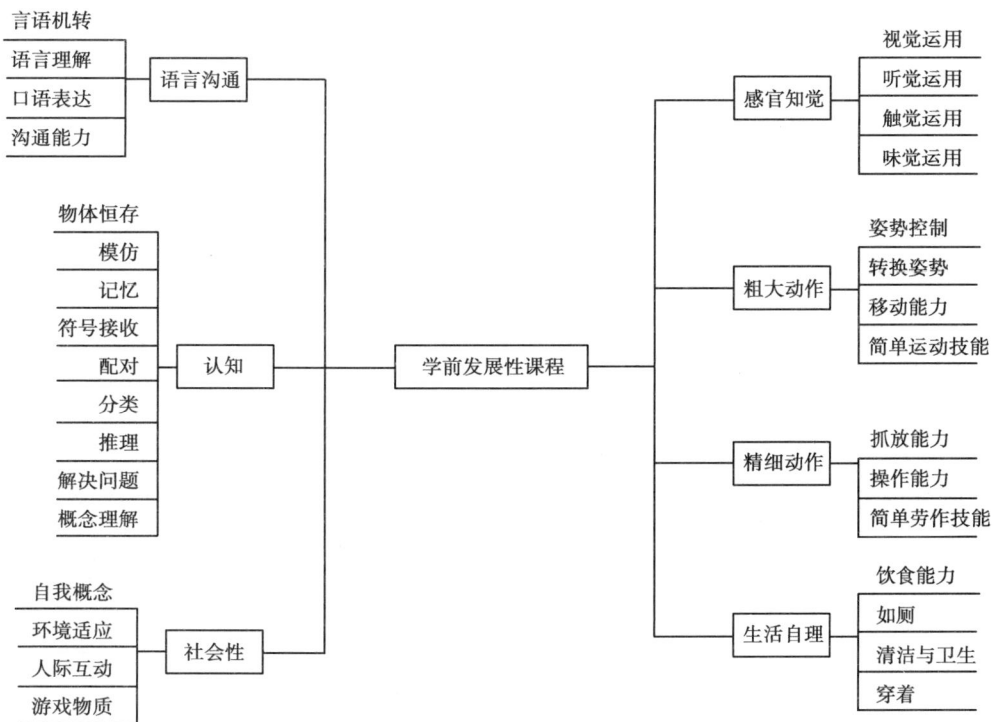

6.课程具体内容

学前发展性课程由"课程评量计分标准""各领域发展侧面图""整体发展侧面图""评量结果综合研判分析报告"几个密不可分的部分组成。

（1）课程评量计分标准

课程评量计分标准是一个学生身心发展和社会适应能力的三级行为目标计分体系，一级目标即领域目标，以1码为代号，包含"感官知觉领域""粗大动作领域""精细动作领域""生活自理领域""语言沟通领域""认知领域""社会适应领域"。每个一级目标再依次分出相应的二级目标（技能目标，）以2码为代号，如"1.1视觉应用"。二级目标又依次细分出相应的三级目标，以三码为代号，如"1.1.1头会转向光源"。为了便于在侧面图中记分，每个评量题目后面都有该题目的题标，如"5.4.15能用电话与人对话（电话对谈）"，这题的题号为"5.4.15"，题目为"能用电话与人对话"，题标为"电话对谈"。每个领域的各大项目之中，题目都以发展顺序加以排列，题目内容都与日常生活结合，使评量方式更符合自然情境，评量者可以评量出学生现有的能力基础，找到起点行为，依据学生身心发展需求，预期下一阶段发展目标（项目），使教学目标与生活紧密结合。

学前发展性课程的"题目与计分标准"——感官知觉

学前发展性课程
题目与计分标准
学生姓名：_____ 性别：_____ 出生日期：_____年___月___日
1.感官知觉领域 □ □ □ □
1.1 视觉应用 □ □ □ □
 	
1.1.1 头会转向光源 （视觉机警度）□ □ □ □
    0 没反应或盲
    1 有1/4次反应
    2 有1/2次反应
    3 每次均可反应,但反应较慢
    4 每次均可正确反应
1.1.2 会追视眼前移动物品 （追视物品）□ □ □ □
    0 没反应或盲
    1 有1/4次反应
    2 有1/2次反应
    3 需口头提示或可追视,但时间较短,约五秒内
    4 每次均可正确反应

1.1.3 眼睛会随着移动的人移动　　　（追视人物）□　□　□　□	
0 没反应或盲	
1 有 1/4 次反应	
2 有 1/2 次反应	
3 需口头提示或可追视,但时间较短,约五秒内	
4 每次均可正确反应	
1.1.4 视线可停留于有兴趣之物品约十秒　　（物品注意力）□　□　□　□	
0 没反应或盲	
1 会看,但少于两秒	
2 会看,但少于五秒	
3 需提示或不断逗弄下才可维持十秒	
4 可超过十秒	
1.1.5 会注视叫他或和他说话的人　　（对人注意力）□　□　□　□	
0 没反应或盲	
1 有 1/4 次反应	
2 有 1/2 次反应	
3 有注视但注视时间较短,约五秒内	
4 每次均可正确反应	
…	

（2）各领域发展侧面图

各领域发展侧面图是将各领域下每个评量题目依计分标准计分后,记录到领域的侧面图相应分数位置中,再将记录点从左到右依次连接起来,构成反映幼儿在该领域发展状况的曲线图,能直观反映幼儿在该领域（一级目标）中各个项目（二级目标）下每个评量题目（三级目标）的现有能力状况。

（3）整体发展侧面图

整体发展侧面图是在各领域评量及侧面图完成后,将各领域中二级目标（评量题目）得分记录到整体发展侧面图相应位置中,再将记录点从左到右依次连接起来,构成反映特殊幼儿七大领域发展状况的折线图。

（4）评量结果综合研判分析报告

评量结果综合研判分析报告分析幼儿在七大领域中各个项目的能力现况、优势、弱势及建议事项，为 IEP 会议的召开做准备。

7.课程评量标准

依据课程目标内容和特殊幼儿社会性发展需求和适应生活的能力需要，将每个评量题目（三级目标）做详细解读，以"0~4"五个等级计分，在 0~4 的记分标准中都有该记分标准的得分描述，每个记分等级都有其特定的含义。0 分:代表未发展出该项能力或没有反应。1 分:代表偶尔出现该项能力或需大量协助或引导才有反应。2 分:代表正在发展该项能力或只具备此项能力中的部分能力。3 分:代表已发展出该项能力，但仍不稳定，需稍加引导才能应用或已具备该能力，但反应慢或表现品质不佳。4 分:代表已发展出该项能力，可以独立完成并应用于生活中。

（三）学前儿童教育发展评量手册

1.课程历史

奇色花福利幼儿园在 1996 年便开始了学前融合教育理论的探索与教育实践，经过近三十年的摸索，已经形成了较为完整的管理及服务流程。在大量的实践探索中，蔡蕾园长带领幼儿园的教师团队，并多方征求高校教师、幼儿园园长、幼儿园教学主任等专家意见，编制了《学前儿童教育发展评量手册》。

2.课程依据

《学前儿童教育发展评量手册》是依据国家教育部《幼儿园教育指导纲要（试行）》及《3~6 岁儿童学习与发展指南》中各年龄段幼儿发展的目标，汇集多方面的资料和实际经验编写而成。

3.课程使用范围

该手册可供幼儿园老师及家长使用，主要用于对普通幼儿园融合的特殊幼儿进行评估。

4.课程特色

该手册是由幼儿园园长带领教师们编制的，而且是以大量的实践探索为前提，融合教育幼儿园老师们使用起来会比较顺手。该手册所得评量资料可以用于设计适合特殊幼儿的个别化教育计划的制定。

5.课程框架

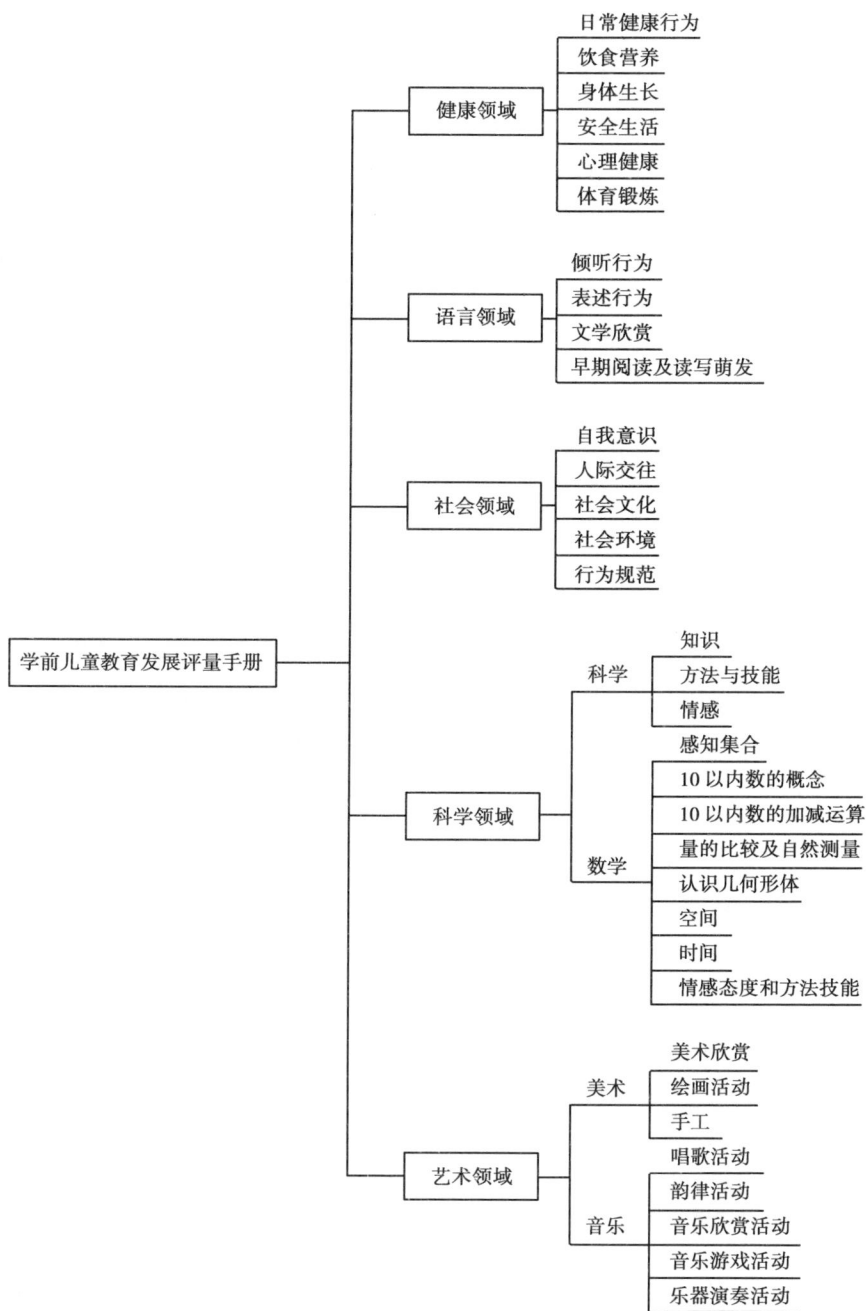

6.课程具体内容

课程具体内容是在上述课程框架的基础上的分解、细化,每个领域内的评量项目均按发展先后次序编排于3~4岁、4~5岁、5~6岁三个年龄阶段之中,本评量手册完整收纳了3~6岁儿童的重要发展项目。

例如:

```
                    ┌─ 进餐时保持愉快的情绪,愿意独立进餐
          ┌─ 小班 ─┼─ 愿意饮用白开水,不贪喝饮料
          │        └─ 爱吃大部分食物,喜欢吃水果、蔬菜等新鲜食品
          │
          │        ┌─ 能独立愉快地进餐
饮食营养 ─┼─ 中班 ─┼─ 不偏食、挑食,不暴饮暴食
          │        ├─ 常喝白开水,少吃零食、少喝冷饮
          │        └─ 能按时进餐,保持清洁
          │
          │        ┌─ 主动饮用白开水,不喝饮料
          └─ 大班 ─┴─ 进餐习惯良好
```

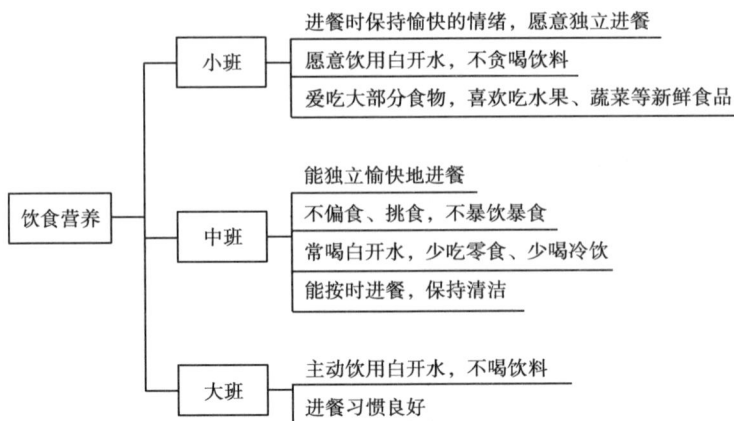

有些三级目标中的项目需要进一步细化的还会设置四级目标,例如:

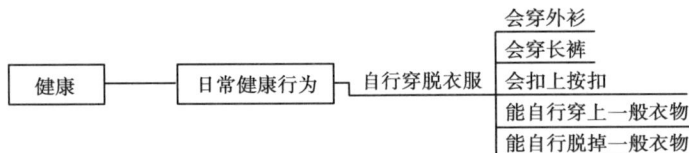

```
                                          ┌─ 会穿外衫
                                          ├─ 会穿长裤
健康 ── 日常健康行为 ── 自行穿脱衣服 ─┼─ 会扣上按扣
                                          ├─ 能自行穿上一般衣物
                                          └─ 能自行脱掉一般衣物
```

7.课程评量标准

评量表中大部分项目均可以通过观察或访谈计分,有些需要直接测试计分。具体评分标准:0分,很差或几乎都做不到;1分,有待加强或偶尔做得到;2分,表现平平或少数时间做得到;3分,极好或大多数时间做得到;4分,很好或经常做到。评量表旁边设置有计分栏,用于记录儿童的每次评量时的分数。计分栏共有7列,可供7次评估使用。特殊幼儿入园时以及在园学习三年内的发展情况均可以被详细记录。

课程评量对学前融合教育的推动至关重要,准确的评量既可以了解特殊幼儿的学习现状,也可以帮助教师找到特殊幼儿的学习起点,对学前融合教育的质量影响深远。现有的课程评量工具较多,融合教育幼儿园的教师们可以依据本园需求选择合适的课程评量工具。

第三节　学前融合教育中个别化教育计划的拟订——课程评量的实施

> ### 一、课程评量的开展

课程评量不是随意开展的,而是有固定的流程及要求,具体内容如下所述。

（一）选择合适的课程

以学生的障碍类型、障碍程度以及年龄作为参照，可以选择不同的课程及对应的评量工具。0~8岁的特殊儿童可以选择发展性课程，处于义务教育阶段的儿童可以选择义务教育阶段课程，学龄中后期中重度智力障碍儿童可以选择适应性功能课程，即将步入社会参与社会活动的特殊学生可以选择职业教育课程，若重视提升学生生活品质，强调以生活为核心、人与自然和谐共处，则可以选择生态课程。

（二）熟悉课程内容

课程评量每一个领域涉及内容较多，为确保课程评量的有效开展，评量教师必须提前熟悉课程评量内容，包括课程纲要、评量标准以及评量表，熟悉课程评量工具的结构框架、操作要领等，以确保评估的准确性。

（三）收集特殊幼儿基本情况

收集被评估特殊幼儿的基本资料，使用专门的特殊幼儿基本信息登记表，将幼儿的个人基本信息、家庭情况、主要照顾者、障碍类型、喜好做具体分析，如幼儿因自身障碍无法完成某些项目评量，需要根据特殊幼儿的基本调整评量的项目内容、评量方式、沟通方式、强化物等。

（四）组建评量小组

需要说明的是，课程评量不应该是只由一个人完成的工作，而应该由团队或小组完成。这个小组应该由幼儿园教师和当地特殊教育资源中心组建，以确保评量的专业性和准确性。课程评量涉及的内容较多，因此建议组成评量小组后，由组长统一安排，组员每两人负责一个领域的评量，一人负责评估一人负责记录，相互配合，避免出现评估内容遗漏等现象。组长负责协助各个小组进行评量用具、材料及场地的准备工作，并给予及时的支持。

（五）评量表和评量记录表的准备

购买或收集评量工具，每个幼儿使用一本评量表，但为了节约资源，可以将每个领域的所有评量内容整合到一张表格中，所有参评幼儿使用一张领域评量表即可，教师持有一本评量表即可对照相应得分标准完成评量。

依据双溪心智障碍儿童个别化教育课程的"评量表——感官知觉"编制

双溪心智障碍儿童个别化教育课程

评量表　　2010年版

班级：_____　评量日期：_____年____月____日　评量教师：_____

领　域	得分/姓名	罗××	王××	×××	×××	×××	×××
1.感官知觉							
1.1 视觉运用							
1.1.1 视觉敏锐度							
1.1.2 视觉追视能力							
1.1.3 视觉辨别能力							
1.1.4 眼手协调能力							
1.1.5 形象背景区分能力							
1.1.6 视觉记忆能力							
1.1.7 空间位置之知觉能力							
1.1.8 视动统整能力							
1.2 听觉的运用							
1.2.1 听觉敏锐度							
1.2.2 听觉辨别能力							
1.2.3 听觉记忆能力							
1.2.4 听觉顺序能力							
1.3 触觉运用							
1.3.1 触觉敏锐度							
1.3.2 触觉辨别							
1.3.3 触觉记忆能力							
1.4 前庭觉的运用							
1.4.1 抗地心引力的能力							
1.4.2 侦测重心转移的能力							
1.4.3 双侧协调							
1.5 本体觉的运用							
1.5.1 本体觉的敏锐度							
1.5.2 身体意识							
1.5.3 动作的运用与计划							

依据学前发展性课程的"题目与计分标准——感官知觉"编制

早期疗育课程评量(学前发展性课程)"课程评量计分标准"							
评量题目　　2009 年版							
班级：_____　评量日期：_____ 年____ 月____ 日　评量教师：_____							
领域	得分/姓名	罗××	王××	×××	×××	×××	×××
1 感官知觉							
1.1 视觉应用							
1.1.1 头会转向光源（视觉机警度）							
1.1.2 会追视眼前移动物品（追视物品）							
1.1.3 会追视移动的人（追视人物）							
1.1.4 视线可停留于有兴趣的物品上约十秒（物品注意力）							
1.1.5 会注视叫他或和他说话的人（对人注意力）							
1.1.6 手眼协调能力好，能正确插棒或套接物品（手眼协调）							
1.1.7 能从一堆物品中找到所需物品（视觉辨别）							
1.2 听觉应用							
1.2.1 听到声音会有反应，如眨眼、表情改变、目视或惊吓（听觉机警度）							
1.2.2 头会转向声源（反应声源）							
1.2.3 把发出声音的玩具或物品（如：正响着的闹钟）藏起来，可正确找出（声音物体恒存）							

续表

领域	得分/姓名	罗××	王××	×××	×××	×××	×××
1.2.4 能正确反应至少五种环境中的声音,如听到电话铃声会去拿电话(声音理解)							
1.2.5 对自己名字有反应(名字反应)							
1.2.6 会倾听来自收音机、录音机或人说话的声音至少十秒(倾听能力)							
1.3 触觉应用							
1.3.1 身体被碰触时会有反应,如查看、用手摸被碰触的位置(触觉机警度)							
1.3.2 能接受对身体、手脚等的触觉刺激,不排斥也不过度偏好(身体触觉)							
1.3.3 能接受对脸部的触觉刺激,不排斥也不过度偏好(脸部触觉)							
1.3.4 对刷牙、擦嘴等口腔触觉刺激不排斥也不过度偏好(口腔触觉)							
1.3.5 手会拿物把玩超过十秒而不会立刻丢掉(触觉统整)							
1.3.6 能用手揉搓、挤捏、拍打物品(触觉应用)							
1.3.7 能用手触摸分辨不同质感物品,如从球池中找出布偶、在沙堆中找物品(触觉辨别)							

续表

领域	得分/姓名	罗××	王××	×××	×××	×××	×××
1.3.8 能接受不同温度刺激,如冷热水,且不排斥也不过度偏好(温度接受)							
1.3.9 碰到不同温度的东西时会有不同反应或表情(温度分辨)							
1.4 味觉应用							
1.4.1 能接受不同味道食物,如酸甜苦辣,且不排斥也不过度偏好(味觉接收)							
1.4.2 尝到不同味道的食物时,会有不同反应或表情(味觉分辨)							
1.4.3 能接受不同嗅觉刺激,如香臭酸辣,且不排斥也不过度偏好(嗅觉接收)							
1.4.4 闻到不同味道时会有不同反应或表情,且不排斥也不过度偏好(嗅觉分辨)							
1.5 前庭觉及本体觉刺激							
1.5.1 当个案被抱扶往下移动时,不会有排斥或过度兴奋的情形(抱扶移动)							
1.5.2 当个案被进行摇晃、摆动的加速度活动时,不会有排斥或过度兴奋的情形(加速度活动)							
1.5.3 当个案被摆在治疗球上进行摇晃或弹压活动时,不会有排斥或过度兴奋的情形(治疗球活动)							

续表

领域	得分/姓名	罗××	王××	×××	×××	×××	×××
1.5.4 当个案被旋转时,不会有排斥或过度兴奋的情形(旋转活动)							

关于评量记录表的准备,评量者必须为每个幼儿准备一本评量记录表,以便清晰准确地记录、分析幼儿的评量结果。

（六）设计评量活动

评量活动的设计需要团队合作,发挥专长;需熟识评估内容,整合评估内容,设计适合幼儿个体的评量活动;评量用具可就地取材,善用幼儿熟悉的材料以及学具等,争取一项活动可以评量多项内容,如让幼儿"仿画线条和简单图形并涂色、仿写汉字",这个活动可以评量出幼儿"视觉辨别""手眼协调""视觉统整"的能力情况。

（七）与家长沟通

家长参与是课程评量有效开展的前提保障,评估工作开始前,小组成员确认准备工作是否完成,商量评估时间,再由组长与家长约定评估时间、地点,尊重家长的决定,认真对待家长提出的要求、建议,及时沟通,争取家长的支持与配合。

（八）开展课程评量

1.评量时长

依据评估内容,以幼儿的障碍程度确定评估时间,若特殊儿童障碍程度较重,注意力持续时间短,可以选择将评估内容分为多个板块,一次完成一个板块内容的评估。若学生注意力持续时间较长,可以选择用一天的时间一次性评量完。每次评估持续的时间是依据幼儿的状态确定的,要把握好高效评量时机。

2.分工合作

每两人负责一个评估领域,分工明确,一人负责与特殊儿童互动,一人负责记录评估情况。评估者下达指令要求清晰、准确,确保特殊儿童能够准确接受讯息,记录者准确记录个案表现,必要时可以使用摄像机、录音笔等电子设备(需征得家长同意),便于准确收集信息。

3.得分记录

依照每个项目的得分描述和学生的能力表现,给出符合学生实际情况的分数并填写在相应的得分栏内。

> 二、课程评量资料的整理

（一）评量分数统整

统整各个领域评量分数,将每个三级目标或评量题目得分合计到相应的二级目标或项目得分栏中,再将每个二级目标或项目总分汇总至领域得分栏内。

（二）画折线图

将每个三级目标(3码目标)的分数标记在侧面图三的折线图中相应位置并勾画出折线图,接下来将每个二级目标(2码技能)的分数标记在侧面图二的折线图中相应位置并勾画出折线图,最后将每个一级目标(领域)的总分标记在侧面图一的折线图中相应位置并勾画出折线图,最终形成七大领域发展现状折线图。

画折线图要注意以下几点。

（1）先用铅笔在侧面图每项中间位置勾画得分点,用铅笔勾画便于修改。

（2）用直尺画折线,保证图线规整。

（3）每次评量后所画折线图的折线颜色要有所区别,以便对比、分析学生的能力发展状况。

（4）评量得分就低不就高,3码目标勾画时不出现得分0.5的情况。

（三）撰写评量结果分析表

评量结果分析表中包括三个板块内容,分别是现况分析、原因推断、建议策略。具体撰写要求如下所述。

1.现况分析

折线图中评量分数达到2及以上的,可以判定为"基本适应环境需求",属"优势";评量分数在2以下的,可以判定为"尚未达到环境之需求",属"弱势"。

2.原因推断

包含"生理""心理""教学""环境""互动"。"生理"主要是缺陷描述;"心理"主要包括不安全感、胆怯等因素;"教学"主要描述教师教学方法、教学态度等;"环境"主要描述学生所处的家庭、学校环境;"互动"主要描述七大领域中相互影响的项目。

3.建议策略

针对现状、原因,提出解决办法。策略越具体越好,可以提升意见与建议的操作性。

（四）撰写《综合分析研判报告书》

《综合分析研判报告书》的作用是统整教育评量与诊断的内容,为个别化教育计划会议的召开做准备,需要评量者有较强的信息统整能力,保留有效信息剔除无效信息。

《综合分析研判报告书》包含的内容有:被评量幼儿的基本信息、评量过程中使用的评量工具清单、幼儿各项评量内容信息汇总(幼儿基本资料、生理状况、认知能力、动作能力、语言能力、社会适应以及情绪行为、学习特质、课程评量结果)。《综合分析研判报告书》中的"课程评量结果"部分需要在课程评量完成以后撰写,该部分是对幼儿在课程领域中现有能力状况做简要分析,具体撰写要求如下。

(1)选择课程不同,课程领域就不同,幼儿园教师要根据选择课程的领域填写课程评量表格的第一列。

(2)各领域按优、弱排序,先分析幼儿现有能力最强的领域填写在表格的第一行,再分析幼儿现有能力较强的领域填写在表格第二行,以此类推。

(3)表格填写时需要对幼儿各领域能力现状做分析、说明并填入现状分析栏,内容要完整、语言要精练明了、突出重点,为拟订个别化教育计划做准备。"课程评量结果"表格如下。

课程评量结果表格

课程名称	双溪心智障碍儿童个别化教育课程
领域	现状分析
感官知觉	
粗大动作	
精细动作	
生活自理	
沟通	
认知	
社会技能	

> **三、课程评量的注意事项**

(1)课程评量应该在教学实施之前完成,半年或一学期评量一次,做到连续性、积累性、比较性相结合。

(2)评量时以学生为主体,关注学生的精神状态,切忌为评量而评量。

(3)当对幼儿的某项评量项目得分难以确定时,就低不就高,让幼儿有更大的发展空间。

(4)双溪课程适用于3~15岁特殊儿童、少年,将此课程评量用于学龄前特殊幼儿时也存在部分局限,许多评量目标适合大龄儿童、少年,如削水果、洗衣物、职前技能等,这些对特殊幼儿来说没有评估的意义,因为特殊幼儿还未发展出相应的能力。

（5）早期疗育课程评量（学前发展性课程）适用于 0~6 岁特殊幼儿,能完整评估出特殊幼儿在感官知觉、粗大动作、精细动作、语言沟通、生活自理、认知及社会适应等领域中已经发展出的能力,作为拟订疗愈目标或教学目标的依据。但本课程评量不是标准化的测验,因此评估结果不能作为诊断特殊幼儿心智年龄或发展商数的依据。

（6）对于特殊幼儿的课程评量内容方面,美国高宽课程提出幼儿发展的五个方面,包括学习方式、语言写作和交流、社会性和情感发展、身体发展和身心健康、艺术与科学,许多幼儿园也以此作为课程内容。我国课程评量主要集中在感官知觉、粗大动作、精细动作、认知能力、语言沟通、生活自理和社会技能七大领域。从特殊幼儿的发展需求来看,这样的内容维度更具针对性、发展性和适用性。因此,尽可能做到特殊幼儿发展的七大领域与普通幼儿发展的五大领域相结合,把握教育教学的重点。

第四节　学前融合教育中个别化教育计划的拟订——课程评量案例分析

本节以双溪课程为例进行学前融合课程评量案例分析。

> 一、设计课程评量活动案例

双溪课程感官知觉领域——视觉的运用评量活动设计

活动名称	材料准备	评量内容	评量活动
观察乒乓球	乒乓球1个	1.1.1　视觉敏锐度 0 盲或无视觉注意力 1 只能看到眼前约 30 厘米远的小物体 2 能看到眼前 1~2 米远的小物体 3 能看到眼前约 3 米远的小物体 1.1.2 视觉追视能力 0 盲或视觉注意力短暂 1 能注视物体 5 秒以上 2 能追视视野内一个方向移动之物体 3 能追视视野内任何方向移动之物体	1.教师手拿一个乒乓球,放到幼儿眼前约 30 厘米处,教师转动手中乒乓球,观察幼儿能否看到乒乓球;能否注视乒乓球 5 秒以上。 2.教师将乒乓球向左或向右平行移动至离幼儿 1~2 米远,观察幼儿能否看到乒乓球及能否追视乒乓球。 3.教师将乒乓球在地上任意滚动 3 米以上,观察幼儿能否看到乒乓球及能否追视乒乓球。

续表

活动名称	材料准备	评量内容	评量活动
仿画仿写	白纸、铅笔、橡皮、红黄蓝水彩笔、文具盒	1.1.3 视觉辨别能力 0 盲或无法表现其辨别能力 1 能辨别少数特定物品 2 能以视觉辨别不同的物品 3 能以视觉辨别不同形状及颜色 1.1.4 眼手协调能力 0 盲或不看目标,无法对着目标工作 1 能尝试对准目标工作,如尝试套杯但套不中 2 能对准目标工作,但准确度及敏捷度稍差,如套杯偶可成功 3 能对准目标敏捷地操作,如套杯经常成功 1.1.8 视动统整能力 0 盲或仅能涂鸦 1 能仿画线段 2 能仿画简单图形,如"o""+" 3 能仿写文字	1.给幼儿出示白纸、铅笔、橡皮、文具盒、水彩笔并说明以上物品名称,要求幼儿拿起铅笔在纸上模仿老师画线段,观察幼儿能否辨别纸和铅笔;能否尝试对准目标工作;能否仿画线段。 2.让幼儿仿画圆形,并从文具盒中拿出红色水彩笔给圆形涂色,观察幼儿能否以视觉辨别不同之物品;能否对准目标工作,准确度、敏捷度如何;能否仿画简单图形。 3.让幼儿将红色水彩笔收好放回文具盒中,再从文具盒中拿出蓝色水彩笔,跟随教师仿写汉字"口""人",收好蓝色水彩笔放回文具盒中,再拿出黄色水彩笔仿写汉字"二""小",观察幼儿能否以视觉辨别不同形状及颜色;能否对准目标敏捷地操作;能否仿写文字。
卡片游戏	纸盒子1个、苹果、香蕉、西瓜、茄子、白菜、黄瓜、玩具熊、皮球、玩具车、卡片各1张	1.1.5 形象背景区分能力 0 盲或无法表现形象背景的区分能力 1 能在一堆物品中找出指定物品 2 能在简单的背景中找出指定图形 3 能在复杂的背景中找出指定图形	1.教师先给幼儿出示水果、玩具卡片,让幼儿跟读卡片中物品名称或用手指一指老师所读的卡片,让幼儿从这些卡片中找出皮球卡片放入盒子里,观察幼儿能否在一堆卡片中找出指定卡片;能否对少数特定的物品表现出记忆能力;能否分辨1~2种立体物的空间关系,如上下、里外。

活动名称	材料准备	评量内容	评量活动
卡片游戏	纸盒子1个、苹果、香蕉、西瓜、茄子、白菜、黄瓜、玩具熊、皮球、玩具车、卡片各1张	1.1.6 视觉记忆能力 0 盲或无法表现出对刚才看到物品的记忆能力 1 对少数特定的物品，能表现出记忆能力 2 能指出 3 种以上刚才看到的物品 3 能指出 3 种以上前一个活动看到的物品 1.1.7 空间位置的知觉能力 0 盲或无法表现出对空间位置的知觉能力 1 能分辨 1~2 种立体物的空间关系，如上下、里外 2 能分辨 1~2 种平面图形的空间关系，如上下、里外 3 能分辨各种空间位置之关系，如上下、左右、里外、斜正	2.教师出示苹果、香蕉、西瓜、茄子、白菜、玩具熊卡片，要求幼儿找出刚才教师教读的卡片，并将找出的卡片上下叠放，观察幼儿能否在简单的背景中找出指定卡片；能否指出刚才看到的物品卡片三种以上；能否分辨一至二种平面图形的空间关系，如上下、里外。 3.教师出示所有蔬菜、水果、玩具卡片，要求幼儿找出苹果卡片，放在盒子的里面，找出香蕉卡片放在盒子的外面，找出西瓜卡片放在盒子的上面，找出皮球卡片放在盒子的下面，找出玩具熊卡片放在盒子的左面，找出玩具车卡片放在盒子的右边，观察幼儿能否在复杂的背景中找出指定图形；能否指出 3 种以上前一个活动看到的物品；能分辨各种空间位置的关系，如上下、左右、里外、斜正。

> **二、依据课程评量流程及注意事项做好课程评量，统整评量分数**

依据双溪心智障碍儿童个别化教育课程的"评量表——感官"知觉编制

双溪心智障碍儿童个别化教育课程评量表　　2010 年版

班级：__××班__　评量日期：__2019__年__9__月__20__日　评量教师：__＊＊＊__

领　域	得分/姓名	罗××	王××	×××	×××	×××	×××
1 感官知觉		45	38				
1.1 视觉运用		19	17				
1.1.1 视觉敏锐度		3	2				

续表

领　域	得分/姓名	罗××	王××	×××	×××	×××	×××
1.1.2 视觉追视能力		3	2				
1.1.3 视觉辨别能力		2	2				
1.1.4 眼手协调能力		2	2				
1.1.5 形象背景区分能力		2	2				
1.1.6 视觉记忆能力		2	3				
1.1.7 空间位置之知觉能力		3	2				
1.1.8 视动统整能力		2	2				
1.2 听觉的运用		9	7				
1.2.1 听觉敏锐度		2	3				
1.2.2 听觉辨别能力		2	2				
1.2.3 听觉记忆能力		3	1				
1.2.4 听觉顺序能力		2	1				
1.3 触觉运用		5	4				
1.3.1 触觉敏锐度		2	2				
1.3.2 触觉辨别		1	1				
1.3.3 触觉记忆能力		2	1				
1.4 前庭觉的运用		7	5				
1.4.1 抗地心引力的能力		3	2				
1.4.2 侦测重心转移的能力		2	2				
1.4.3 双侧协调		2	1				
1.5 本体觉的运用		5	5				
1.5.1 本体觉的敏锐度		2	2				
1.5.2 身体意识		2	1				
1.5.3 动作的运用与计划		1	2				

> 三、勾画综合发展侧面图案例

此处以综合发展侧面图(三)中感官知觉侧面图为例,综合发展侧面图(二)、综合发展侧面图(一)勾画方法与此相同。

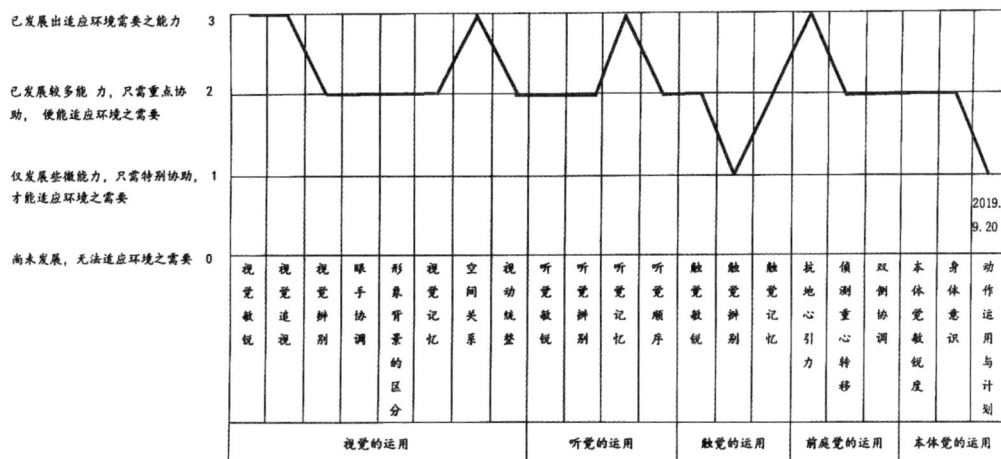

已发展出适应环境需要之能力　3																		
已发展较多能力，只需重点协助，便能适应环境之需要　2																		
仅发展些微能力，只需特别协助，才能适应环境之需要　1																		
尚未发展，无法适应环境之需要　0																		2019.9.20

视觉的运用：视觉敏锐、视觉追视、视觉辨别、眼手协调、形象背景的区分、视觉记忆、空间关系、视动统整

听觉的运用：听觉敏锐、听觉辨别、听觉记忆、听觉顺序

触觉的运用：触觉敏锐、触觉辨别、触觉记忆

前庭觉的运用：抗地心引力、侦测重心转移、双侧协调

本体觉的运用：本体觉敏锐度、身体意识、动作运用与计划

综合发展侧面图（三）——感官知觉

> ## 四、评量结果分析表撰写案例

依据双溪心智障碍儿童个别化教育课程的"评量记录表——评量结果分析表"编制

双溪心智障碍儿童个别化教育课程（三）评量结果分析表

学生：罗×× 性别：男 出生日期：2015 年 8 月 13 日

课程：双溪心智障碍儿童个别化教育课程　评量人：×××　评量日期：2019 年 9 月 20 日

领域（依优弱序）	评量结果（个案各个领域的优势、弱势）	原因推断（生理、心理、教学环境、互动）	建议策略（内容、方法、策略）	备注
感官知觉	优势：听觉、视觉、前庭觉达到适应环境的能力 弱势：触觉和本体觉的运用需加强空间关系、听觉记忆发展较多能力，但需协助	基本生理成熟，触觉和本体觉的训练太少，父母没有这方面的意识	班主任与各科任教师沟通，共同加强对其触觉、本体觉的训练	
粗大动作	优势：姿势控制、移动力已发展出适应环境的能力 弱势：运动与游戏中参与有技巧性的游戏的能力不足	肌肉力量、协调好，但由于认知力的因素，涉及技巧的游戏表现出能力不足。前庭觉、运动觉输入调节有问题。学生入学前可能没有接触过器械类运动游戏	加强学生运动与游戏方面的训练，也可以让学生选择感兴趣的器械进行训练	

续表

领域 （依优弱序）	评量结果（个案各个领域的优势、弱势）	原因推断（生理、心理、教学环境、互动）	建议策略（内容、方法、策略）	备注
精细操作	优势：基本抓放能力和使用工具能力已达到适应环境的要求 弱势：腕部转动能力、嵌塞能力和顺序工作能力远不及环境要求	爱做操作活动，较多练习抓放和增加使用工具的机会。家庭教育方面存在一定缺失，环境适应能力较弱。智力障碍，接受能力较弱	加强双手协调嵌塞能力，增强顺序工作能力	
生活自理	优势：饮食、如厕已达到适应环境的需求 弱势：洗脸、刷牙、洗手等清洁能力未达到适应环境的需求。依天气场合及需要适当穿着的能力仅些微发展，需要特别协助，才能适应环境的需求（偶尔尿床）	孩子认知、审美的教育比较缺乏，双手协调能力的训练不够。家长卫生意识培养不够	培养卫生意识，加强个人卫生清洁能力训练，加强恰当穿着的学习	
语言沟通	优势：对于静坐等待、模仿能力、听前准备、说前准备、肢体沟通已经表现出适应环境需要的能力。内在语言、读前准备、图片沟通基本可以适应环境需要，即只需重点协助 弱势：对于表达技巧、阅读技巧、写前准备、与人沟通的方式，需要特别协助才能适应环境的需要	性格内向，有自残行为。言语障碍，没有良好的口语交流环境	赏识教育。给予其与同伴交流的机会，加强沟通行为的锻炼，增加对词汇的了解，加强口腔功能	
认知能力	优势：对事件、地点、物品所属的记忆力可适应环境需求 弱势：对物品操作的记忆能力、依颜色配对和分类应用、了解因果关系、修正错误的能力较弱	因已开始发展视觉的辨别及记忆能力，大脑发育迟缓。尚未有系统化的训练，且受操作能力影响	增进对物品操作的记忆力，建立对物品分类辨别的能力，加强逻辑思维能力训练，寻求帮助的方法引导	

续表

领域 （依优弱序）	评量结果（个案各个领域的优势、弱势）	原因推断（生理、心理、教学环境、互动）	建议策略（内容、方法、策略）	备注
社会技能	优势：社区技能、休闲活动已发展出部分能力，只需要重点协助，便能适应环境的需要 弱势：对于数的运用、家事技能、安全意识的能力仅些微发展，需要特别协助才能适应环境的需要	性格内向，缺乏语言交流环境，缺乏练习机会。对于安全技能的发展，由于年龄问题，只局限于对陌生人的提防，其余方面由于教育者和环境作用，尚未开始发展	对于数字技能、人际关系、家事技能、安全技能的开发，需要创设一定的环境进行。加强安全意识的培养	

＞　五、《综合分析研判报告书》"课程评量结果"部分撰写案例

（一）案例一

课程评量结果课程名称——学前发展课程评量

领域	现状分析
感官知觉	优：视觉、听觉、触觉　　　　弱：味觉
粗大动作	优：姿势控制、转换姿势、移动力　弱：简单运动技能
精细动作	优：抓放能力、操作能力　　　弱：简单运动技能
认知	优：物体恒存、模仿、记忆、符号、解决问题　弱：配对、分类、推理、概念理解
生活自理	优：饮食能力、如厕、清洁与卫生、穿着
沟通	优：言语转机、语言理解　　　弱：沟通能力、口语能力
社会技能	优：人际互动、自我概念、环境适应　弱：游戏特质

（二）案例二

课程评量结果课程名称——双溪心智障碍儿童个别化教育课程

领域	情况摘要
感官知觉	优势：视听触觉敏锐度、视听触记忆能力、前庭觉本体觉能力 弱势：无

续表

领域	情况摘要
粗大动作	优势:姿势控制能力,翻滚、四肢爬行、跪行、走、上下楼、跑、跳,球类游戏、垫上运动、轮胎游戏、投掷游戏、循环体能、大道具游戏、体操能力 弱势:臀行、游乐器材、绳类游戏、溜滑活动、水中活动
精细动作	优势:抓放能力、作业能力、工具使用 弱势:腕部旋转、顺序工作能力、顺序套物能力、使用剪刀能力
认知	优势:物体恒存性、物品操作的记忆能力、地点位置的记忆能力、物品所属的记忆能力、配对和分类、顺序、设法取得物品、计划思考、应用所学、纠正错误 弱势:经历事件的记忆能力、了解因果关系
生活自理	优势:咀嚼和吞咽,拿食物吃,喝饮料,用餐具取食,穿脱鞋子、裤子、衣服,如厕,身体清洁能力 弱势:做饭前准备及饭后收拾,适当的用餐习惯,穿戴衣饰、佩件,使用雨具、卫生棉条,剪指甲的能力
沟通	优势:听的能力,说出常用句、简单否定句,读前准备,肢体沟通(接受性和表达性),图片和照片沟通(表达性),内在语言上除注意力、模范能力外的能力,适应能力 弱势:注意力,模仿能力,适应能力,说的能力,非语言沟通除肢体沟通(接受性和表达性)、图片和照片沟通(表达性)以外的能力、读写能力
社会技能	优势:数的应用、打招呼、团体活动、求助、清洗器具、整理衣物、认识社区、使用公共设备、音乐、影视 弱势:介绍、尊重别人、约会、清洗衣物、烹饪、缝纫、使用交通设施、参与社区活动、休闲活动、身心健康、安全、职前技能

作为教师,因为缺乏康复医学知识,无法对特殊幼儿进行较为专业的认知、动作、语言等领域的评估,但是必须掌握课程评量技能,只有科学、客观的课程评量,才能准确把握学生学业成就等方面的现有能力,明确特殊幼儿本学期、本学年的学习目标以及学习内容,制定符合幼儿身心发展需求的个别化教育计划,为特殊幼儿提供优质的学前融合个别化教育。

【本章摘要】

1.课程是指学校学生所应学习的学科总和及其进程与安排。狭义的课程是指某一门学科;广义的课程是指学校为实现培养目标而选择的教育内容及其进程的总和,它包括学校所教的各门学科和有目的、有计划的教育活动。

2.课程的分类：发展性课程、义务教育阶段课程、功能性课程、生态新课程、职业教育课程、教康整合课程、融合教育课程、校本课程。

3.课程评量是指依据特殊儿童身心发展需求，选择一套适合的课程，利用完整的课程目标、内容，依据课程所拟订的评量标准，对特殊幼儿作该课程所涉及的领域、项目进行动态性评量。现行的教育法律法规及国家相关文案、计划对融合教育课程体系提出了新的要求。学前融合教育课程设置应体现先进的融合教育思想，符合学前融合教育的基本规律和特点，遵循学前特殊儿童身心发展规律，适应构建和谐社会的要求，为学前特殊儿童的全面发展奠定基础，让学前特殊儿童能更好地享受优质的学前融合个别化教育。通过课程评量可以找到学生的教学起点，把握学生各项（依课程）能力分布状况及相互关系，为拟订实施个别化教育计划提供有效、可信的依据。

4.课程评量的原则：①以幼儿为本原则；②真实性、客观性原则；③全面性原则；④生态化原则；⑤动态性原则。

5.课程评量的开展：①选择合适的课程；②熟悉课程内容；③收集特殊幼儿基本资料；④组建评量小组；⑤准备评量表和评量记录表；⑥设计评量活动；⑦与家长沟通；⑧开展课程评量。

6.课程评量材料的整理：①统整各领域评量得分；②画折线图；③撰写评量结果分析表；④撰写综合分析研判报告书。

【复习思考题】

1.试阐述服务特殊需求人群的课程分类。

2.试阐述课程评量的意义与原则。

3.试论述学前融合教育中课程评量的流程与方法。

4.为一名特殊幼儿开展课程评量，进行评量资料的整理。

第四章

学前融合教育中的个别化教育计划的拟订——个别化教育计划会议

◎ **本章聚焦**

1. 学前融合教育中召开个别化教育计划会议的意义与价值。

2. 学前融合教育中的个别化教育计划会议包含的内容。

3. 学前融合教育中的个别化教育计划会议召开的流程。

◎ **内容导览**

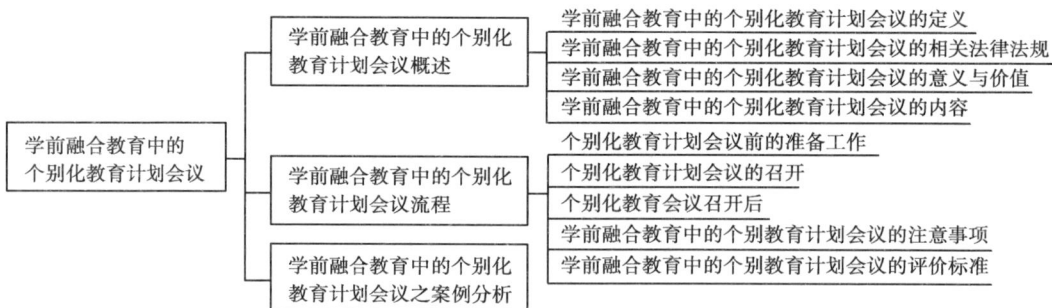

◎ **小案例**

幼儿园资源教师为冬冬完成教育评估,统整评估资料,剔除无效资料,保留有效资料。接下来由资源教室负责人负责通知班级教师、家长,组织召开个别化教育计划会议,资源教师通报评估结果,参会人员就评估结果展开讨论,探讨冬冬在幼儿园中的教育、康复目标,同时争取更多包括家长在内的教育支持。

◎ **大思考**

1. 幼儿园针对特殊幼儿召开个别化教育计划会议的意义与价值有哪些?

2. 个别化教育计划会议该如何召开?

个别化教育计划会议是整合个别化团队成员意见的机会,也是园方与家长、社区、医院等部门沟通互动的时候,在正式拟订特殊幼儿的个别化教育计划之前,如能在个别化教育会议上将特殊幼儿的现有能力、特殊需求加以确定和修订,并针对准备安排的目标在会议中充分沟通,将有助于资源整合与确定个别化教育计划的目标方向。本章将阐述个别化教育计划会议的定义、目的、意义与价值等基本内容,重点探讨个别化教育计划会议的拟订流程以及注意事项,并通过实践、案例分析,提升个别化教育计划会议的操作技能。

第一节　学前融合教育中个别化教育计划的会议概述

> ### 一、学前融合教育中的个别化教育计划会议的定义

个别化教育计划会议是将个别化教育思想"落地"的会议,是个别化教育团队成员、家长、学校(幼儿园)、社区、医院、志愿者等沟通、交流、共同探讨特殊幼儿个别化教育计划的会议,通过会议总结前面的工作(包括资料的收集和评估结果的汇报),全方位地了解幼儿,确定幼儿的现有能力、主要问题,共同探讨特殊幼儿的教育目标和发展方向。

> ### 二、学前融合教育中的个别化教育计划会议相关法律法规

(1)1975 年,美国国会通过了《所有残疾儿童教育方案》(Education of All Handicapped Act)。该法案首次提出要为每位接受特殊教育的残疾儿童制定个别化教育计划(IEP)。从此,美国开始依据法律的要求,为特殊儿童制定 IEP。《所有残疾儿童教育法》简称 EHA(1975),即 94-142 公法,该法案规定 IEP 小组可以在任何时间召开会议,但一年至少召开一次。1990 年《残疾人教育法》规定:"地方教育主管机构必须在开学后的三十天内举行第一次 IEP 会议,并拟订该儿童需要接受的特殊教育与相关服务。1997 年,美国通过了《障碍者教育法修正案》[Individuals with Disabilities Education Act Amendments,简称 IDEA(1997)],即 105-17 公法。IDEA(1997)要求特殊教育学校和普通学校(如果儿童在普通教育环境中接受教育)都参加 IEP 小组。另外该法案也提到了 IEP 对家长的重要性。除了在制定、总结与修订 IEP 时要考虑家长促进儿童教育的作用,还要发挥家长的监督作用。2004 年 11 月美国国会通过了《障碍者教育改进法案》[Individuals with Disabilities Education Improvement Act of 2004,简称 IDEA(2004)],即 108-446 公法。该法案对 IEP 进行了修订,更加注重效率,比如 IDEA(2004)规定在 IEP 的年度审查会议之后,经家长与学校同意,教师可以不召开 IEP 小组会议而对 IEP 进行微调。除了面对面的现场会议方式,还可以采用电话会议、视频会议等方式召开 IEP 会议,以节约时间,提高效率。对于出席的人员,IDEA(2004)规定:如果家长、学校都认为某个小组成员的专业领域与会议讨论的信息无关,

那么可以不邀请其出席,即使所谈论的内容与某个小组成员的专业领域有关,如果家长、学校意见统一,并且该成员能在会议前向家长和 IEP 小组提交书面报告,那么他也可以不出席 IEP 会议。对于个别化教育计划会议,美国法令规定:当个案被鉴定为身心障碍者后的 30 天内,就必须举行第一次委员会会议;一年内必须再召开"个别化教育计划会议",以评鉴此"个别化教育计划"实施成效;"个别化教育计划"必须做重大改变时,由家长或学区行政单位提出要求,个别化教育计划委员会必须随时再召开会议。

(2)我国有多项相关法律法规文件,例如:《中华人民共和国残疾人保障法》《中华人民共和国残疾人教育条例》《特殊教育提升计划(2014—2016 年)》《特殊教育教师专业标准(试行)》以及《第二期特殊教育提升计划(2017—2020 年)》,均在强调个别化教育对于特殊儿童的重要性,对专业师资个别化教育技能的要求也趋于具体。2015 年教育部关于印发《特殊教育教师专业标准(试行)的通知》"专业能力"中的教育教学设计中规定:根据教育评估结果和课程内容,制定学生个别化教育计划。只是目前我国大陆尚未在法律法规层面作出明确的规定,也没有对个别化教育计划会议的召开提出更为具体的要求,但是个别化教育计划的观念正在越来越广泛地被特殊教育工作者所接受。

> ### 三、学前融合教育中的个别化教育计划会议的意义与价值

(1)个别化教育计划会议的召开可以集合多方的力量,全面了解个案。参会人员可以共同讨论个案评估结果,准确剖析特殊幼儿的现有能力、存在的主要问题,把握教育重点,确定符合其身心发展需求的长短期目标,拟订个别化教育计划,确保计划的有效性和准确性。

(2)个别化教育计划会议的召开可以调动家长积极性,引导家长参与个案评估结果的讨论并参与计划的拟订。家园合作可以给孩子提供更好的学习和康复的环境,同时家长能监督幼儿园开展个别化教育计划的实施情况。

(3)个别化教育计划会议的召开能够引起幼儿园的重视,集合幼儿园各方力量,形成从上到下的联动机制,提高个别化实施的有效性。

(4)个别化教育计划会议的召开可以调动团队协作积极性,促进团队内成员的交流与合作,共同为特殊幼儿的健康成长服务。

> ### 四、学前融合教育中的个别化教育计划会议的内容

在我国,目前尚无法律规定必须为每个特殊幼儿制定个别化教育计划,但特殊教育发展较好的地区或城市已开始尝试。到目前为止,在具体做法上还没有形成大家公认的、完全一致的内容。通常情况下,个别化教育计划会议主要完成的内容如下所述。

（一）了解特殊幼儿基本资料

在个别化教育计划会议上要对特殊幼儿的基本资料（如生理状况、障碍类别、出生日期、家庭背景、各项评估材料等）进行汇报。会议开始前应做好收集、整理、呈现、分析基本资料的工作，熟悉特殊幼儿的成长背景及能力现状，加强参会的各界专业人士之间的沟通。详尽实用的幼儿资料有利于找到最近发展区，使特殊幼儿的个别化教育计划开展的操作性大幅加强。在本环节，要保障基本资料经过信息的二次筛检、统整，保留有效信息剔除无效信息，最终呈现的是根据评估结果所整理的特殊幼儿基本资料报告书。我们可以用一个综合表格呈现幼儿的基本信息并打印，在汇报时以便参会人员记录备注。

（二）明确特殊幼儿的能力水平

个别化教育计划会议上应对特殊幼儿的能力水平进行汇报和讨论，具体内容包含特殊幼儿的生理状况、认知能力、动作能力、语言能力、社会适应能力以及学业成就等，主要为了让与会人员对特殊幼儿身心发展现状有一个较为全面的认识。

（三）探讨特殊幼儿的教育方案

该板块主要有会议成员共同探讨特殊幼儿的障碍类别、障碍程度、障碍成因、学习优弱势、未来发展潜能、障碍影响、建议对策、安置措施、教育重点等内容。

1.障碍类型

特殊幼儿的类型复杂多样，我国对特殊幼儿的分类大致分为：智力障碍、视力障碍、听力障碍、言语和语言障碍、肢体残疾、自闭症、情绪行为障碍、学习困难和超常，对不同类型的特殊幼儿实施学前融合个别化教学时采取的策略也不同。

2.障碍程度

特殊幼儿的差异性、障碍的程度、障碍出现的时间、某种行为持续时间的长短、障碍的表现形式、行为的表现形式等都会影响幼儿的融合质量。特殊幼儿由于大脑发育、感知、记忆、语言、个性等方面都与普通幼儿有明显的差异，感受性、知觉速度、注意的发展水平、言语发展、表达能力、记忆、思维等与普通幼儿有较大差异。如果幼儿被有相关资质的医疗机构明确诊断为某种身心障碍类型，对于幼儿园的教师来说，这个阶段最重要的是了解特殊幼儿的学习需求，以尽早地进行早期干预。如果幼儿没有相关资质的医学鉴定时，资源教师可以向家长或者普通班教师了解幼儿行为表现的功能性，并提供咨询服务。讨论幼儿障碍类型和障碍程度对实施幼儿融合教育起到重要的作用。

3.适应能力

作为特殊幼儿融合教育发展中重要的组成部分，特殊幼儿的适应能力包括社会适应、学校适应、家庭适应。特殊幼儿在不同环境下对刺激的反应和表现，体现了是否能够满足其适应生活需求,其中涉及沟通、表达、动手能力、认知、记忆、生活自理……培养特殊幼儿的适应能力使其得到适合身心发展的教育。会议讨论要重视满足特殊幼儿个体的特殊适应需要,找准特殊幼儿适应普通幼儿园的学习起点、补偿重点,让特殊幼儿能有质量地融入幼儿园,接受适合自身特点和发展需要的教育。因此,在个别化教育计划会议中,对特殊幼儿适应能力的讨论不可忽视。

4.长短期目标

个别化教育计划会议应初步讨论设定个别化教育计划的长短期目标,长短期目标应包括评估所涉及的各个领域,目标设定应可观察、可测量。长期目标的设定可以是一个学期或者一个学年,短期目标一般设定为一个月至三个月之间。每个领域长期目标控制在 4 个以内,短期目标控制在 6 个以内,目标不宜过多,能够及时、有效达成才是重点。参与长短期目标讨论的应是直接负责教学的特教老师和家长,以达到了解特殊幼儿最近发展区及制定目标的可行性。

长短期目标的具体讨论流程如下。

①在教育诊断后,各领域参会人员熟悉特殊幼儿能力现状,提前做好分析研判。熟悉特殊幼儿个别化教育计划的构成包括主要(重点、优先)目标(主要的、迫切的、适应生活需求的能力与适应园内学习生活的衍生能力,目标可随着学期内动态产生发现后再补充)以及相关目标(关键目标)、次要目标。

②长期目标应在课程评量后着重讨论各领域的教育重点。收集家长的意见与需求、分析特殊幼儿在园内安置的环境要求。根据教师对幼儿的了解和观察,参考幼儿能力发展的顺序,参考课程评量结果(能力的优弱点、原因分析、建议),讨论一个年度或学期所应达成的能力目标。找到特殊幼儿的学习需求(在普通班的学习时间、学习方式、相关专业服务、可能需要的协助、行为介入计划等)是特殊幼儿该阶段的个别化教育计划的纲领,最终拟出长期目标。

③讨论短期目标。综合学期教学活动和学年目标(长期目标),对幼儿融合普通班在本学期主要学习活动的安排做出梳理。讨论短期目标应简明、具体、描述能力技能,要可操作可评量。各领域老师在同一主题下讨论该科的 IEP,这样的方式可避免 IEP 不完整,也避免让 IEP 窄化成教案、教学计划,因而曲解个别化教育计划。

刘明清提出当前我国在拟订个别化教育计划时的主要问题是不能够系统、全面地制定计划,常出现如下问题:对特殊儿童的评估鉴定过程不严格;没有按照统一的规划标准;教师只做简单的观察就进行教育;没有明确的教育目标;教学策略不合理;各专业成员之间缺乏相互配合的意识。这些都是在个别教育计划的发展过程中出现的需要克服的难点。因此每个特殊幼儿的长短期目标(一人一案)应填写好并保存。班级各教师均应有每位特殊幼儿的 IEP 教育计划。制定园内定期会议机制,由组长收集资料向普通班教师转达幼儿动态评量下的最新情况,通过团体讨论的机制,调整幼儿的资料并形成文字材料,以便随时查阅。

5.教育措施及相关服务

特殊幼儿需要相关服务(如心理辅导、社工服务、医疗服务、语言治疗、物理治疗、职业教育、家长咨询等)、辅助的设施(如无障碍环境的建设)和其他服务等。参与学前融合教育的人员相较普通学校更为复杂,同时接受的资源更加多元,如普通幼儿园的主班教师、保育员、保健医生、普通幼儿、普通幼儿家长、资源教师和相关服务人员。组织特殊幼儿发展过程中密切相关的人员建立讨论的机制,各领域的参会人员共同研判特殊幼儿的教育需求;家长参会了解幼儿及其家庭教育模式和幼儿居家的行为习惯,资源教师分析特殊幼儿的行为有何种功能性;建立家园沟通机制,拟订合适的检核表,记录家庭和教师对幼儿的期望,教师与家长教育的目标应一致,建立长期的家园合作关系;讨论幼儿园能提供何种安置服务,被安置的班级主班教师是否具备相应的特教知识,是否能够组织好融合教育教学的常规活动,包括普通家长、普通幼儿对特殊幼儿的接纳教育等。

相关服务支持参考记录表格

支持项目	日期	频率	地点	起止时间	负责人	效果记录

行政与环境支持表格

项目	方式内容	负责(单位)人	备注
交通			
辅具			
无障碍环境设施			
助理人员配备(助理教师、社工)			
课程、教材调整、作业、考试			
特教咨询服务			

6.教育评价

教育评价方面主要讨论如何评价儿童长短期目标,计划评定的方式、标准以及评定日期,及时进行动态评估,调整目标和方案。

7.安置形式

根据特殊幼儿的能力,选择恰当的安置形式和在普通班融合的时间及抽离出来的时间比例。依据评估结果以及个别化教育计划会议商讨,确定特殊幼儿的安置形式:普通幼儿园、普通班、普通幼儿园特教班、医院、康复机构、家庭。安置服务类型有在家服务、幼儿园普通班、幼儿园特教班、幼儿园资源教室一对一辅导。融合幼儿园学习的形式有全部活动、部分活动、个别活动。

8.转衔服务

如果是进入到大班的特殊幼儿,个别化教育计划会议必须讨论幼儿的转衔问题,包含以年龄为基础制定的适当的、可测量的小学后的教育目标,包括教育及康复训练的内容;为达到满足特殊幼儿教育需求的连贯的转衔服务,转衔内容需结合特殊幼儿的基本资料以及教育诊断与评估的资料,并结合特殊幼儿的障碍发展情况、障碍程度是否有所改善、转衔后的发展方向、学习优弱势、未来发展潜能、教育重点以及建议对策在内的各项内容。黄朔希也指出了一些问题,如人员结构上存在着很大的漏洞,参与人员不能完全达到要求,行政人员、家长等相关人员的参与度相对来说较低,使得教师就必须单独完成 IEP 的拟订工作等。

第二节　学前融合教育中个别化教育计划的会议流程

> **一、个别化教育计划会议前的准备工作**

(一)参会人员准备

1.参会人员组成

①教师:特教班老师、资源班老师、普通班老师、主班老师、配班老师、保育员老师。

②学校相关行政人员:园长、副园长、教学、后勤、提供教育服务相关处室的行政人员代表等;相关行政人员或教师出席个别化教育计划会议时,幼儿园应配合其授课时间或协助予以调课或另请其他教师代课,以配合个别化教育计划会议进行。

③家长,幼儿家长可以邀请相关人员陪同,并在召开会议前告知幼儿园;如果家长丧失行为能力,法定监护人或相关家属可代表出席。

④其他相关人员：语言治疗师、职能治疗师、物理治疗师、临床心理师、社会工作师、其他专业人员。

2.参会人员职责

个别化教育计划会议成员职责

身　份	职　责
主席	·协调 IEP 小组的活动 ·汇总评估资料 ·与小组成员沟通 ·在计划和决策过程中提供支持服务 ·主持 IEP 会议
普通班教师	·提供儿童在普通班表现的资料 ·提供课程设计的资料 ·草拟和制定学科的年度目标和教学目标 ·指出儿童接受普通教育的能力和限制
特殊教育教师	·提供有关儿童障碍情况的资料 ·指出儿童接受特殊教育的能力和限制 ·指出儿童的障碍需要 ·协助解释相关评估资料 ·协助制定长期目标和短期目标
机构代表 （学校行政人员）	·代表学校解释相关制度 ·安排提供相关服务
家长	·提供有关家长参与儿童教育与服务的能力和限制的资料 ·参与制定 IEP 的目标 ·提供相关资料，例如儿童的发展、环境、接受的其他服务等
特殊幼儿	·提供在课程或教室中已被证明有效的资料 ·提供有关职业兴趣或职业目标的资料 ·协助评估先前 IEP 中的目标 ·协助确定 IEP 的目标
相关支持人员	·解释评估结果 ·提供教育及相关服务的建议

3.联系参会人员

确定会议时间和会议地点,联系参会人员。鉴于参会人员来自多个行业,会前需要主持人积极联系参会人员,并于开会前七天寄发开会通知,确保参会人员可以在规定的时间内参会,保证到会率。

(二)场地准备

①尽量选择环境温馨、方便交谈的小型会议室,会议桌以面对面的方桌为首选,这样方便会议成员间的充分交流。

②准备会议用品:纸、笔、摄像机、录音笔、多媒体等办公工具,便于及时记录会议内容。

(三)资料准备

将前期收集的特殊幼儿基本资料以及教育评估与诊断资料发给每一位参会人员,便于会上讨论时使用。个别化教育计划会议不是逐项讨论学生服务方案,会前的准备和沟通决定个案讨论的侧重点。在开个别化教育计划会议之前,各领域教师事先拟好特殊幼儿个别化教育计划会议内容的草案,及早准备好评估的相关资料,以提高讨论效率,并于开会前七天送交将出席个案会议的人员以便开会时提出相关意见。新入园特殊幼儿首次召开个别化教育计划会议时,准备资料内容应包括:幼儿现况描述与分析、会议流程及时间、相关专业服务、参与普通班的时间、课程。非新入园的特殊幼儿在每学年期初召开个别化教育计划会议时,准备资料内容应包括:会议流程及时间、上学年个别化教育计划执行结果记录、学年学期目标完成情况、适合幼儿的评量方式及其教育服务方案内容和上学期相异的部分。如果特殊幼儿为幼儿园毕业阶段,那么在个别化教育计划会议中,除了常规准备外还需邀请转衔计划的相关人员参会,对已制定目标执行状况摘要、教育计划需要调整的项目需进行讨论,并记录存档。

依照与会人员于会议中的角色不同,提供的资料可以有所不同。针对家长提供的资料应同以上规定;针对幼儿园行政人员提供的资料应包括需要行政单位配合要项,如会议流程及时间、幼儿现况描述与分析、评量方式、行为介入计划、相关专业服务、参与普通班的时间及课程等。

(四)联系家长

①告知家长会议的时间、地点,会议的目的,出席会议的人员。家长可以自行邀请熟知幼儿情况的人员或专家参会。

②确定开会的时间和地点,保证其对家长和幼儿园来说都是可行的。由于每个特殊幼儿的 IEP 会议是独立的,因此应当在时间安排上考虑充分,为每个会议预留额定

的时间。

③如果家长因故不能来参加 IEP 会议,学校可以采用其他替代的方法来保证家长的参与,如视频会议、电话会议。

④明确参会人员的工作职责及分工。会议上需要讨论多项内容,主持人需提前与参会人员沟通,明确会议分工,确保会议顺利进行。

> **二、个别化教育计划会议召开**

(一)个别化教育计划会议开始

主持人宣布个案会开始,简述会议目的、程序、规则,介绍参会人员。

(二)介绍个案评估各板块的评估内容及结果

①主持人根据教育评估与诊断的内容,请测评人员汇报评估、诊断情况,包括特殊幼儿的基本资料、出生史、教养史、家庭资料(由父母介绍孩子在家的一些家庭活动)等。评量结果包括课程评量结果和教育诊断结果。参会人员可以就一些问题提问。

②主持人根据参会人员汇报的情况,对特殊幼儿诊断、评估的情况作综述。

③家长及其他参会人员对各板块评估内容有疑问可以提出。

(三)综合分析研讨

参会人员广泛研讨特殊幼儿的发展现状、未来发展潜能以及教育重点等内容,具体内容如下所述。

①特殊幼儿的障碍类型、程度、成因。

②特殊幼儿的优弱势,根据幼儿的优弱势选择更适合幼儿的教学策略以及学习方式。

③综合幼儿家长的意见、幼儿实际需求,各教师共同讨论特殊幼儿下一阶段的发展。

④特殊幼儿下一阶段的学习重点即教学目标(长期目标)。

探讨学习重点的过程中,需要考虑以下因素。

①特殊幼儿能力发展的范围:参照评估结果、幼儿发展速度及该学年的教学时间,初步估量幼儿在未来年度各方面能力所能发展的范围。

②适应环境所需的能力:根据特殊幼儿所处的环境以及家长和幼儿本人的需求,预估幼儿在未来发展中适应环境所需要的能力。

③其他因素:参照幼儿生理发展的阶段以及当前的发展特征,考虑需要长期培养的重要能力。

（5）有效达成目标的策略与相关的服务措施，包括医疗、安置班级、个训、家庭、机构康复、需长期关心的问题的影响等。

（6）家长意见。

（四）会议结束

①主持人总结，参会人员签名，并记录会议时间（时间控制在 1 个小时以内）。

②主持人宣布会议结束。

> ## 三、个别化教育会议召开后

（1）整理会议记录并存档。会议记录主要记录 IEP 会议的讨论相关内容要点，便于制定 IEP，由主持人整理，连带各类原件放入学生档案。

（2）根据会议讨论的结果拟订个别化教育计划长短期目标，并再次征求各方参会人员的同意。其目的在整合资源、沟通歧见，是一个教育理念与实际资源相互折中的讨论空间，没有异议的部分可以在会议后当场签名同意，需修改的部分就必须在修改后请相关人士签名同意。

（3）协调准备开始实施个别化教育计划。

（4）会议结束后教师除依照 IEP 计划执行教学活动外，还要兼督指导各相关服务或者行政资源是否落实。如果拟订目标是采用的团体设计，那么可以继续以会议的形式定期评价 IEP 的开展效果。所有会议记录都可以列入幼儿 IEP 的档案中，以作为调整 IEP 的依据。

> ## 四、学前融合教育中的个别化教育计划会议的注意事项

（1）特殊幼儿入园首次个别化教育计划会议最为严格，一般在新生入学一个月后举行，尽量准备充分，严格按照流程进行。

（2）做好会议时间安排明细表并拟订工作任务表，使团队成员清楚自己的角色，并利用此次会议，与其他专业人员相互交流，提高效率。会议因涉及幼儿个人隐私及法定权利，应合理安排好开会时间，每一个案的时间控制在 1~1.5 个小时。

（3）在开会期间，让每一个参会人员都获得发言的权利，并认真记录。与家长交谈时，注意肢体语言与语气，充分尊重家长的意见和态度，所有讨论的内容都要紧紧围绕特殊幼儿的问题。

（4）在意见不统一时，主持人应充分站在个案的立场，找出最优的建议和方案。

（5）个别化教育计划目标出现问题时不能随意更改，而需要召开紧急会议，邀请相关人员参与，并制定解决方案。

> 五、学前融合教育中的个别化教育计划会议的评价标准

（1）个别化教育计划会议前准备充分。

（2）参会人员比较齐全。

（3）主持人熟悉会议流程，会议有秩序进行，会议时间控制在 1~1.5 个小时。

（4）参会人员积极发言，准确定位幼儿的现有能力，明晰幼儿发展方向。

（5）个别化教育计划会议结束后，所有参会人员签字。

第三节　学前融合教育中个别化教育计划的会议之案例分析

> 一、案例分享

主持人：感谢各位对学前融合教育的支持，在百忙之中参加幼儿小班冬冬的个别化教育计划会议，本次会议的目的在于集合多方的力量，全面了解冬冬，参会人员共同谈论冬冬的评估结果，准确剖析冬冬的现有能力、存在的主要问题，把握教育重点，确定符合其身心发展需求的长短期目标，为拟订个别化教育计划做准备，确保计划的有效性和准确性。今天的会议由陈老师主持。参加人员有资源教师、融合班教师和相关服务支持人员以及冬冬的家长（依次简单介绍）。现在会议正式开始！在大家的位置上有冬冬的情况登记表、评估结果分析表、笔、纸，此次会议的全程录像材料、纸质材料将会留档，以便将来使用。（主持人宣布个案会开始，简述会议目的，介绍参会人员。）

（1）各位对冬冬的情况应该不陌生了（孕期 21 三体综合症排查比例高达 1/360，顺产，出生后患先天性心脏病，手术后已痊愈，障碍类型为智力障碍；语言表达能力较差，无法用语言与人沟通，主要靠手势；生活自理能力及认知能力相较于同龄儿童差；喜欢跳舞、帮助别人）。现在着重按教育评估与诊断的内容，请各测评人员汇报评估、诊断情况，参会人员如有疑问可以提问并进行讨论。

资源教师报告包含内容：学生现况描述与分析、学年（学期）教育目标、适当评量方式、安置与转衔（含回归）、特殊（危机）事件处理、相关服务（复健、交通、辅具、无障碍环境、行政支援）等。

融合班教师说明——特殊幼儿在普通班的适应情况、教育服务项目及内容的建议等。

家长提出需求与建议——家长根据报告内容提出需求或建议。

相关人员咨询——针对家长提出的问题提供咨询。

（2）资源教师通报评估结果，参会人员就评估结果展开讨论，探讨冬冬在幼儿园的教育、康复目标，同时争取更多人包括家长在内的教育支持。（主持人根据参会人员汇报情况，对冬冬诊断、评估的情况作综述。）

感官知觉：视、听、触觉的应用已达到适应环境需求，味觉应用已基本达到适应环境需求，还要加强与外界接触，加强各项感官知觉训练。

粗大动作：姿势控制、姿势转换、移动力已达到适应环境需求，简单运动技能尚未达到适应环境适应需求，生活中应多加练习，多接触简单运动，克服恐惧心理，提升各粗大动作技能。

精细动作：抓放能力、操作能力已达到适应环境需求，简单劳作技能尚未达到适应环境需求，应多练习发展简单劳作技能。

生活自理：饮食能力、如厕、清洁与卫生、穿着已达到适应环境需求，还要多加强练习，逐渐减少、退出辅助。

语言沟通：言语机转、言语理解已达到适应环境需求，沟通能力已基本达到适应环境需求，口语表达尚未达到适应环境需求，还需发展口语表达，辅助沟通以帮助表达。

认知：物体恒存、模仿、记忆、符号接收已达到适应环境需求，配对、分类、推理、概念理解尚未达到适应环境需求，需加以各项认知训练并让其得以泛化到生活中。

社会性：人际互动、自我概念、环境适应已达到适应环境需求，游戏特质尚未达到适应环境需求，需多与外界及他人接触，融入集体，发展游戏特质，加强各项技能训练。

（3）综合分析研讨，参会人员广泛研讨特殊幼儿的发展现状、未来发展潜能以及教育重点等内容，集思广益，主持人做好详细记录。

听力、视力（含敏锐度、空间与转移、视知觉等）：未见异常，吞咽功能较差，对陌生环境适应能力差，智力障碍，认知发展相对同龄幼儿较差，能说简单叠词如爸爸、妈妈等；其他情况下基本以咿呀等发声表达需求。

动作能力（含大小肌肉动作、肌力、关节能力等）：手部力量欠缺，动作缓慢，吞咽困难，下肢控制能力差，姿势控制能力较差，不能做跳跃动作，平衡能力较差。

社会情绪（含不适应行为、学习态度、异常行为、各环境中的行为）：学习态度积极，意愿强烈，教师表扬鼓励效果更加明显；依赖性较强，易放弃；与人交往能力差，环境适应能力差，在陌生环境中有不适应行为。

学习特质（含接受刺激、目前认知发展阶段、以何种形式表达或反应）：多以手势及咿呀声表达需求。

（4）通过讨论初步确定长期目标。

感官知觉：提高触觉运用能力。

粗大动作：提升姿势控制能力，发展简单运动技能。

精细动作：提升操作能力，提升简单劳作技能。

生活自理：提升饮食能力、如厕能力、清洁与卫生能力、穿着能力。

沟通：发展言语转机，提高语言理解能力、口语表达能力、沟通能力。

认知：提升模仿能力、记忆能力、概念理解能力。

社会适应：发展自我概念，提升环境适应能力、人际互动能力，发展游戏特质。

（5）主持人总结，参会人员签名，并记录会议时间（时间控制在1个小时以内）。

（6）主持人宣布会议结束。

（7）会议资料由组长收齐整理存档，资料表附于本章末。

> ## 二、注意事项

（1）"幼儿的障碍类型、程度及成因"应参考医生建议，并需要会议成员达成共识。

（2）阐述特殊幼儿的学习能力优势，主要为老师提供参考，便于教学中可以积极利用学生的优势，调动特殊幼儿学习的积极性，提升学习效果；阐述特殊幼儿的学习能力弱势，重点查找特殊幼儿的教育康复重点，提升教育、康复的有效性。

（3）"未来发展潜能"需要参考主班教师以及家长的意见。

（4）"障碍的影响"重点描述障碍给特殊幼儿带来的困扰。

（5）"建议对策""安置措施"需要充分调动现有资源，结合会议成员意见填写。

（6）"教育重点"要求撰写得越具体越好，提升"教育重点"的可操作性。

【本章摘要】

1.个别化教育计划会议是将个别化教育思想"落地"的会议，是个别化教育团队成员、家长、校方、社区、医院、志愿者等沟通、交流、共同探讨特殊幼儿个别化教育计划的会议，通过会议可以全方位地了解幼儿，确定幼儿的现有能力、主要问题，共同探讨幼儿教育康复的目标及发展的方向。

2.个别化教育计划会议在欧美一些国家的法律条文中有明确要求，我国对个别化教育教学的要求也在逐渐具体化。

3.个别化教育计划会议无论是对于特殊幼儿还是特殊幼儿的家长、教师、学校管理体系以及社会支持体系的构成人员都具有积极的意义。

4.个别化教育计划会议重在总结教育评估与诊断的结果,探讨满足特殊幼儿身心发展的长短期目标。

5.个别化教育计划会议的流程包括六个步骤,需要主持人准确把握节奏,提升会议的有效性。

6.对个别化教育计划会议提出了基本要求以及评价标准,旨在提升个别化教育计划会议的可操作性。

【复习思考题】

1.试阐述特殊幼儿个别化教育计划会议的意义与价值。

2.请依据个别化教育计划会议流程,以组为单位为个案召开个别化教育计划会议。

3.结合个别化教育计划会议的基本要求以及评价标准,准确评估每个小组个别化教育计划会议的召开情况。

第五章

学前融合教育中的个别化教育计划

◎ 本章聚焦

1.了解学前融合教育中拟订个别化教育计划的意义与价值。

2.熟识个别化教育计划所包含的具体内容。

3.掌握拟订个别化教育计划的专业技能,能够为特殊幼儿拟订符合其身心发展需求的个别化教育计划。

◎ 内容导览

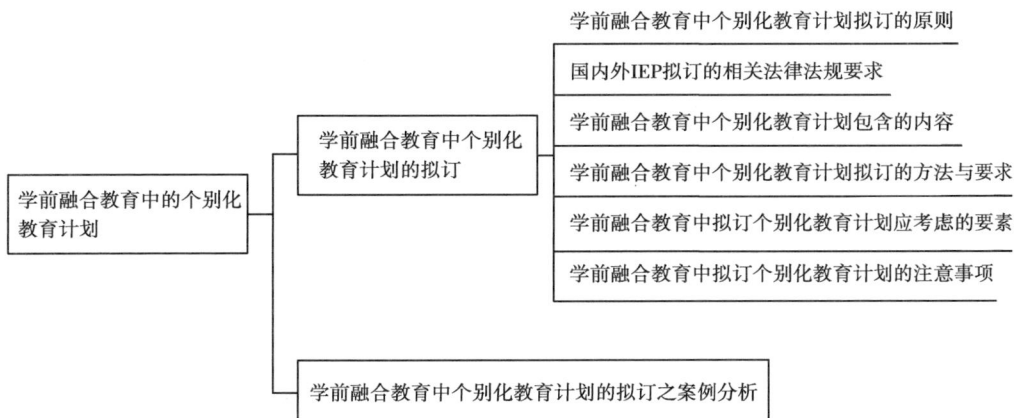

◎ 小案例

幼儿园资源教师依据个别化教育计划会议讨论结果,拟订冬冬在幼儿园学习的学期、学年目标。与普通班班级教师探讨教育教学目标达成的教学方法、教学情境等内容,与资源教室其他教师沟通冬冬康复训练目标及内容等。

◎ 大思考

1.幼儿园为特殊幼儿拟订个别化教育计划的内容有哪些?

2.融合教育幼儿园如何拟订的个别化教育计划?

第一节　学前融合教育中个别化教育计划的拟订

个别化教育计划是学前融合教育质量的关键，拟订出符合特殊幼儿身心发展需求的个别化教育计划，是能够为幼儿提供有效教育服务的前提。本章将详细阐述个别化教育计划的具体内容，重点探讨个别化教育计划拟订的技能技巧，并通过案例分析，给予读者关于个别化教育计划的直观认识。

> 一、学前融合教育中拟订个别化教育计划的原则

为了保证个别化教育计划的合理性及有效性，在拟订时应遵循以下原则。

（一）科学性原则

个别化教育方案的拟订必须建立在科学基础上，拟订的全过程应当符合科学性。例如，在分析鉴定幼儿情况时，应借助有关量表，对儿童进行严格测试，准确掌握其智力水平、视听觉障碍程度等，不能单凭主观分析判断。

（二）发展性原则

个别化教育方案的拟订与实施的目的是满足幼儿的特殊需要，最终促使其发展，因此计划的拟订不能单纯地减少内容、降低难度、放慢进度，消极地拘泥于幼儿现有的障碍，这样不利于幼儿的发展。应当参照正常幼儿发展序列，对幼儿提出要求，包括最终水平、先后次序、发展的各个领域。总之，方案的拟订与实施应着眼于充分满足幼儿的特殊需要，尽可能地促使他们发挥最大潜能，使其得到最大可能的发展。

（三）可行性原则

可行性原则一是指计划的内容符合幼儿的水平，二是指制订计划时应当根据其所在机构中的师资及设备情况来拟订，要考虑到教育人员的时间、精力、能力是否允许，要能够保证个别教育计划得以贯彻与实施。

（四）全面性原则

计划的内容不能是单一的智力的发展计划，还应当包括特殊幼儿的生理、心理、行为等各方面的因素，因为幼儿的早期教育应当是全面性教育，特殊幼儿的早期教育也应当是全面教育。与正常幼儿比较，特殊幼儿要学习生存技能课，并接受特殊治疗，因此更需要接受全面性教育。

（五）家园一致性原则

由于特殊幼儿的缺陷,其家长往往需要更多地付出时间与精力,对幼儿的影响也更大,因而在特殊幼儿的教育中,更需要强调家长的作用。有的国家在教育法案中明确规定要求家长参与到特殊幼儿的教育过程中。同时,特殊幼儿的教育与矫正总是需要巩固、强化,家庭教育必须配合幼儿园教育,以保证教育效果。

> 二、国外个别化教育计划拟订的相关法律法规要求

个别化教育自 1975 年以法律文件形式确定以来,个别化教育的实施也是立法的重点。美国 1997 年《障碍者教育法案》(Individuals with Disabilities Education Act 1997,简称 IDEA,1997)中明确规定长期目标的撰写要求:要能评量;一年内合理达成长期目标;长期目标需要通过短期目标来完成;除此以外还强调学生长期目标的达成需要给予必要的支持。对于短期目标,《IDEA,1997》指出要根据学生现有能力表现水准的领域逐一撰写。

2004 年美国对《障碍者教育法案》进行进一步的修订,将长期目标更改为"学科功能目标",移除了"长期目标必须伴随短期目标"的规定。相关文献显示,这样调整的目的主要是为了配合"不让一个孩子掉队"(No Child Left Behind)法案。专家学者认为,短期目标的取消虽然减少了教师的文案工作,但是也使得目标的个别化消失了。

> 三、学前融合教育中个别化教育计划包含的内容

（一）学生的基本信息

个别化教育计划表格中的第一项内容即是学生的基本信息,其中包含:学生姓名、性别、出生日期、入学日期、班级等。这样的信息呈现旨在方便阅读者快速了解学生信息。

一、学生基本信息

姓　　名:　　　　性　　别:　　　　　　出生日期:　年　月　日

入学日期:　　　　班　　级:

学生基本信息

（二）未来安置及本学期安置

安置,是指使人或事物有着落,具有安放的意思。这里的未来安置,主要是指幼儿在经过一定时间的教育、康复训练后,可能去哪里。例如,在普通幼儿园接受教育后,未来是能够进入普通小学随班就读,还是进入特殊教育学校接受教育,在此处需要撰写清楚。

本学期安置,主要是依据幼儿的个别化教育计划,撰写特殊幼儿的安置地点、安置

内容、安置时间以及主要负责人等。

安置空表

二、未来安置:(下一阶段正常化最大可能)＿＿＿＿＿＿＿＿＿＿＿＿＿＿＿＿

三、本学期安置:

安　　置	内　　容	时　　间	主要负责人

填写案例:

安置案例

二、未来安置:(下一阶段正常化最大可能)　普通小学随班就读

三、本学期安置:

安　　置	内　　容	时　　间	主要负责人
幼儿园	学习常规、学习活动、同伴交往	周一至周五	幼儿园班级教师、资源教室教师
家庭	生活自理	晚上及周末	父母
康复机构	语言训练、认知能力训练	周日全天	机构康复师

(三)长、短期目标

个别化教育计划的目标包括长期目标和短期目标。长期目标即以较长时间学习的方向为重点,根据我国现行的教学规定。长期目标即年度教学目标,指根据幼儿目前的教育成就水平确定的,在一个周期结束时期望达到的教育目标。短期目标即达成长期目标的细致、具体的步骤或内容,是在实现长期教育目标的过程中幼儿必须达到的各阶段的教学目标。

在整个个别化教育计划中,长期目标是大纲、是方向,短期目标则是目的,是实现长期目标的途径和手段;短期目标是长期目标的具体分解,要实现长期目标必须完成某一短期目标才行,或者只有先实现了这些短期目标才能达到长期目标。

（四）教学情境、教学策略与方法

教学情境重点阐述在什么样的教学活动中达成上述目标。

教学策略与方法是指幼儿在达成上述目标过程中需要什么程度的协助、需要哪些支持以及需要采用哪些教学方法。其中协助程度可以分为：大量协助、少量协助、示范提示、口头提示、身体协助等。可以选择的教学方法除了与普通教育相一致的讲授、谈话、讨论、自学辅导、阅读指导、演示、参观、实验等方法，还有学前教育、特殊教育经常使用的游戏教学法、情景教学法、工作分析法等。

上述内容的撰写旨在协助教师开展教学活动，以确保个别化教育计划目标的达成。

（五）达成情况、教学决定

达成情况，主要依据教学情况，标记特殊幼儿目标是否达成，并备注达成的方法以及未达成的原因等内容。

教学决定，主要是用于学期末，评估特殊幼儿学期目标达成情况时标记该目标是继续还是更换。

长短期目标

四、长短期目标

（一）长期目标

领　域	目　标
1.感官知觉	1.1
	1.2
	1.3
2.粗大动作	2.1
	2.2
	2.3
3.粗大动作	3.1
	3.2
	3.3
4.粗大动作	4.1
	4.2
	4.3
5.粗大动作	5.1
	5.2

（六）签名、执行与评鉴

个别化教育计划的拟订是严格按照流程进行的，所有参拟人员要对该个别化教育计划负责，因此最后会有一个签字环节。行政人员以及教师都要在这份个别化教育计划上签字。同时还要明确填写该计划的拟订日期以及执行日期，这样便于他人及时了解该计划的具体执行日期。

此外，个别化教育计划中还需要明确写明个别化教育计划的评鉴日期、评鉴人员以及评鉴结果。该部分主要是在个别化教育计划执行后填写学生目标达成情况。

签名及日期

五、IEP 拟订参与人员签名及执行日期

行政：_____

教师：_____

拟定日期：_____年___月___日

本计划执行日期：_____年___月___日——_____年___月___日

六、评鉴

评鉴日期：_____年___月___日   评鉴人：_____

评鉴结果：_____

_____

_____

1.2.2					
1.2.3					
1.2.4					
1.3					
1.3.1					
1.3.2					
1.3.3					

> 四、学前融合教育个别化教育计划拟订的要求与方法

（一）严格依据教育评估与诊断结果拟订个别化教育计划

个别化教育计划的拟订需要严格依据教育评估与诊断结果以及个别化教育计划会议研讨结果，确保个别化教育计划的科学性、准确性。尽可能从宏观上对特殊幼儿的整体行为进行策略与把握，结合测量、评估资料，依据个别化教育计划会议讨论的结果，撰写特殊幼儿在一学期以及一学年的发展目标。

（二）严格按照撰写原则续写长短期目标

1.长短期目标的选择依据

长期目标的选择需要依据教育评估与诊断的结果、班级主题教学目标、幼儿能力发展顺序以及家长与老师的期望。短期目标的选择同样需要参考教育评估与诊断的

结果,同时要分析幼儿生活中迫切需要的目标,最终确定特殊幼儿的短期目标。

2.长短期目标撰写方法

长期目标的可以与学期目标联系起来,为了便于查阅,长期目标最好以一学期为限。根据确定的目标行为和前期测量与评定的情况,结合班级整体的教学目标为特殊幼儿设定一学期他要达到的学科教学目标。长期目标作为一种较为概括性的目标,既不能过于具体,也不能过于笼统,要让教师、家长、特殊幼儿明确知道所要达成的目标是什么。

短期目标可运用任务分析法,把长期目标分解成一个个短期目标加以实现。一般来说,短期目标的表述要求用词要精准,可以观察和测量,我们可以通过一个个单元目标(短期目标)的实现,来最终达到学期目标(长期目标)的实现。如果有必要,还可以把短期目标继续划分为更小的目标,以至于有第二层次的短期目标,这就要视教学中的实际情况而定。

为幼儿开展评估时,所使用的评估工具,尤其是课程评估工具一般会包含4码目标(1码、2码、3码、4码),原则上长期目标从2码目标中选择,短期目标从3码目标中选择,教学目标来源于4码目标。

3.目标撰写的要求

参看各个领域评估与诊断的结果,一般较为弱势的领域无论长期目标还是短期目标,数量都可以多一些,而能力较好的领域长短期目标的数量可以适当少一些。长期目标的撰写可以简短,重点阐述提升哪些方面的能力,增进什么技能,获得或者加强某些方面的学习等;短期目标的撰写要求一定要具体,越具体越好操作,目标越容易达成。短期目标撰写时需要阐述清楚幼儿需要掌握什么技能,提供怎样的引导或协助帮助幼儿获得技能,以及幼儿获得技能的熟练程度。此外,短期目标的撰写应坚持客观性原则,切记"想当然",同时需要确保撰写的短期目标是可以观察的、可以量化的,这样才能够准确评量幼儿目标达成程度,进一步提升幼儿个别化教育计划的可操作性。

长期目标可以采用动词+名词(名词词组)的方式撰写,短期目标可以套用公式:谁+在什么情况下+以多少成功率+做什么。这样可以确保所撰写目标的可操作性。

短期目标撰写表

需要返工的	正确的
学生知道植物名称	学生能看图说出 4 种植物名称
学生能认识不同的声音	学生能分辨 3 种不同的声音,找出声音的来源
学生能模仿动作	学生能独立模仿 1 个动作,维持 1 分钟以上
学生能将物品塞入瓶中	学生能在他人协助下将小物品塞入窄口瓶中,成功率为 4/5
学生能穿脱套头衫	学生能把已脱到耳边的套头衫脱下来
学生能对句子做出正确反应	学生能正确反应有人物名称的短句 3 个以上
学生能操作一个物品	学生能模仿刚看到的 2~3 个步骤来操作一个物品

通过上表对比可以发现,目标撰写得越具体,可操作性就越强,目标达成度就会越高。因此,对于幼儿园教师而言,最初学习撰写长短期目标时可以先套用上述公式,这样可以确保长短期目标撰写的有效性。

(三)教学情境的撰写

幼儿园的教学情境有:团体活动、个别康复活动、户外活动、课间休息、区角活动、间餐以及早中晚餐、午睡等,依据短期目标的内容,确定在什么样的教学情境中完成各项目标。例如:认知领域的目标大部分在团体活动、个别康复训练活动中完成,生活自理领域的目标则主要在用餐时间、午休时间以及区角活动中完成,粗大动作领域的目标则主要在户外活动以及个别康复活动中完成。

(四)教学方法的撰写

教学方法的种类很多,角度不同撰写的方式方法也不同。李秉德教授按照教学方法的外部形态将教学方法分为五类。第一类方法是"以语言传递信息为主的方法",包括讲授法、谈话法、讨论法、读书指导法等。第二类方法是"以直接感知为主的方法",包括演示法、参观法等。第三类方法是"以实际训练为主的方法",包括练习法、实验法、实习作业法。第四类方法是"以欣赏活动为主的教学方法",包括陶冶法等。第五类方法是"以引导探究为主的方法",如发现法、探究法等。

黄甫全教授提出了层次构成分类模式,将教学方法分为三层。第一层次是原理性教学方法,解决教学规律、教学思想、新教学理论观念与学校教学实践直接的联系问题,是教学意识在教学实践中方法化的结果,如启发式、发现式、设计教学法、方法等。第二层次是技术性教学方法,向上可以接受原理性教学方法的指导,向下可以与不同学科的教学内容相结合构成操作性教学方法,在教学方法体系中发挥着中介性作用,例如讲授法、谈话法、演示法、参观法、实验法、练习法、讨论法、读书指导法、实习作业法等。第三层次是操作性教学方法,指学校不同学科教学中具有特殊性的具体的方法,如语文课的分散识字法、外语课的听说法、美术课是写生法、音乐课的视唱法、劳动技术课的工序法等。

幼儿园常用的教育教学方法有游戏法、讲授法、讨论法、谈话法、任务驱动法等。结合幼儿的身心特征,对特殊幼儿使用的与普通幼儿较为不同的教学方法有工作分析法、情景教学法。

(五)目标达成情况的撰写

教育评估与诊断中使用的评估工具,会依据幼儿的能力,将评估内容分为多个层级。有些评估工具采用第一级、第二级、第三级的层级目标,有些评估量表采用百分制(25%、50%、75%、100%);有的评估表使用0、1、2、3的层级目标,0、1表示特殊幼儿该项能力尚未达到适应环境之需求,2 表示幼儿该项目标基本达到适应环境之需求,3 表示幼儿该项评估内容的目标已达成。标记目标达成情况,便于了解幼儿一学期的学习情况,以及目标达成度,这样既可以评估个别化教育计划制定的是否符合幼儿的身心发展需求,同时也可以作为评估一学期中幼儿教育康复情况以及教师教学情况的支撑材料。

(六)及时与家长普通班教师沟通

家长了解个别化教育计划,并能够参与其中,为幼儿个别化目标的达成贡献力量,同时可以监督幼儿园、融合班教师(含主班教师、配班教师和保育员)熟识个别化教育计划,能够在教学及活动中,切实把特殊幼儿的个别化目标落实到位。人与人之间的沟通、合作、教育教学调整、改变、成果是个别化教育计划实施有效性的保证。

> **五、学前融合教育中拟订个别化教育计划应考虑的要素**

(一)特殊幼儿自身特点

在拟订个别化教育方案时,首先要考虑的就是这些特殊幼儿所具有的特点,他们的独特性和差异性是拟订个别化教育方案的出发点。特殊幼儿的特点应包括其年龄、障碍类型及程度、障碍伴随的心理特点以及家庭情况等方面内容。这些特点直接关系到个别化教育方案的拟订与实施,因此需要根据这些特点来决定计划中的内容,例如障碍的类型和程度不同,其计划中的学习内容也不同。

1.特殊幼儿的年龄

拟订个别化教育计划时,首先应该考虑学生的年龄特征,不同年龄段特殊幼儿发展的重点不一样,比如刚进入小班的特殊幼儿教育重点就是课堂常规的建立,以及融合环境的适应,而进入大班的特殊幼儿则要将学习能力的培养、学习态度的养成列为计划的重要内容,为转衔进入小学阶段做准备。3~6 岁是儿童语言、动作和社会交往发展的关键期,要特别注重幼儿这些方面能力的发展。

2.特殊幼儿的障碍程度

拟订个别化教育计划时,还要考虑特殊幼儿的障碍程度。障碍程度较轻的幼儿,在计划拟订时,可以多安排在普通班级进行融合教学,使得幼儿可以最大限度的实现融合;障碍程度较重的幼儿,在计划拟订时,可以考虑抽离式的训练方案,在目标拟订上更考虑功能性。

3.特殊幼儿的障碍类型

不同障碍类型幼儿的身心发展特点不同,其核心障碍不同,需解决的问题也不同,因此在拟订个别化教育计划目标时要考虑不同障碍类型的特点来决定相应的针对性目标。

（1）听力障碍

学前听觉障碍幼儿主要是指由于听觉障碍而导致语言习得困难，又由于语言沟通的限制而影响到一系列认知能力、人格特性及社会适应等方面正常发展的幼儿。我们要考虑其核心障碍是听力损失，所以在拟订个别化计划时，听觉功能的康复是目标的重点。听力障碍幼儿还存在着言语障碍，言语矫治也是拟订听力障碍儿童个别化教育计划的重点。

（2）智力障碍

智力障碍幼儿的认知功能以及适应性行为都较差，低于同龄普通幼儿水平，这种状态不会在短期内消失，且这种差异还会随着年龄的增长愈发明显。智力障碍幼儿在认知功能方面主要存在记忆力有限、学习速度缓慢、注意力不集中、知识习得困难等问题；适应性行为方面主要存在生活自理能力不足、沟通交往能力不足以及有过激或问题行为等问题。因此，拟订目标时要重点考虑信息接收能力、环境中适应能力的优势能力与认知的强项。

（3）自闭症

自闭症是发病于婴幼儿时期的精神发育障碍性疾病，以社会交往障碍、交流障碍、活动内容和兴趣局限、刻板重复的行为方式为基本特征，多数患儿伴有不同程度的精神发育迟滞。自闭症幼儿可能伴有严重甚至极重度的智力障碍，也可能表现出超常的智力或在某一方面表现出天赋。70%～80%的自闭症幼儿有智力障碍，他们通常对某种感觉刺激有异常反应，难以用言语表达自己的想法或言不达意，且常常伴有不适当的肢体动作，与人眼神接触少，生活在自己的世界。因此，在个别化教育计划拟订的时候应该将重点目标设定在沟通训练上，应尽可能地使其融合到普通班级参与学习和活动。

（4）脑瘫

脑瘫幼儿病变部位在脑，累及四肢，他们常伴有智力缺陷、癫痫、行为异常、精神障碍及视觉、听觉等症状。因此，对于脑瘫幼儿的个别化教育计划的拟订，应该将重点目标放在运动康复上，尽可能地在活动中设置运动的目标，以达到更好的康复和融合效果。

（5）极重度多重障碍

极重度多重障碍幼儿是指同时兼具两种以上障碍，障碍之间没有因果连带关系，且在认知、交流、社会技能发展、大动作和日常生活自理方面存在着极严重限制的幼儿。他们往往具有严重肢体障碍、感官知觉的损伤和严重智力障碍，甚至有吞咽障碍、呼吸问题、癫痫等问题，他们需要的服务更趋于考虑不同障碍的生理看护、专业康复、辅具使用及基本能力的建立。保障他们的生命健康安全非常重要，因此生理照顾永远处于优先地位。

(二)学前教育机构的特点

学前教育机构各方面的特点将直接影响着个别化教育方案的内容,影响计划的贯彻和实施,因此在制订计划时,必须考虑本机构的特点,尤其是机构中特殊幼儿的安置方式、师资条件、设备情况以及机构中正常幼儿的情况等。

目前我国学前教育机构中特殊幼儿研究提出了以下三种安置形态:第一种是对口活动形态,即在学前教育机构的环境内,一个班级的幼儿与一组特殊幼儿定期开展共同活动;第二种是中心活动形态,是指在学前教育机构中设立特殊幼儿学习中心,接受有特殊需要的学前儿童;第三种是个别活动形态,指特殊幼儿处于正常学前教育机构中,在正常随班学习的同时,根据每个特殊幼儿的特殊需要,拟订个别的学习计划,安排个别的或小组的学习活动,对他们进行特殊教育。在以上三种不同的活动方式中,特殊幼儿相对独立的学习活动内容、时间、方式,特殊幼儿与正常儿童一起活动的内容、时间、方式均不相同,因而在拟订特殊幼儿个别化教学计划时,也必然有不同的内容。

(三)特殊幼儿的家庭情况

为特殊幼儿拟订个别化教育计划时,幼儿的家庭情况也是必须考虑的一个因素,包括特殊幼儿父母的职业及文化程度、经济收入、教养方式及态度等,这些方面都将对幼儿产生影响,也必然影响其计划的实施。

＞ 六、学前融合教育中拟订个别化教育计划的注意事项

在拟订个别化教育计划时,需要特别注意以下几个问题。

(一)重视家长和其他幼儿的影响因素

家长在特殊教育中起着非常重要的作用,在制订、实施及检查计划执行情况时,都要考虑家长因素。在特殊教育中,家长的作用一直受到重视,如在"亚洲特殊教育改革项目计划"中就包括家长教育。

(二)重视评价检查,随时改进计划

应当重视评价检查工作,根据评价结果和出现的新问题、新情况而修改计划,以使计划更符合幼儿情况,更能促进其发展。同时,为保证计划实施的效果,也要注意计划的稳定性。

(三)特别关注情感问题

在正常学前教育机构中,由于特殊幼儿本身的缺陷与障碍,他们容易产生各种各样的情感问题,如自卑、孤独、胆怯等,这些不良情感不利于幼儿的发展,教师应特别关注这一问题,在个别化教育方案中要体现这一点。在实施个别化教学时,给幼儿更多的鼓励,让他们获得更大的成功感、更强的自信心,最终完成个别化教学目标,促使他

们在学前教育机构中得到更好的发展。

第二节　学前融合教育中个别化教育计划之案例分析

某幼儿园 2020—2021 学年下学期
融合幼儿个别化教育计划

一、学生基本信息

姓　　名:张××　　　　性　　别:女　　　　出生日期:××××年×月××日

入学日期:2020 年 9 月　　班　　级:中三班

二、未来安置:(下一阶段正常化最大可能)　　　普通小学随班就读

三、本学期安置:

安置	内容	时间	主要负责人
附属幼儿园	学习活动、生活常规、个训	周一至周五	班级教师、资源教师
家庭	生活自理	晚上、周末	父母
康复机构	语言训练、认知功能训练	周日	康复师

四、长短期目标

(一)长期目标

领域		长期目标
1.感官知觉	1.1	提高触觉运用能力
2.粗大动作	2.1	提升姿势控制能力
	2.2	发展简单运动技能
3.精细动作	3.1	提升操作能力
	3.2	提升简单劳作技能
4.生活自理	4.1	提升饮食能力
	4.2	提升如厕能力
	4.3	提升清洁与卫生能力
	4.4	提升穿着能力

续表

领域	长期目标	
5.沟通	5.1	发展言语转机
	5.2	提高语言理解能力
	5.3	提升口语表达能力
	5.4	提升沟通能力
6.认知	6.1	提升模仿能力
	6.2	提升记忆能力
	6.3	提升概念理解能力
7.社会适应	7.1	发展自我概念
	7.2	提升环境适应能力
	7.3	提升人际互动能力
	7.4	发展游戏特质

（二）短期目标

短期目标		负责教师	教学情境	教学策略	达成情况	教学决定
1.1	提高触觉运用能力					
1.1.1	幼儿身体每次被触碰时均有反应		主题活动、个训	听觉、触觉及夸张动作提示		
1.1.2	幼儿能用手触摸分辨至少两种不同质感物品					
2.1	提升姿势控制能力					
2.1.1	幼儿能单脚站		户外活动	游戏教学法、活动简化、个别指导		
2.1.2	幼儿能由侧坐到单脚跪					
2.1.3	幼儿能一脚一阶上、下楼梯					
2.1.4	幼儿能双脚向上跳离开地面					
2.2	发展简单运动技能					
2.1.5	幼儿能自己上下木马		户外活动	游戏教学法、活动简化、个别指导		
2.1.6	幼儿能会与人丢接球至少三次					

续表

短期目标		负责教师	教学情境	教学策略	达成情况	教学决定
3.1	提升操作能力					
3.1.1	幼儿能用剪刀剪断纸张或物品(一刀)		主题活动	肢体协助、工作分析		
3.1.2	幼儿能仿画五个形状(—丨△〇等)					
3.2	提升简单劳作技能					
3.2.1	幼儿能折纸做简单造型		主题活动	肢体协助、工作分析		
3.2.2	幼儿能仿写两个数字,且笔画正确					
4.1	提升饮食能力					
4.1.1	幼儿能嚼碎固体食物		用餐时间	个别指导、工作分析		
4.1.2	幼儿能拿餐具、食物并做好					
4.1.3	幼儿能在口头提示下完成餐后收拾					
4.2	提升如厕能力					
4.2.1	幼儿在带至厕所后能自己小便		如厕时间	个别指导、口头协助		
4.2.2	幼儿在带至厕所后能自己大便					
4.3	提升清洁与卫生能力					
4.3.1	幼儿能在手脏时自己去洗手		休息时间	个别指导、口头协助		
4.3.2	幼儿能在提示下自己拿卫生纸擦鼻涕					
4.4	提升穿着能力					
4.4.1	幼儿能将扣子穿入洞		主题活动	肢体协助		
5.1	发展言语转机					
5.1.1	幼儿能吹动纸片3秒		个训时间	赏识教育		
5.2	提高语言理解能力					
5.2.1	幼儿能听懂两个拿( )和( )的句型指令		个训、主题	素材调整、环境调整、增强		
5.2.2	幼儿能在图片、表演或动作指示下听懂简单的故事或一段话					
5.3	提升口语表达能力					
5.3.1	幼儿能在示范下模仿五个拟声词		个训、主题	口头提示、增强、工作分析		
5.3.2	幼儿能仿说十个叠词					

短期目标		负责教师	教学情境	教学策略	达成情况	教学决定
5.4	提升沟通能力					
5.4.1	幼儿能用符合社会规范的方式表示基本需求或帮助		个训、主题	情景教学		
5.4.2	幼儿能用符合社会规范的方式打招呼或道歉					
5.4.3	幼儿能用符合社会规范的方式表示拒绝					
6.1	提升模仿能力					
6.1.1	幼儿能主动模仿简单的动作		主题活动			
6.2	提升记忆能力					
6.2.1	幼儿能从三件物品（图卡）中记住刚刚呈现的一件		主题活动、个训	素材调整、口头提示		
6.3	提升概念理解能力					
6.3.1	幼儿能认识五种颜色		个训、主题活动	情景教学、游戏教学、增强		
6.3.2	幼儿能认识五种形状					
6.3.3	幼儿能分辨三种材质					
6.3.4	幼儿能正确拿出 1~5 数量的东西					
7.1	发展自我概念					
7.1.1	幼儿能认识自己的性别		主题活动	情景教学		
7.1.2	幼儿知道自己家的电话号码					
7.2	提升环境适应能力					
7.2.1	幼儿能遵守简单的教室规则		一日常规	同伴教学、情景教学、游戏法		
7.2.2	幼儿能完成所交付工作					
7.2.3	幼儿会把东西或玩具收回原位					
7.3	提升人际互动能力					
7.3.1	幼儿能适当回应同伴的靠近或打招呼		一日常规	同伴教学		
7.4	发展游戏特质					
7.4.1	幼儿能轮流玩游戏		主题活动	情景教学、游戏教学、		
7.4.2	幼儿能和同伴一起玩合作性游戏					

五、IEP 拟订参与人员签名及执行日期

行政： 高×× 邝××

教师：__曾×× 梁×× 李×× 许×× 刘×× 王××__

拟订日期：__2020__年__9__月__28__日

本计划执行日期：__2020__年__10__月__8__日—__2021__年__1__月__10__日

六、评鉴

评鉴日期：__2021__年__1__月__15__日　　评鉴人：_____

评鉴结果：_____

_____

_____

【本章摘要】

1.个别化教育计划是学前融合教育质量的关键,学前融合教育开展过程中的个别化教育计划拟订的原则包括科学性原则、发展性原则、可行性原则、全面性原则、家园一致原则。

2.国外个别化教育计划拟订的相关法律法规要求:美国《障碍者教育法案》对个别化教育计划的长短期目标进行了明确的规定。

3.学前融合教育中个别化教育计划包含的内容:①学生的基本信息;②未来安置及本学期安置;③长短期目标;④教学情境、教学策略与方法;⑤达成情况、教学决定;⑥签名、执行与评鉴。

4.学前融合教育个别化教育计划拟订的方法与要求:①个别化教育计划的拟订需要严格依据教育评估与诊断结果以及个别化教育计划会议研讨结果,确保个别化教育计划的科学性、准确性;②严格按照撰写原则续写长、短期目标;③教学情境的撰写;④教学方法的撰写;⑤目标达成情况的撰写;⑥及时与家长普通班教师沟通。

5.学前融合教育中拟订个别化教育计划应考虑的要素:①特殊幼儿自身特点;②学前教育机构的特点;③特殊幼儿的家庭情况。

6.学前融合教育中拟订个别化教育计划的注意事项:①重视家长和其他幼儿的影响因素;②重视评价检查,随时改进计划;③特别关注情感问题。

【复习思考题】

1.试论述学前融合教育中个别化教育计划包含的内容。

2.试阐述学前融合教育中个别化教育计划拟订的方法与要求。

3.为幼儿园的特殊儿童拟订一份个别化教育计划。

第六章

学前融合教育中个别化教育计划的实施——主题教学

◎ 本章聚焦

1.学前融合教育中个别化教育计划实施的主题教学的概念和主要内容。

2.学前融合教育中个别化教育计划实施的教学序列与教学事件的安排。

3.学前融合教育中个别化教育计划实施中经常使用的教学方法与教学策略。

4.学前融合教育中个别化教育计划实施过程中课程调整的内容及方法。

◎ 内容导览

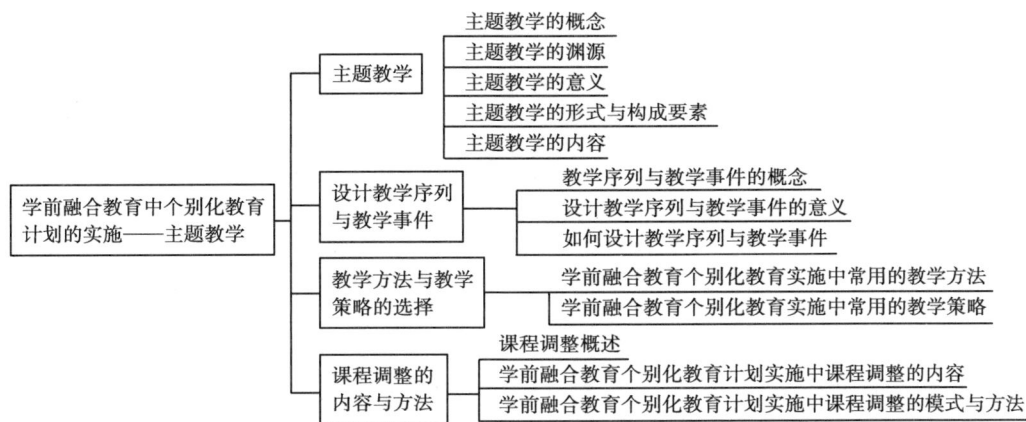

◎ 小案例

　　幼儿园为冬冬拟订好个别化教育计划,冬冬进入普通班级参与班级学习活动,但是老师们发现冬冬参与度并不高,经常是一人独自坐在小椅子上发呆。面对这样的情况,老师们仔细研究冬冬的个别化教育计划,结合该计划,将班级主题教学目标、内容进行调整,合理设计教学序列与教学事件,选择多样化的教学方法,旨在引导冬冬能够参与到班级教学活动中。

◎ 大思考

1.融合教育幼儿园如何依据班级特殊幼儿的个别化教育计划开展主题教学?

2.融合教育幼儿园如何依据班级特殊幼儿的个别化教育计划进行课程调整?

第一节　主题教学

自《幼儿园教育指导纲要(试行)》颁布以来,各地幼儿园积极探索具有本土特色的园本课程与教学,注重从促进幼儿身心发展的整体性、综合性的视角探究幼儿园的教育教学,形成综合性主题活动课。主题教学是目前我国幼儿园普遍采用的一种综合性课程。

> ### 一、主题教学的概念

主题教学,即以主题为中心开展的教育教学活动,是一种通过有机的组织和运用具有某种内在关联的两个及两个以上学科的知识观和方法论去考察和探究一个主题或者中心领域的教学组织形式,通过对主题、中心领域的研究,使学生获得新的、整体的、联系的经验,促进学习迁移。

幼儿园主题教学,指结合幼儿的生活经验以及兴趣,考虑幼儿的理解水平,借助环境教育等多方资源,通过教师组织、共同探究,引导幼儿亲身体验和参与的一种教学活动。

> ### 二、主题教学的渊源

主题教学又称为"多元智能主题活动"。美国著名发展心理学家霍华德·加德纳提出多元智能理论,强调儿童智能是多元化的,是由语言智能、数学逻辑智能、空间智能、身体运动智能、音乐智能、人际智能、自我认知智能、自然认知智能八项组成,同时强调不可用单一智能评价幼儿。多元智能理论对我国的教育提供了借鉴与启示,我国基础教育课程改革中也强调以学生发展为核心的教育理念,要求打破学科界限,强调调动学生主动学习的意识,提倡学习方式的多样化。主题教学作为一种跨学科的综合性教学形式,强调"为了理解而教""通过多元而教",重视幼儿实践能力以及创新能力的培养。

幼儿园主题活动的开展同样也受到约翰·杜威思想的影响。作为实用主义哲学家、教育家,杜威提出了"从做中学""学校及社会",并总结出"教育即经验的改造""教育即生活",强调教育必须紧密地与生活相联系,通过经验的改造促进个人成长。杜威的学生,美国进步主义教育家威廉·赫德·克伯屈提出"单元教学法",主张打破学科界限,根据学生兴趣与需要,依据实际生活环境提出学习目标,制订学习计划,在实践中完成任务实现目标。克伯屈的单元教学法为幼儿园的主题教学提供思路,并强调师生共同设计、参与。此外,皮亚杰理论以及意大利瑞吉欧教育体系的盛行,都对幼儿园主题教学活动的开展发挥积极作用,幼儿园的主题教学活动呈现多元化的发展趋势。

在我国,著名学前教育家陈鹤琴先生提出"活教育"理论,主张到大自然、大社会中去寻找"活教材",强调"做中学、做中教、做中求进步",提出"整个教学法",要求为儿童设计的课程必须是整个的、互相联系的,并提出了"五指活动"课程。著名学前教育家张雪门提出"行为课程"概念,指出"生活就是教育,就是行为课程",强调幼儿对于自然界和人类社会没有分明的界限,他看宇宙间一切的一切,都是整体的,所以编制课程时如果分得太清楚太有系统了,反而不能引起儿童的反应,幼儿园的课程,须根据儿童自己直接的经验编制,主张行为课程的教学方法应采取单元教学法。陈鹤琴、张雪门等先驱的教育理论、教育思想对我国幼儿园教育影响深远且广泛。

> ## 三、主题教学的意义

主题教学活动以促进儿童发展为核心,从幼儿的需求和能力出发,打破学科界限,贯穿幼儿园五大领域的教学目标,关注知识之间的关联性,实现了各领域知识的综合,具有较强的系统性、灵活性、实践性,有利于幼儿获得整体性、连贯性的知识。同时,主题教学强调对某一主题的深入探究,这样更有利于发展幼儿的思维能力以及对学习经验的内化与迁移能力,有利于开发幼儿的多元智能。

主题的选择依据幼儿兴趣、贴近幼儿的日常生活,注重学生生活习惯和规律的培养,更能激发幼儿参与活动以及解决问题的热情,促使幼儿积极发现问题、解决问题,在与同伴的互动中发展积极健康的情感,这也为幼儿的终身学习打下了良好的基础。

> ## 四、主题教学的形式与构成要素

主题教学分为两种形式,第一种是完全打破传统的学科框架,以生活题材为学习单元,以社会生活问题来统合多种知识;第二种是主题下面的分科,即确定单元主题后,幼儿园五大领域围绕该主题开展教学。

主题教学的构成要素包含确定主题名称、生成主题目标、主题分析、特殊幼儿目标配入主题、设计主题的教学序列与教学事件、教学方法与教学策略的选择等内容。

> **五、主题教学内容**

(一)熟悉个别化教育计划,明确目标

班级教师、资源教师统整班级特殊幼儿个别化教育计划目标,将目标分类:可以在团体教学中达成的目标和需要个别训练方能达成的目标。资源教师依据儿童的个别训练目标制定个别康复计划,班级教师依据儿童可以在团体教学中达成的目标,开展主题教学。

(二)确定主题名称

开展主题教学,首先需要确定主题名称。确定主题名称的方法多种多样,可以从幼儿的角度出发,依据教师多年教学经验,寻找与幼儿生活相关的内容来确定主题,例如新生入园都会有一个学习常规建立月,老师会依据教学经验将九月份的主题确定为"我上学了""今天我上幼儿园"等,协助幼儿更好适应幼儿园环境,建立良好的学习常规。"我真棒""什么都吃身体好"这样的主题来源于幼儿的真实生活,关注幼儿自身的发展,关注幼儿的生活,这样的主题更能够激发幼儿学习的兴趣。此外,还可以选择一些社会生活事件作为主题来源,可以依据季节、节日或当地特色社会活动设定主题,例如3月份的主题是"春游",12月份的主题是"过元旦",云南保山5月份的"逛花街"以及西双版纳州景洪市幼儿园的"泼水节"等主题都是这样设定的。此外还可以依据幼儿园教材、一些概念或原理、学生的个别化教育计划目标确定主题,给予幼儿探究多个领域的机会。

主题名称的撰写方法繁多,可以是较为抽象且吸引人的撰写,例如三月份的主题是"春天在哪里",也可以是较为具体的且便于主题分析的写法,例如"引导学生认识春天,了解春天的特点"。

(三)生成主题目标

确定主题目标使主题方向更加明确、主题内容更加清晰。主题目标一般需要撰写三个方面的内容,分别是"知识""技能""情感",只有这样才可以确保主题目标撰写的全面性。其中"知识"目标主要呈现该主题需要幼儿学习的理论知识;"技能"目标主要阐述该主题中幼儿获得的技能;"情感"目标需要重点描述通过该主题的学习对幼儿身心素质产生的积极影响。

主题目标撰写举例——"预防新型冠状病毒，从我做起"

知识目标	初步了解新型冠状病毒相关知识，认识新型冠状病毒的危害
技能目标	了解新型冠状病毒的传播途径，能够采取正确预防措施
情感目标	养成健康的卫生习惯，树立学生的疾病预防意识，培养学生的疾病预防能力

主题目标撰写举例——"小鱼儿游游游"

知识目标	引导幼儿了解鱼的特征，熟悉鱼的相关知识
技能目标	能够辨识各种鱼，积极参与班级活动
情感目标	培养幼儿热爱大自然的情感，引导幼儿主动表达

（四）进行主题分析

所谓主题分析，即对主题所包含的知识、技能、规律、特点以及所包含内容之间的层级关系进行深入分析，为后续教学活动的开展提供内容选择、顺序安排以及方法确定等方面的依据。主题分析工作的开展，有助于全面认识主题，重新审视主题所包含的内容，进一步明确儿童学习的范围以及学习的内容。

主题分析的方法是多种多样的，可以根据主题所包含的主题词来进行分析，也可以依据流程、时间、地点等元素来完成主题分析，此外还可以依据主题目标的层级、类型展开分析。主题分析时需要注意主题分析的合理性，即主题分析的内容需符合幼儿身心发展特征，要充分考虑环境因素，以确保主题可落实；此外，还要关注主题分析中的层级关系，做到同一层级不交叉、不冲突，下一级主题分析的内容与上一级主题分析的内容之间的包含与被包含关系。

（1）分析主题，依据主题分析、统整教材，确定教学内容。

（2）主题分析与教材相匹配。

（五）特殊幼儿目标配入主题

特殊幼儿的个别化教育计划拟订以后必须在教学中落实，否则个别化教育计划就是"废纸一张"。因此，在主题确定以后，需要查阅班级特殊幼儿的个别化教育计划，将合适的目标配入各月份的主题中，确保特殊幼儿的个别化教育计划在主题教学中落实。

- **预防新型冠状病毒，从我做起**
  - **认识新型冠状病毒**
    - 名称　2019新型冠状病毒
    - 发生时间　2019年12月
    - 发现经过
      - 2019年12月
      - 2020年
        - 1月份
        - 2月份
        - 3月份
        - 4月份
        - 5月份
    - 主要症状
      - 有症状
        - 发烧
        - 咳嗽
        - 呼吸困难
        - 腹泻
        - 肺部有阴影
        - 四肢无力
        - 严重可能引起死亡
      - 无症状
    - 传播途径
      - 直接传播
        - 喷嚏
        - 咳嗽
        - 说话的飞沫
      - 气溶胶传播
      - 接触传播
      - 母婴传播
    - 诊断标准
      - 疑似病例
      - 确诊病例
  - **预防新型冠状病毒**
    - 预防方法
      - 加强个人防护
        - 勤洗手
          - 何时洗手
            - 饭前便后
            - 咳嗽打喷嚏后
            - 接触动物后
            - 触摸公共物品后
            - 手弄脏后
          - 如何洗手
            - 洗手的方法
              - 用清水、洗手液或香皂清洗双手
              - 搓手至少20秒
            - 洗手的步骤
              - 手掌
              - 手背
              - 指隙
              - 指背
              - 拇指
              - 指尖
              - 手腕
              - 用清水冲洗干净
        - 戴口罩
          - 何时戴口罩
            - 离家外出时
            - 乘坐公共交通时
            - 去人员密集地时
              - 公园
              - 幼儿园
              - 医院
          - 如何选购口罩
            - 口罩类型
              - 有效隔绝细菌
                - 外科口罩
                - N95口罩
              - 无效隔绝细菌
                - 活性炭口罩
                - 棉布口罩
                - 海涛口罩
                - 纸口罩
            - 如何选购
              - 到可靠的药店、超市、网点购买
              - 考虑口罩价格
              - 考虑口罩材质
          - 怎样戴口罩
            - 清洁双手
            - 拿出口罩
            - 检查口罩
            - 带上口罩
            - 轻压鼻梁片
            - 检查佩戴是否正确
            - 佩戴后清洁双手
          - 丢弃口罩的方法
            - 摘下口罩前　清洁双手
            - 摘下口罩　手握两端松紧罩摘下口罩
            - 折口罩　将口罩外层翻出对折在里面，避免触摸口罩外层
            - 密封口罩　放入密封袋封好
            - 丢弃口罩　丢入有盖的垃圾桶
            - 摘下口罩后　清洁双手
            - 口罩不重复使用
        - 避免去人员密集的地方
      - 避免接触野生禽畜
        - 避免接触、购买活禽和野生动物
        - 避免食用野生动物
      - 及时就医
        - 戴上口罩的就诊
        - 依据病情就近选择医院发热门诊就医
        - 告知医生类似病人或动物接触史、旅行史
      - 保持身心健康
        - 保持良好心态
        - 自我情绪调整
        - 生活作息有规律
        - 关心身边亲友

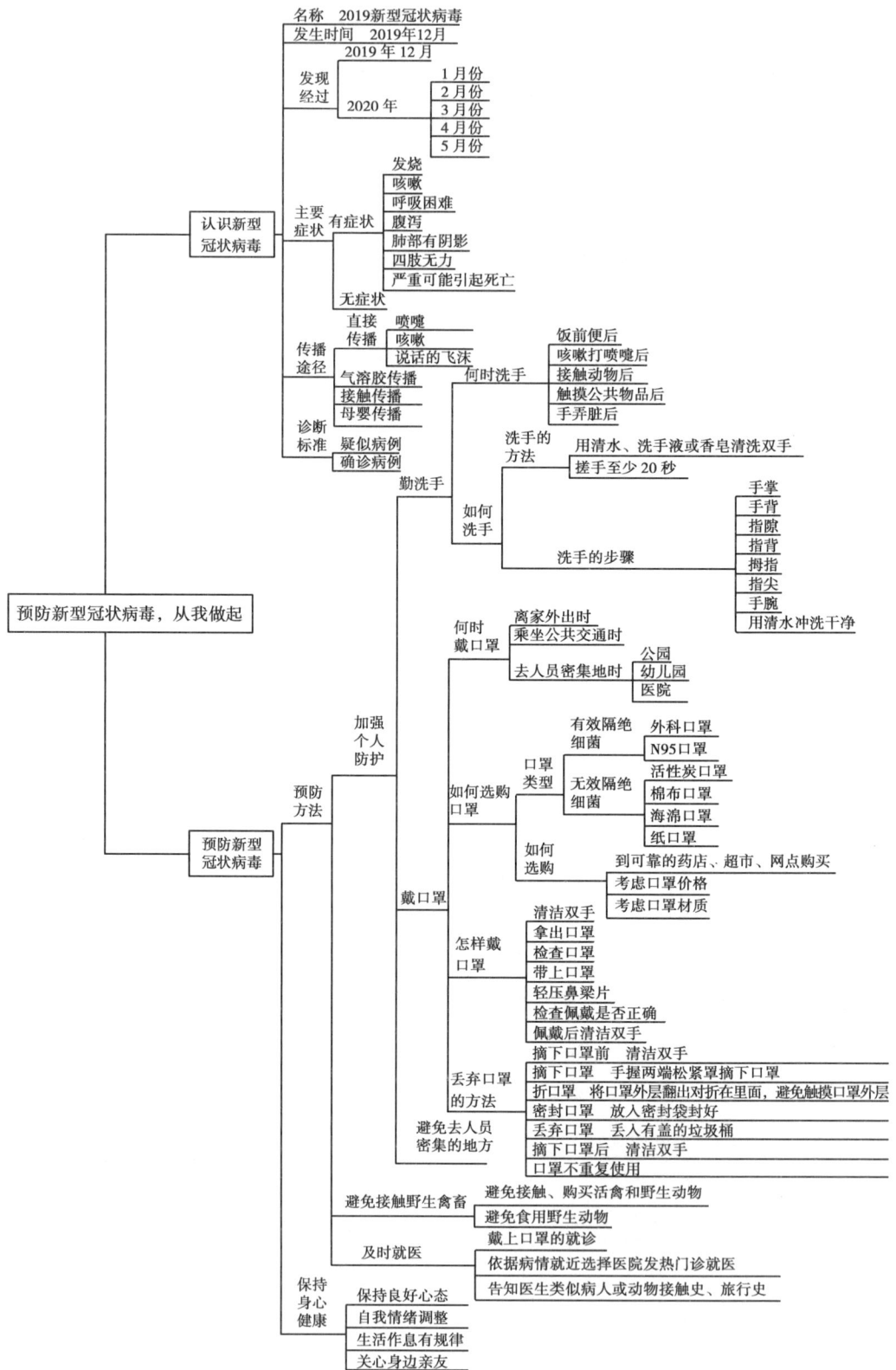

主题分析举例"预防新型冠状病毒，从我做起"

活动 1 鱼儿多
活动 2 参观水族馆
环境准备
活动 3 布置水中教室
活动 4 小鱼来做客
活动 5 小鱼儿
活动 6 爱护小鱼
活动 7 和鱼儿做朋友
活动 8 一起养鱼啦
爱护鱼
活动 9 游来游去
活动 10 鱼儿的家要打扫了
活动 11 鱼儿生病了吗
活动 12 再见小鱼

鱼的饲养

活动 22 小鱼儿吐泡泡
活动 23 鱼儿妙事多
活动 24 它是鱼吗
活动 25 美丽的孔雀鱼
鱼的习性
活动 26 孔雀鱼毛线画
活动 27 鱼的发布会
活动 28 大鱼吃小鱼
活动 29 大鱼追小鱼

小鱼儿游游游

活动 30 小鱼，小鱼
活动 31 和鱼儿玩游戏
钓鱼乐
活动 32 钓鱼喽

活动 13 彩虹鱼
活动 14 鱼儿一排排
活动 15 多姿多彩的鱼
观赏鱼
活动 16 漂亮的热带鱼
活动 17 我是一条鱼
活动 18 鱼儿水中游
活动 19 儿拼贴画

鱼的外形

活动 20 我认识的鱼
食用鱼
活动 21 水中世界博览会

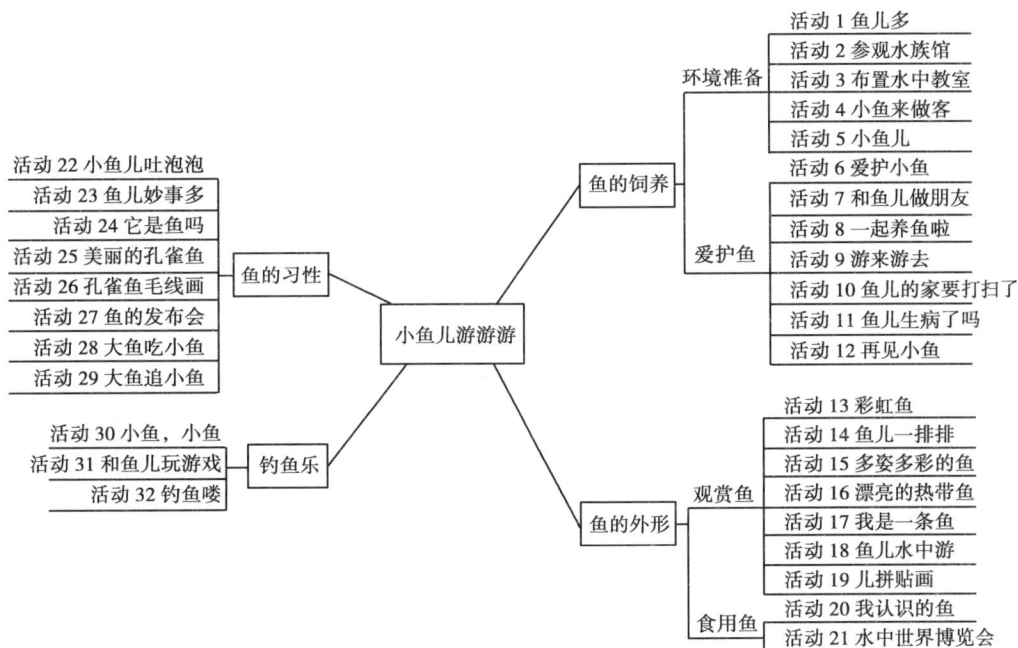

主题分析举例"小鱼儿游游游"

学生目标配入主题案例

主题名称	主题目标	幼儿的个别目标
预防新型冠状病毒，从我做起	知识:初步了解新型冠状病毒相关知识，认识新型冠状病毒的危害 技能:了解新型冠状病毒的传播途径，能够采取正确的预防措施 情感:养成健康的卫生习惯，树立学生对疾病预防的意识，培养学生的疾病预防能力	能将学过的技能应用到日常生活中，用以解决问题;能够表达自己的需求;能够向家人、老师、同学、警察寻求帮助;身体不舒服时，能够向老师或者父母报告说明;能够说出简单名词，如疾病、口罩、传染等;能说出简单动词，如传播、戴、锻炼、感染等。

> 六、主题教学案例

（一）个案学期目标（长期目标）

学生基本情况	姓名：张×× 性别：女 出生日期：2015.4.22 班级：小二班 填表日期：2019.10.8			
目前状况与分析	1.生活自理能力、认知能力仍有待提高 2.沟通方式有待改进 3.语言理解能力有待提高、语言表达能力需发展 4.粗大动作各方面能力有待提高 5.听理解能力较好，在教师的提示与辅助下可以尽快跟上班级一日生活要求			
学期目标				
	集中教育	户外活动	区角活动	生活活动
语言	能跟随老师说出一些简单的叠词，如抱抱	1.可听从教师指令排队，参与热身运动 2.知道危险的地方不能去，危险的动作不能做，能够注意安全，不让自己受伤 3.可在同伴或教师协助下，参与小朋友的活动 4.可在教师引导下通过各项活动增强身体各部位的力量 5.可以跟随音乐一起律动	1.可自主以肢体语言表达自己选择区角的意愿 2.可在教师协助下进行拼图、堆叠积木等益智活动 3.能听从教师指令进行区角活动，遵守规则 4.可以自己将弄乱的区角材料收拾归位 5.可在教师协助下完成握笔、涂色、卷纸、塑形等手部精细动作	1.能沟通系统表达自己的需求（如：如厕、喝水、添饭、玩游戏，在家发生了什么事等）并模仿发音 2.可以在各项生活活动中注意安全，不受伤 3.能遵守各项活动的规则（如：如厕、喝水、洗手要排队，爱护环境卫生游戏规则等） 4.能够静坐在自己的椅子上看书、吃饭、上课，能够保持个人卫生 5.可以握笔涂画，可以区分颜色、画出简单的图形，会跟随别人一起做动作
科学	能在老师的帮助下知道幼儿园的一日生活流程，理解每个月不同主题的相关知识			
社会	能够和班级幼儿进行简单的互动游戏，能够树立规则意识			
健康	能够跟随幼儿老师一起活动，爱喝水，爱运动			
艺术	能够跟随教师和同伴进行简单的涂鸦、律动			
班级教师签字		资源教师签字		

（二）短期目标、教育措施和效果评估

		目标内容	途径	完成时间	教育教学措施	评估和改进
第二单元（从头动到脚）	语言	1.能跟随老师说出一些简单的叠词，如抱抱 2.巩固复习已会词汇并做延伸 3.能模仿嘴型表达问候语并加以肢体语言	集中教育 个别教育 家园共育	10月8日—10月30日	教师家长教学反复练习	
	科学	科学 1.知道班级标记含义 2.知道身体各部位的名称	集中教育 个别教育	10月8日—10月30日	教师讲解巩固练习	
		数学 1.认识红、蓝、绿三种颜色，并会简单的配对 2.通过触觉感知圆形的特征，知道圆形没有边、没有棱角				
	社会	1.树立规则意识，如排队喝水 2.知道在户外活动中注意安全，在游戏中不做危险的动作	集中教育 家园共育	10月8日—10月30日	教师同伴辅助	
	健康	能模仿一些具体的动作，如小动物的动作、做操的动作	集中教育 个别教育 家园共育	10月8日—10月30日	教师家长辅助多练习	
	艺术	音乐 能哼唱歌曲并根据歌词内容变换动作	集中教育 个别教育	10月8日—10月30日	教师家长辅助多练习	
		美术 能在规定区域内涂色				
班级教师签字			资源教师签字			
		目标内容	途径	完成时间	教育教学措施	评估和改进
第二单元（颜色蹦蹦跳）	语言	1.能跟随老师说出一些简单的叠词，如红红、黄黄 2.能用模仿嘴型表达问候语并加以肢体语言	集中教育 个训 家园共育	11月1日—11月29日	教师家长教学反复练习	
	科学	科学 1.知道哪一个是自己的新书包 2.在教师的指示下知道颜色的名称	集中教育 个训	11月1日—11月29日	教师家长教学反复练习	

续表

			目标内容	途径	完成时间	教育教学措施	评估和改进
第二单元（颜色蹦蹦跳）	科学	数学	1.认识三角形并能用手指出来 2.能通过触觉感知三角形的特征,知道三角形形有三个角、三条边	集中教育 个训	11月1日— 11月29日	教师家长教学反复练习	
	社会		1.能树立规则意识,如排队喝水、按要求坐在椅子上10分钟不乱跑 2.知道在户外活动中注意安全,游戏中不离开老师的视线	集中教育 个训 家园共育	11月1日— 11月29日	教师同伴辅助	
	健康		1.能模仿一些具体的动作,如:小兔子的动作、做操的动作 2.能在协助下进行大小便	集中教育 个训 家园共育	11月1日— 11月29日	教师家长教学反复练习	
	艺术	音乐	能哼唱歌曲并根据歌词内容变换动作	集中教育 个训	11月1日— 11月29日	教师同伴辅助	
		美术	喜欢涂色活动并能在帮助下进行红、黄、蓝三个颜色的涂色练习	集中教育 个训	11月1日— 11月29日	教师同伴辅助	
班级教师签字				资源教师签字			
			目标内容	途径	完成时间	教育教学措施	评估和改进
第三单元（动物朋友）	语言		能通过模仿嘴型表达各种动物的叫声	集中教育 个别教育	12月1日— 12月31日	教师家长辅助多练习	
	科学	科学	知道动物的基本特征,能指出来3~4种动物	集中教育 个别教育 家园共育	12月1日— 12月31日	教师家长辅助多练习	
		数学	能初步感知物体的大小,能区分两个物体中较大的和较小的物品,能从3个物体中找出最大的和最小的物体				
	社会		1.培养幼儿爱护动物的意识 2.让幼儿知道在户外活动中注意安全,游戏中不离开老师的视线	生活活动 个别教育 家园共育	12月1日— 12月31日	教师同伴辅助多练习	
	健康		1.能模仿一些具体的动作,如:小兔子的动作、小狗的动作 2.能在老师提醒下进行小便并便后洗手	集中教育 个别教育 家园共育	12月1日— 12月31日	教师家长辅助多练习	

续表

	目标内容		途径	完成时间	教育教学措施	评估和改进
第三单元（动物朋友）	艺术	音乐	1.会随着儿歌歌曲做出表演 2.听到熟悉的歌曲有反应，如"一只哈巴狗——旺旺"	集中教育 个别教育 家园共育	12月1日—12月31日	教师家长辅助多练习	
		美术	喜欢艺术活动，对美工区投放的各种材料感兴趣，会利用玉米粒进行简单的创作活动				
班级教师签字				资源教师签字		

（三）个案主题活动

昆明学院附属经开幼儿园 2019—2020 学年上学期主题活动

班级：　小二班　　教师：　高仲瑞　高榕　苏丹

主题名称	从头动到脚	持续时间	4 周
主题说明及实施分析	通过活动,幼儿能认识身体的外部特征,了解身体的各个部分所具有的特别功能,知道身体在日常生活中的重要性和保护身体的方法。同时认识动物的身体特征,知道动物身体的各个部位与人类的不同之处。 　　在这个主题里,孩子能察觉健康的身体对日常生活的重要性,愿意在活动中展示自己的能力,获得自信心。健康的身体,是孩子成长的重要基础,让我们在"从头动到脚"活动中陪着孩子一起健康快乐地成长吧。 　　对幼儿来说,身体是他们探索世界、促进自身发展的重要媒介。各种有关身体的活动,都可以促进他们大脑潜能的开发与发展。因此,在这个主题里,我们将带领小班幼儿,通过各种活动,探索学习有关身体的重要知识。我们将通过活动让幼儿认识身体的外部特征,了解身体各部分所具有的特别功能,知道身体在日常生活中的重要性;我们也会带幼儿用身体去大胆探索环境,亲身实践各种活动;我们还会带领幼儿认识动物的身体特征,知道动物身体各部位与人类的不同之处;同时,我们也会教会孩子保护自己身体的方法。在这个主题里,我们不仅希望孩子能察觉健康的身体对日常生活的重要性,更希望让孩子看到自己能力的展现,从而帮助他们获得参与各种活动的自信心。我们的活动将不仅关注有关身体的各种知识,更注重的是在活动中培养孩子观察与比较的能力,发展他们的想象力,并通过实践增强他们的生活自理能力。		

续表

主题名称	从头动到脚	持续时间	4 周

主题目标	普通幼儿： 1.让幼儿熟悉身体主要部位的位置和名称 2.提高幼儿脚、腹、背和四肢的耐力以及身体的平衡性 3 让幼儿用身体、手、脚做出不同的动作并保持一定时间,增强控制身体的能力 4.使幼儿愿意在活动中展示自己的能力,获得自信心 融合幼儿： 1.让幼儿能用身体、手、脚做出不同的动作并保持一定时间,增强控制身体的能力 2..使幼儿愿意在活动中展示自己的能力,获得自信心

主题网络图	

环境创造	 《从头忙到脚》 头、手、屁股、膝盖、脚的图片 《小手做运动》 手工作品 《身体比一比》 小朋友和家人的相片 《动物的手和脚》 各种动物的手和脚的图片

主题名称	从头动到脚	持续时间	4周
	区　　域		
环境创造	1.探索区 提供听诊器让幼儿感受心跳,提供放大镜让幼儿观察自己的皮肤。 小实验:人的骨骼是空心的。将卷筒竖放,在上面放书或者其他物体,让幼儿观察它的承重力;提供镜子、纸张,让幼儿照一照、数一数、记一记自己有几颗牙;提供各种物品,如石头、木块、塑料薄膜、羽毛、丝绸等,让幼儿用不同部位的皮肤去感受物品的特征。 2.益智区 提供各种积木、镂空底板(与积木底部大小对应)、眼罩,让幼儿戴上眼罩,根据底板上的镂空图形放置相应的积木;提供测量工具,让幼儿测量自己的腰围、身高、体重等;运用自制的身体模型拼板,让幼儿正确摆放内脏器官;提供自制人体消化线路图,设计成走迷宫的形式,让幼儿说说吃下去的东西去哪里了;提供有关人体的彩色书籍,供幼儿阅读。 3.表演区 通过小医院游戏,模拟体检情景;表演手指游戏、镜面游戏;让两名幼儿用镜面原理相互模仿对方的动作。 4.美工区 提供纸张等各种材料,供幼儿制作人体的器官;提供各色水彩笔,让幼儿自选某一关节处,利用关节的屈伸进行想象、创作、表演;让幼儿尝试绘制人体结构图、健康宣传图等。	 	
家园互动	1.请幼儿每人拿一张和家人的合照,最好是全身照。 2.请家长告诉孩子身体各部位的名称 3.建议家长让幼儿把物品放在规定的地方并要求孩子物归原处		
活动小结	时间过得真快,一眨眼一个月又过去了,孩子们从刚来园时的哭哭啼啼变成了现在的开开心心,这真的让我们感到欣慰和高兴。在十月份,我们开展了第二个主题活动——从头动到脚。 　　在这个主题中,我们组织了各种各样的活动,让孩子能察觉健康的身体对日常生活的重要性,愿意在活动中展示自己的能力,获得自信心。健康的身体是孩子成长的重要基础,让我们在"从头动到脚"活动中陪着孩子一起健康快乐地成长吧。		

续表

主题名称	从头动到脚	持续时间	4周
活动小结	对幼儿来说,身体是他们探索世界、促进自身发展的重要媒介。各种有关身体的活动,都可以促进他们大脑潜能的开发与发展。因此,在这个主题里,我们将带领小班的幼儿,通过各种活动,探索学习有关身体的重要知识。我们将通过活动让幼儿认识身体的外部特征,了解身体的各部分所具有的特别功能,知道身体在日常生活中的重要性;我们也会带领幼儿用身体去大胆探索环境,亲身实践各种活动;我们还会带领幼儿认识动物的身体特征,知道动物身体各部位与人类的不同之处;同时,我们也会教会孩子保护自己身体的方法。在这个主题里,我们不仅希望孩子能察觉健康的身体对日常生活的重要性,更希望让孩子看到自己能力的展现,从而帮助他们获得参与各种活动的自信心。我们的活动将不仅关注有关认识身体的各种知识,更注重在活动中培养孩子观察与比较的能力,发展他们的想象力,并通过实践增强他们的生活自理能力。这个深深地吸引了孩子们,使孩子们感到集体活动的愉快,并很快投入了集体活动,爱上了幼儿园。 当然活动的实施也离不开家长的支持和配合,在这里感谢亲爱的家长们。希望在下一个主题实施中家长们能继续支持和配合我们的工作。		

第二节　设计教学序列与教学事件

主题确定以后,需要对主题的教学顺序、教学资源、教学环境等进行系统的安排,这样才能够保障主题教学的有序进行。

＞　一、教学序列与教学事件的概念

设计教学序列与教学事件,即安排教学的前后次序。其中教学序列就是要确定一个主题教学的顺序,如果一个月完成一个主题,那么该环节需要剖析主题,确定每周每天每节课所要学习的内容。而教学事件就是要明确主题教学中所使用的教学资源、选择的教学环境以及教学评量办法的使用等内容。

＞　二、设计教学序列与教学事件的意义

教学序列设计有助于教师对主题教学的整体把握,确保教学内容的顺序性、系统性,同时也促进班级教师间的沟通与交流。教学事件的安排有助于幼儿园教学资源的准备,确保活动的有序开展。

＞　三、如何设计教学序列与教学事件

教学序列与教学事件的设计首先需要明确每一个主题开展教学的时间,主题教学

的时间是以月为单位还是以周为单位,然后需要依据选择的主题教学形式安排教学顺序。若是采用主题下的五大领域教学,那么需要统计一个月中五大领域教学活动的时间、次数,再根据上述时间、次数安排每个活动的内容;若是不分领域的主题教学,那么需要统计本主题在该时间段活动的次数,依据活动次数安排主题内容。教学序列的大概框架安排好后,需要依据每一个活动的时间再进一步设计活动内容,例如小班一节活动课程15分钟完成。此时的教学序列设计需要明确每一个小的活动内容如何在这15分钟内完成,如何有效规划时间。同时还需要撰写每一个小的主题活动中需要准备的教学资源有哪些,即确定教学事件。

具体案例如下所述。

教学序列案例——"嗨,你好"主题教学进度表

周次	主题	日期	活动名称	活动内容	备注
第一周	嗨,你好	9月3日	语言	参观幼儿园	
			数学1	我家住几楼	
		9月4日	科学	洗洗小手真干净	
			体能	好玩的平衡木	
		9月5日	美术	贴五官	
			数学2	我会数一数	
		9月6日	社会	我的小标记	
			音乐	身体音阶歌	
		9月7日	种子	外婆桥	
第二周	嗨,你好	9月10日	语言	幼儿园的一天	
			数学1	1和许多	
		9月11日	科学	认识五官	
			体能	小动物找家	
		9月12日	美术	小鸟找朋友	
			数学2	给小球找家	
		9月13日	社会	传球点点名	
			音乐	我上幼儿园	
		9月14日	种子	青蛙	
第三周	嗨,你好	9月17日	语言	小乌龟上幼儿园	
			数学1	数玩具	
		9月18日	科学	一起玩	
			体能	我来抛,你来接	
		9月19日	美术	小鸡上学	
			数学2	找袜子	
		9月20日	社会	认识新朋友	
			音乐	找朋友	
		9月21日	种子	你家的人多不多	

教学序列案例——"小鱼儿游游游"主题教学进度表

周次	主题	日期	活动名称	活动内容	备注
第十二周	小鱼儿游游游	时间	语言	彩虹鱼	
		5月19日	数学	哪个比较大	
		5月20日	社会	和鱼儿做朋友	
		5月21日	科学	小鱼儿吐泡泡	
		5月22日	音乐	小鱼儿	
第十三周	小鱼儿游游游	5月25日	语言	美丽的孔雀鱼	
		5月26日	数学	小小搬运工	
		5月27日	科学	鱼儿妙事多	
		5月28日	美术	鱼儿水中游	
		5月29日	音乐	小鱼小鱼	
第十四周	小鱼儿游游游	6月1日	语言	大鱼吃小鱼	
		6月2日	数学	毛毛虫	
		6月3日	社会	和鱼儿玩游戏	
		6月4日	科学	鱼儿的家要打扫了	
		6月5日	音乐	大扫除	

教学序列案例——"预防新型冠状病毒，从我做起"主题教学进度表

周次	主题	日期	主题内容	备注
第一周	预防新型冠状病毒，从我做起	6月1日	认识新型冠状病毒——名称、时间、发生	
		6月2日	认识新型冠状病毒——主要症状	
		6月3日	认识新型冠状病毒——传播途径	
		6月4日	认识新型冠状病毒——诊断标准	
		6月5日	认识新型冠状病毒——全面认识	
第二周	预防新型冠状病毒，从我做起	6月8日	预防新型冠状病毒——勤洗手	
		6月9日	预防新型冠状病毒——勤洗手	
		6月10日	预防新型冠状病毒——勤洗手	
		6月11日	预防新型冠状病毒——戴口罩	
		6月12日	预防新型冠状病毒——戴口罩	
第三周	预防新型冠状病毒，从我做起	6月15日	预防新型冠状病毒——野生禽畜接触	
		6月16日	预防新型冠状病毒——野生禽畜接触	
		6月17日	预防新型冠状病毒——及时就医	
		6月18日	预防新型冠状病毒——及时就医	
		6月19日	预防新型冠状病毒——保持身心健康	

　　上述案例展现了每一个主题具体的日期安排，以五大领域开展教学，具体阐述每天每个领域的主题内容，不分领域的教学则是描述清楚每一天主题教学的基本内容。

在确定基本的日期、内容以后，还需要详细呈现每一个活动课程中的时间安排表，该表格中横坐标是活动时间，纵坐标是每一个活动的具体安排以及时间分配，表格中需要粗略阐述该主题该领域在指定时间的每个部分活动的基本内容是什么以及需要准备的教学资源有哪些。这样有助于活动主题开展的顺序性，便于教师从整体把握主题。具体案例如下所述。

4月份主题"我是防疫小能手"——艺术领域的教学序列与教学事件安排

活动	时间	4月6日、7日	4月10日	4月13日、14日	4月17日	4月20日
开始活动	2分钟	1.活动礼仪 2.老师讲解此次活动的内容——制作小口罩	1.活动礼仪 2.老师讲解此次活动的内容——掌握七步洗手法	1.活动礼仪 2.引入活动内容，有关于疾病预防的歌谣	1.活动礼仪 2.复习上次活动学习的歌谣，练习哼唱	1.活动礼仪 2.复习上次活动学习的歌谣，练习哼唱
主活动	12分钟	3.老师向幼儿展示制作的小口罩 4.老师讲解制作的方法 5.老师指导幼儿学习制作	3.老师展示七步洗手法的图卡，请幼儿观察 4.老师为每组幼儿发放一张图卡，请幼儿自由讨论，图卡内容 5.老师边讲解边展示图卡中的每一个步骤	3.老师呈现歌谣小视频，幼儿观看并聆听，了解歌谣的内容与旋律 4.老师予以讲解，加深幼儿对歌谣的认识	3.老师引导幼儿选择乐器 4.老师讲解幼儿手中的乐器名称、使用方法，引导幼儿认识奥尔夫乐器 5.在老师带领下，根据音乐旋律演奏手中的乐器	3.播放该歌谣，让幼儿跟随节律自由活动 4.老师逐步引导示范正确动作，幼儿模仿 5.幼儿跟随老师动作进行练习
练习活动	8分钟	6.请幼儿采用小组合作学习的办法，每组制作一只小口罩，并一一展示	6.老师带领幼儿实践洗手的方法	5.幼儿倾听音乐节律并随音乐哼唱歌谣	6.幼儿以组为单位，自由演奏	6.幼儿跟随音乐自由活动
统整活动	3分钟	7.老师讲解口罩的用途，展示口罩的佩戴方法 8.活动延伸	7.老师总结并强调正确洗手的重要性 8.活动延伸	6.老师示范演唱歌谣 7.活动延伸	7.老师带领幼儿回顾歌谣内容与乐器在歌谣中的使用 8.活动延伸	7.复习歌谣动作要领 8.活动延伸
教学资源		皱纹纸、彩绳、胶棒、剪刀等	图卡、水盆、毛巾	视频、音乐	奥尔夫乐器、音乐	音乐

第三节　教学方法与教学策略的选择

教学方法与教学策略都与教学有着密切的关系,选择恰当的教学方法,采用能够达到预期教学效果的教学策略,是教学有效性的保障。本章节主要介绍在幼儿园实施个别化教育计划的过程中较常使用的教学方法与教学策略。

> **一、学前融合教育个别化教育计划实施中常用的教学方法**

时代不同、背景不同、研究角度不同,对教学方法的理解也不尽相同。若按照教学法的外部形态分类,教学方法可以分为讲授法、谈话法、演示法、练习法、陶冶法、探究法等;若按照层次结构来分类,教学方法可以分为原理性、技术性、操作性三类。幼儿园的教育教学中经常使用的教学方法有观察法、示范法、提问法、谈话法、讲授法、讨论法、操作法等。本章节重点介绍在融合幼儿园实施个别化教育经常使用的教学方法。

（一）游戏教学法

1.定义

游戏教学法,顾名思义,是指将教学目的、内容融入游戏当中,教师引导学生在轻松、欢快的游戏活动中参与学习。游戏教学法强调将"游戏"与"教学"两者巧妙地结合在一起,从而引起学生学习的兴趣。

教育学专家指出游戏是儿童的"良师";心理学研究者指出游戏是儿童的第二生命,由此可见游戏在幼儿的成长过程中占据的重要位置,游戏是儿童的天性。

2.意义与价值

《3~6岁儿童学习与发展指南》强调"游戏是幼儿园的基本活动"。幼儿园将游戏教学法引入课堂教学中,既遵循了幼儿的生理与心理发展顺序,同时也提高了幼儿园的教学效率。学前融合教育服务的对象既包含普通幼儿,还包括特殊幼儿,相较于普通幼儿,特殊幼儿身心特征发展缓慢,课堂教学中更加需要通过游戏教学法更好地调动特殊幼儿学习的主动性与积极性。

在学前融合教育中使用游戏教学法,具体的意义与价值如下所述。

（1）为普特幼儿的身心健康发展助力

3~6岁是幼儿接受学前教育的时间,同时也是身心成长发展的关键时期。选择合适的、有趣的游戏活动,引导幼儿积极参与,满足幼儿心理、生理需求,对于幼儿的身心成长是非常有利的。

（2）有利于普特幼儿语言能力的提升

语言能力的发展会对幼儿的智力、逻辑思维能力等产生重要影响，开展丰富多样的游戏活动可以为幼儿提供语言发展的环境，促进其更好地聆听与表达，有助于其语言能力的提升。

（3）培养普特幼儿的集体意识，促进社会性发展

幼儿园的很多游戏活动都需要幼儿与同伴合作完成，例如"过家家""丢手绢""丢沙包"，共同游戏的过程中，幼儿会学习与人交流的方式方法，学会遵守规则，学习如何与同伴友好相处，这样的游戏活动能够增强幼儿的集体意识。幼儿园的游戏活动中有很多可以促进幼儿社会化发展的活动，尤其是角色扮演游戏，例如"理发店""我是小厨师"等，通过游戏，幼儿理解"服务他人"的含义，体验劳动带来的快乐。

（4）有助于普特幼儿综合素质的培养

游戏教学法能够做到寓教于乐，调动幼儿学习的热情，培养幼儿的自主学习能力，提升幼儿的思维能力、探究能力，因此有助于培养普特幼儿的综合素质，为幼儿身心健康成长创造条件。

3.分类

游戏的种类繁多，按照游戏的作用分类，可以分为角色游戏、结构游戏、表演游戏、体育游戏、智力游戏、音乐游戏等。游戏的选择需要根据幼儿的身心特征、现有能力，同时也需要考虑幼儿的学习目标。若训练幼儿的感知运动能力，可以选择滑滑梯、投掷、攀爬等体育游戏；若培养幼儿的认知能力，可以设计拼图、形状分辨等智力游戏；若发展幼儿的社会性，可以选择过家家等角色扮演类游戏。

4.游戏教学法的使用

在班级团体教学中，采用游戏教学法时需要兼顾到特殊幼儿，既要给予特殊幼儿参与游戏活动的机会，同时又要根据特殊幼儿的现状确定其参与班级游戏活动的方式，必要时给与相应的支持。例如：有肢体障碍的幼儿在参与班级角色扮演游戏活动时可以给予其一些活动量相对比较小的角色；有语言障碍的幼儿在玩语言类游戏时教师可以给予一些必要的提示，避免其因为听不清而"掉队"。

在为特殊幼儿进行个别训练时，游戏教学法的使用也是至关重要的。个训课主要是针对特殊幼儿的障碍进行的专门训练，旨在补偿或矫正已经存在的缺陷。游戏教学法的使用既有利于教师与特殊幼儿建立基本关系，也有利于调动幼儿参与个训课程的积极性。个训课中使用游戏教学法，教师需要考虑特殊幼儿的身心特征以及个别化教育计划中的目标。根据幼儿需求，选择适合的游戏。例如：脑瘫儿童的个训课，可以选

择一些训练粗大动作的体育游戏,同时配合一些训练精细动作的结构游戏,有助于脑瘫儿童动作发展;听力障碍儿童的语训课,可以选择使用绘本作为媒介,在绘本阅读中训练幼儿的语言理解、语言表达能力,同时再配合一些"模拟电话"的角色扮演游戏,促进幼儿的语言沟通能力;此外,也可以使用奥尔夫音乐、乐器开展创造性音乐教学活动,引导特殊幼儿在音乐游戏中训练专注力,获得美感体验。

(二)情景教学法

捷克的民主主义教育家扬·阿姆斯·夸美纽斯(Comenius Johann Amos)曾讲到"一切知识都是从感官开始的,在可能的范围内,一切事物应尽量放在感官的眼前",直观化、形象化的感知,可以激发学生学习的热情以及学习的兴趣,从而使学生的学习从被动转为主动。

1.定义

情景教学法,无论是在学前融合教育领域还是特殊教育领域均应用广泛,主要是指根据特殊幼儿或特殊学生的年龄特点和心理特征,利用日常生活中的人、事、物设计生动、形象、恰当的情景,开展教育教学的方法。

2.意义与价值

情景教学法的主要特征就是自然、真实、形象生动,易于被特殊幼儿所接受,能够激发特殊幼儿的学习动力,引起特殊幼儿情感上的共鸣,进而获得最佳的教学效果。而且,情景在现实生活中比比皆是,为教师选择教学素材提供便利条件。

3.分类

情景教学法划分角度不同,分类也就不同。若依据范围来区分,可以将情景分为大情景与小情景、整体情景与部分情景;若根据情景的性质来区分,可以将其分为自然界情景与社会情景;此外,若依据情景地点来划分,也可以将其分为日常生活情景和课堂教学情景。人们较常采用的分类方式是按照情景的来源分类,可以将其分为自然情景和创设情景。

自然情景是指自然存在的、无需刻意安排的情景,例如去超市购物、乘坐公交车等。创设情景是指依据教育目的需要专门创设、安排的情景,例如为了引导幼儿学习如何去超市购物,在幼儿园专门创设一个超市的场景,让幼儿来模拟购物;或是教授幼儿如何过斑马线,可以在幼儿园中创设一个斑马线情景,让幼儿学习、练习。无论是自然情境还是创设情境,均是根据教学目标,结合幼儿园、社会资源来确定的,最终目的都是为了达到学习目的,提升幼儿的生活适应能力、社会适应能力。

4.情景教学法的使用

情景教学法的使用是需要根据教学内容、教学目标等因素来确定的。在幼儿园的日常教学中,幼儿长期持续训练的内容,例如要礼貌待人、要与同伴友好相处等,需要老师在情景教学中去引导;与幼儿日常生活密切相关的,例如吃饭、午睡、穿脱衣服、大小便等一日生活常规的训练,需要使用情景教学法;需要在适当场所、时间或具体事件中去展现的,例如随手关门、关心同伴等,需要老师在具体情景中引导幼儿;当然,一些与认知相关的内容,需要幼儿在发现问题、解决问题的过程中获取知识的,也是需要情景教学的。情景教学法的使用比较广泛,情景教学的使用同样要依据科学的方法、步骤,方可保证情景教学的有效性。

选择适合的情景很关键。依据幼儿的学习目标、幼儿园以及社会现有的资源、幼儿的经验,确定情景。同时需要对情景进行具体的调查与分析,然后设计教学活动,继而实施教学活动。

(三)工作分析法

1.定义

工作分析法运用于教育领域,是指将学习中的某一任务,采用一定的方法对其进行分解,分解为小目标或小任务。通过对小目标以及总目标的评量,以及教学策略的实施,完成该项任务。工作分析法是一种化整为零、化繁为简、化零为整,再综合分析、评量的工作,也是一种训练方法。

2.意义与价值

工作分析法是特殊幼儿教育教学中较常使用的一种教学方法。主要是源于特殊幼儿身心发展的速度、程度均落后于普通幼儿,因此需要教师将学习内容进一步细化、分解,采用小步子原则开展教学,这样特殊需求学生更易于接受,进而提升学习效果。

3.分类

内容不同,工作分析的方法也有差异。可依据工作的顺序进行分析,例如"洗手",进行工作分析时需要依据洗手的步骤来分析;也可以依据工作水平、层次来分析,例如"10以内的加减法",进行工作分析是需要根据难易程度、幼儿的认知水平来分析;此外还可以依据工作内容的构成来分析,例如"能够穿脱外套",进行工作分析时可以依据外套的种类来分析。

4.工作分析法的使用

使用工作分析法需要把握工作的目标、内容、步骤等因素。在使用工作分析法时,首先需要明确工作的目标,通过对目标的分析,确定工作的步骤以及评量的标准,然后实施教学,教学实施后需要再评量,以检验工作分析法的使用效果。

在使用工作分析法时可以采用顺序工作法,教师引导幼儿完成工作任务的第一个步骤,然后教师完成剩余步骤,接下来再由幼儿完成第一、第二步骤,教师完成剩余步骤,过程中幼儿需要完成的步骤逐渐增加,而教师的在逐渐递减,最终引导幼儿掌握工作内容。另一种工作分析的方法是倒序工作法,教师完成前面所有步骤,最后一步由幼儿完成,接下来再引导幼儿完成最后两个步骤,以此类推,幼儿需要完成的步骤越来越多,教师的支持逐渐退出。

举例说明:引导幼儿学会在幼儿园自己拿杯子喝水的技能。

拿杯子喝水的步骤:打开消毒柜—拿出杯子—到饮水机处接水—到指定位置喝水—在水杯柜子里找到自己的照片位置—将水杯放进柜子格子中。

顺序工作法:

步骤	角色	需要完成的任务	角色	需要完成的任务
1	学生	打开消毒柜	教师	拿出杯子—到饮水机处接水—到指定位置喝水—在水杯柜子里找到自己的照片位置—将水杯放进柜子格子中
2		打开消毒柜—拿出杯子		到饮水机处接水—到指定位置喝水—在水杯柜子里找到自己的照片位置—将水杯放进柜子格子中
3		打开消毒柜—拿出杯子—到饮水机处接水		到指定位置喝水—在水杯柜子里找到自己的照片位置—将水杯放进柜子格子中
4		打开消毒柜—拿出杯子—到饮水机处接水—到指定位置喝水		在水杯柜子找到自己的照片位置—将水杯放进柜子格子中
5		打开消毒柜—拿出杯子—到饮水机处接水—到指定位置喝水—在水杯柜子里找到自己的照片位置		将水杯放进柜子格子中
6		打开消毒柜—拿出杯子—到饮水机处接水—到指定位置喝水—在水杯柜子里找到自己的照片位置—将水杯放进柜子格子中		

倒序工作法：

步骤	角色	需要完成的任务	角色	需要完成的任务
1	教师	打开消毒柜—拿出杯子—到饮水机处接水—到指定位置喝水—在水杯柜子里找到自己的照片位置	学生	将水杯放进柜子格子中
2		打开消毒柜—拿出杯子—到饮水机处接水—到指定位置喝水		在水杯柜子找到自己的照片位置—将水杯放进柜子格子中
3		打开消毒柜—拿出杯子—到饮水机处接水		到指定位置喝水—在水杯柜子里找到自己的照片位置—将水杯放进柜子格子中
4		打开消毒柜—拿出杯子		到饮水机处接水—到指定位置喝水—在水杯柜子里找到自己的照片位置—将水杯放进柜子格子中
5		打开消毒柜		拿出杯子—到饮水机处接水—到指定位置喝水—在水杯柜子里找到自己的照片位置—将水杯放进柜子格子中
6				打开消毒柜—拿出杯子—到饮水机处接水—到指定位置喝水—在水杯柜子里找到自己的照片位置—将水杯放进柜子格子中

> ## 二、学前融合教育个别化教育计划实施中常用的教学策略

教学策略是根据教学理论和已有的教学经验，结合学生实际和教育教学环境的实际，为达成教学目标而采用的一整套比较灵活的教学行为，它是教师在教学实践中依据教学的计划、学生的身心特点对教学原则、教学模式、教学方法的一种变通性地应用。教学策略包括教的策略与学的策略。

（一）教师协同教学

1.定义

协同教学与传统的班级教学相比，具有一定的差异性。协同教学是建立在教学团队基础之上（该教学团队一般是由两个或两个以上的教师以及若干辅助人员组成），要求依据教师各自的专业能力、专业水平，充分发挥个人才能，共同规划，协商如何应用

各种教学资源进行合作教学,旨在改变教学的形态。

2.协同教学的意义与价值

协同教学强调教师之间有充分的沟通与合作,发挥专长,勇于创新,共同探讨制定教学计划,设计教学活动方案,共同开展教学,这样的教学形式打破了传统教学的模式,加强了学科之间的联系,有助于学生更好地理解知识。协同教学不只是强调教师之间的协同,还强调要调动更丰富的教学资源、教学空间为教学服务。

3.融合教育幼儿园协同教学的开展

幼儿园的教学多采用包班制,即有三位教师负责一个班级的所有活动,其中一位是主班教师,主要负责班级活动的组织与安排;一位是配班教师,主要负责协助主班教师顺利完成班级教学任务;另外一位为保育员,主要负责照顾班级幼儿的生活起居。包班制是协同教学的一种主要形式,它使得教师有足够的时间与班级幼儿相处,这样可以帮助教师全面了解班级中的每一位幼儿,对每一位幼儿的身心特征、兴趣爱好、个性特点等有较为全面的认识,有助于教师进行班级管理,也确保了教学的针对性与有效性。

融合教育幼儿园班级中既有普通幼儿又有特殊幼儿,特殊幼儿身心发展的特殊性,对班级一日活动的开展提出挑战,这就尤其需要班级教师依据班级幼儿情况对班级活动的设计、实施以及一日生活起居的安排进行充分的沟通与协作,因此,学前融合教育的开展对幼儿园的包班制提出了更高的要求。融合到普通班级的特殊幼儿,班级教师需要参看特殊幼儿的个别化教育计划,了解该名幼儿融入本班学习的长短期目标,依据其目标再结合班级普通幼儿的成长需求共同探讨班级学期、学年的活动设计及安排。同时在班级活动开展的过程中,需要班级教师及时沟通活动开展的情况以及特殊幼儿参与班级一日生活的情况,针对发现的问题及时采取有效的措施予以解决,这样可以保障学前融合教育开展的有效性。

融合教育幼儿园的教师协同教学不仅仅局限于班级教师间的协同,还包括资源教师与班级教师的协同以及资源教师间的协同。特殊幼儿进入普通班级,资源教师需要对班级进行巡回指导并承担影子教师的任务,帮助特殊幼儿尽快融入班级生活。此外,因为融合教育幼儿园会招收各种障碍类型的特殊幼儿,资源教师需要根据特殊幼儿的障碍类型、障碍程度以及康复需求进行分组,并给予及时的康复训练,这也需要资源教师间的沟通与协作。总之,学前融合教育的开展对教师协同教学的形式、水平提出更高的要求。

（二）幼儿合作学习

1.定义

合作学习是指小组学生通过互相合作而进行的学习。幼儿园的合作学习是指在传统的按年龄分班的基础上，以合作小组的形式，使幼儿在日常生活和集体教学中围绕一个共同目标，通过分工、协作的形式，共同完成任务的教和学的策略体系。

2.合作学习的意义与价值

合作学习强调小组成员间通过合作完成学习任务，提升学业成就，树立团队协作意识，强化个人学习能力、社会适应能力。

《幼儿园教育指导纲要（试行）》对幼儿园社会领域提出的教育目标之一是"让幼儿乐意与人交往，学习互助、合作和分享"，幼儿园合作学习的实施，可促进同伴间的沟通、交流，互相帮助。共同合作的过程有助于提升幼儿与人交往、合作的能力，促进幼儿情绪情感的发展、认知能力的提升以及幼儿个性、自我意识的形成与发展，进而培养幼儿良好的社会品质。此外，幼儿园合作学习的开展需要教师的引导，这对于转变教师传统的教学观念、改变传统的教学方式具有重要意义，有助于教师教学能力以及教学水平的提升。

学前融合教育尤其需要合作学习。首先，特殊幼儿融入普通班级，其社会性的培养尤其需要合作学习的方式，通过合作学习，特殊幼儿可以学习到与人沟通、交流的方式，掌握与同伴合作、共处的方法。其次，幼儿园班级教师需要服务班级全体幼儿，不可能随时关注、照顾特殊幼儿，通过合作学习的方式，引导普通幼儿对特殊幼儿给予一定的协助、支持，可以帮助特殊幼儿更好地融入班级活动。再次，合作学习的形式也可以引导班级普通幼儿学习如何接纳"不一样"、包容"不一样"，在与特殊幼儿的互动中，体会帮助、关心同伴的意义与价值，这对于普通幼儿的社会性、认知能力、情绪情感等方面的全面发展是发挥积极作用的。

3.融合教育幼儿园合作学习的开展

合作学习的方法多种多样，有小组学习法、小组探究法、小组游戏竞争法、小组成绩区分法等。合作学习方法的选择需要依据合作任务，明确合作目标，制定合作方案，选择合适的合作形式，设计合理的结构，同时还应考虑合作学习效果评价体系的建构。

融合教育幼儿园中合作学习策略的使用，教师需要做到的是充分了解班级幼儿身心状况、学习特点等，合理安排合作学习小组，确保合作学习有效进行。合作学习强调幼儿间通过合作来自主学习，但是并不意味着教师可以"袖手旁观"，教师需要在适当的时机进行介入与引导。若组内同伴发生冲突，教师需要及时介入，帮助幼儿解决冲突，培养其解决冲突、克服困难的能力；若组内成员在完成任务时遇到阻力，教师需要及时介入,引导其合理分工,查找问题所在,解决问题,确保任务顺利完成。此外,融合教育幼儿园合作学习的开展有特殊幼儿的参与,如何帮助特殊幼儿顺利参与组内活动、如何引导普通幼儿接纳特殊幼儿,都是需要班级教师、资源教师进行教育的。因此,融合教育幼儿园合作学习的顺利开展,教师发挥着关键作用。

合作学习的开展,需要班级教师与资源教师配合,在班级中创建融合的氛围,引导班级普通幼儿接纳特殊幼儿,这是合作学习开展的前提。普通幼儿在合作学习中可以充当"小老师""小助手"的身份,协助老师给予特殊幼儿必要的支持。普通幼儿可以为特殊幼儿提供正确的示范,例如在生活活动中,学习如何使用小毛巾。老师给予必要的指导、帮助的同时,普通幼儿的正确示范给予特殊幼儿以视觉提示,这样能帮助特殊幼儿获得技能。普通幼儿也可以为特殊幼儿提供必要的帮助,例如玩攀登架游戏,特殊幼儿攀登时,普通幼儿可以为特殊幼儿"加油",也可以有肢体协助;娃娃家游戏中,小朋友们合作为玩具小熊穿衣服,特殊幼儿因肢体障碍无法很好地完成,普通幼儿可以提供帮助也可以进行示范,这样可以更好地帮助特殊幼儿参与活动。普通幼儿在合作学习中,既可以帮助他人也可以实现自我成长;特殊幼儿在合作学习中,体会到被接纳,其生活自理能力、认知能力、逻辑思维能力等在老师、同伴的影响下不断进步。

学前融合教育个别化教育计划实施过程中可以选择的方法、策略众多,作为实施者需要依据班级普通幼儿、特殊幼儿身心特点、教育需求,选择合适的教学方法、教学策略,方能保障学前融合教育中个别化教育计划落到实处。

第四节　课程调整的内容与方法

融合教育作为特殊教育的发展趋势之一,其核心理念强调尊重、平等以及多元化。融合教育课程作为融合教育实施的主要途径,也是融合教育真正能够"落地"的保障,其核心意义在于将融合教育的原则诉诸教育行动。

> ### 一、课程调整概述

（一）课程调整的定义

融合教育课程是普通学校为满足所有学生不同学习需求、学习风格以及文化背景等多方面的差异而设计的弹性的、相关的和可调整的综合课程体系。

学前融合教育中的课程调整是指针对普通班级中的特殊幼儿,为满足其教育需求,依照普通班级课程而做出的个性化的改变,这一改变包含对班级活动的目标、内容、环境、资源、策略等进行分析、编辑、修改、补充、删减或重组的过程。

（二）课程调整的目的

1.满足特殊幼儿的教育需求

融合教育幼儿园每个班级会有1～2名特殊幼儿，特殊幼儿的身心发展与普通幼儿相比具有一定的独特性，因此特殊幼儿在园的教育目标与普通幼儿相比也会有一定的差异性。班级教师在组织主题活动时，需要在活动目标、活动内容、活动材料的选择、活动环境的设计等方面考虑特殊幼儿的教育需求，只有这样才能确保特殊幼儿的课堂参与，才能保障特殊幼儿的教育需求。

2.提升幼儿园融合教育的质量

学前融合教育的推广旨在为特殊幼儿提供平等的教育机会，让特殊幼儿与普通幼儿一样接受学前教育。学前融合教育质量则依赖于幼儿园课程设计及有效教学。课程是教学活动设计的依据，教学则是将课程付诸实践的过程。课程是幼儿园发展的根本问题，也是提高学前教育质量的关键，而课程调整是学前融合教育质量的保障。

3.促进教育公平理念在实践中"落地"

入学机会平等让"有教无类"思想得到落实，教育质量公平则是"因材施教"的具体体现。学前融合教育依托课程调整，为特殊幼儿提供合适的教育教学，使特殊幼儿享有与普通幼儿一样的学习机会，这其中包含了对特殊幼儿的尊重，体现了教育的公平，将融合教育理念在实践中落实。

（三）课程调整的原则

1.团队合作

课程调整需要由幼儿园中的班级普通教师与资源教师组成团队共同完成。进行课程调整需要对特殊幼儿的个别化教育计划非常熟悉，这需要资源教师的参与；同时也需要对班级课程、目标等非常熟悉的老师，这就需要班级普通教师的参与。除此以外，特殊幼儿的康复训练师、家长、同伴以及管理者也需要加入进来，全方位的沟通、合作能够确保课程调整的有效性。

2.以特殊幼儿为中心，以个别化教育计划为指导

课程调整的目的在于能够使特殊幼儿真正融入幼儿园的学习生活，所以课程调整需要始终秉持以特殊幼儿为中心的原则，考虑特殊幼儿的教育需求，依据特殊幼儿的身心发展现状，这样才能确保课程调整的有效性。如何进行课程调整，特殊幼儿的教育需求有哪些，这要依赖于每位特殊幼儿的个别化教育计划。个别化教育计划中包含特殊幼儿身心发展的长短期目标，也包含着具体的教学情境、教学策略等内容，这对于

课程调整的实施具有重要的指导意义。因此,在融合教育幼儿园进行课程调整,需要始终做到以特殊幼儿为中心,以个别化教育计划为参考、指导。

3.尽量保持原课程架构不变

就我国学前融合教育的发展现状而言,能够进入普通幼儿园进行融合教育的特殊幼儿中,轻度障碍的幼儿偏多,中重度障碍的幼儿基本都是进入到康复机构或特殊教育学校的学前班接受教育或康复。面对轻度障碍幼儿,尽量保持原课程架构不变,让所有幼儿参与同样的课程与教学活动,可以依据特殊幼儿的情况进行微调,并要求特殊幼儿尽量独立完成任务,也可以采用调整教学方法、教学环境等策略协助特殊幼儿参与班级教学活动,这样既有利于班级幼儿共同成长,也有利于特殊幼儿融入班级教学活动,而且班级教师比较容易接受,也便于班级教师操作。

4.选择最符合幼儿需要的调整模式和调整策略

课程调整的模式以及课程调整的策略是多种多样的,班级教师以及资源教师在进行课程调整时,要依据班级特殊幼儿的情况及需求选择合适的课程调整模式以及课程调整的策略。

> ## 二、学前融合教育个别化教育计划实施中课程调整的内容

特殊幼儿的身心发展规律、顺序与普通幼儿相似,融合教育幼儿园进行课程调整需要依据特殊幼儿的个别化教育计划,对班级的学习活动进行调整,这里的课程调整不是放弃普通课程而另设一套课程体系,而是在保持原有班级课程的目标、结构、内容等的基础上,对班级普通课程进行的一种调整。具体而言,主要包含对课程目标、课程内容、课程过程以及课程评价方式的调整。

(一)课程目标的调整

课程目标的调整是课程调整的首要内容。幼儿园课程目标从横向上看可以分为三个层面:知识、技能、情感。从纵向角度,可以分为课程总目标、领域目标或主题目标、教学目标。依据特殊幼儿个别化教育计划对课程目标的不同层面进行调整,调整后的课程目标能够满足特殊幼儿的发展要求。课程目标调整可以从两个维度着手。第一个维度:特殊幼儿的目标是去适应班级普通课程目标,这一维度意味着特殊幼儿要掌握与普通幼儿一样的知识与技能,只是过程中需要给予特殊幼儿相应的支持,协助其适应班级目标。第二个维度:依据个别化教育计划,调整班级普通课程目标,必要时要为特殊幼儿设立个别化的目标。这里的调整,意味着降低了普通课程标准,从而降低特殊幼儿学习的难度,帮助其获得较高的学习成就。

（二）课程内容的调整

课程内容是课程目标实现的载体,学前融合教育中的课程既包含普通幼儿园的基础课程,也包含能够满足特殊幼儿教育需求的个别化辅导课程,课程内容的调整应该二者兼顾,做到满足所有幼儿的需求。此外,课程内容的调整不只涉及到显性课程,幼儿园教学的计划、方案、资料等,还应包含情感、态度、价值观等隐性课程的调整,这对幼儿身心发展是非常重要的。当然,课程内容的调整还应包含对园内外课程的整合,对园内外教学资源的利用。

课程内容的调整并不是单纯的删减、替换学习内容,而是要依据特殊幼儿的个别化教育计划,将课程内容以及主题活动进行重组,把特殊幼儿的补偿性、功能性、发展性的课程内容整合到普通课程中,在多元化课程思维的引领下为特殊幼儿提供更恰当的学习内容。

（三）课程实施过程的调整

课程实施过程是课程调整的关键环节,从某种程度而言,其决定课程调整的成败。课程实施过程的调整包含教学环境与教学材料的调整、恰当教学方法的选择以及教学组织形式的改变。

教学环境的调整主要是依据特殊幼儿的障碍情况调整教学环境。例如:班级中有佩戴助听器的特殊幼儿,教师在开展教学前需要根据其两耳听障程度,为其安排合理的座位,便于听障幼儿能够较清楚地听到教师的声音,清晰地看到教师的口型,这样可以确保听障幼儿课堂学习的效果。讲到教学材料的调整,主要是指幼儿园开展主题教学活动中会有一些辅助阅读材料,教师可以依据班级特殊幼儿的情况确定教学材料呈现的方式。例如:班级中有低视力幼儿,教师在为普通幼儿提供普通阅读辅助材料的同时,可以尝试为特殊幼儿提供大字阅读材料,这样便于低视力幼儿阅读,或者也可以增加多媒体的使用,凭借更为形象、逼真的呈现帮助特殊幼儿学习主题内容。

在前文中已对学前融合教育的教学方法进行了详细的介绍,此处不再赘述,课程实施过程的调整也包含教学方法的调整,教师需要根据班级特殊幼儿的学习特征选择适合的教学方法,这样便于调动特殊幼儿学习的主动性、积极性。幼儿园的教学组织形式相较于九年义务教育而言是比较丰富的,有集体教育活动、小组活动、个别活动(区角活动),作为班级教师要善于判断、分析、反思,依据班级普特幼儿情况,选择恰当的教育组织形式,有利于调动幼儿学习的积极性,增加幼儿学习的兴趣,活跃课堂的学习氛围。

（四）课程评价的调整

课程评价是课程实施效果的直接体现,客观的课程评价能够了解幼儿园课程开展的情况,帮助教师反思教学存在的不足,有助于课程的进一步优化与调整。学前融合教育中的课程评价,需要注意课程评价方法的多样化、课程评价内容的全面性以及评价方式的弹性化。这样方能客观呈现特殊幼儿的融合情况以及班级课程的调整效果。

> ### 三、学前融合教育个别化教育计划实施中课程调整的模式与方法

(一)课程调整的模式

不同的学者、不同的专家对学前融合教育课程调整的理解不同,提出的模式也不同。结合邱上贞、张文京所提出的融合教育课程模式,学前融合教育课程调整的模式如下所述。

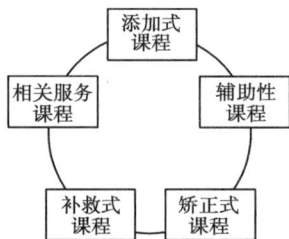

1.添加式课程

该类课程调整模式主要面向融合教育幼儿园中的超常儿童和身心障碍幼儿中有特殊才能者。该课程调整模式主要强调不变动原有的课程架构,在原课程基础上增加课程难度或者拓展其广泛度,也可以特别设计一些课程,旨在满足特殊幼儿的教育需求。例如:对于在音乐、绘画等方面能力突出的超常儿童,幼儿园可以为其安排更为专业的老师提供更为专业化的指导;而对于记忆力超常的自闭症幼儿,幼儿园也可以为其设计特殊的课程。

2.辅助性课程

辅助性课程也是强调在不变动原有课程架构的前提下,从学习策略、学习方法上给予支持,协助幼儿完成学习内容。例如:激发幼儿学习动机的教学策略有了解幼儿的兴趣,满足幼儿的基本需要,让幼儿处于一定的竞争中,采用同伴教学,为幼儿树立榜样;培养幼儿注意力的策略包含关注幼儿的兴趣点,学习活动从幼儿的兴趣出发;依据幼儿注意力情况决定教学环境的设置,对于注意力较差的幼儿可以选择一对一教学,且注意教室环境的布置不要太繁琐,否则会分散幼儿注意力;伴随幼儿注意力的进步,逐渐过渡到小组学习、班级团队学习;教师在教学中还应注意调动幼儿不同感官参与学习,引导幼儿积极主动参与主题活动。

3.矫正式课程

矫正式课程的前提是不变动原有课程架构,但是因为特殊幼儿无法完成班级学习活动,这时候需要教师对特殊幼儿进行进一步的辅导,将课堂学习内容进一步细化或者增加特殊幼儿练习的时间,甚至需要采用同伴学习的方式,给与其个别学习时间,或者需要资源教师干预,以帮助特殊幼儿完成与普通幼儿同样的班级学习任务。需要矫正式课程的特殊幼儿是可以和普通幼儿一样学习的,只是学习的进度、步伐稍差一些。

4.补救式课程

补救式课程主要服务于能力偏差的特殊幼儿,他们因障碍影响无法像班级普通幼儿一样完成相应的学习内容,这就需要教师依据班级特殊幼儿的情况通过减少分量、降低难度、调整目标等方式确定特殊幼儿的学习内容,并进行有针对性的教学。补救式课程的实施对于班级教师而言挑战性较大,需要资源教师的参与。

5.相关服务课程

相关服务课程主要是依据特殊幼儿核心障碍而给予的针对性的康复服务的课程。其中包含动作训练、语言训练、认知训练、艺术调理、作业治疗、科技辅具等课程。

(二)课程调整的方法与途径

学前融合教育中的课程调整不仅仅是班级教师或资源教师的职责,而是一个系统工程,需要全方位支持体系的构建,建构从上到下、从国家到地方的多层级支持系统,夯实人力、物质、制度、技术层面的坚实基础,以幼儿园、家庭作为核心组成部分,逐渐发展与完善,争取为更多的特殊幼儿提供有效的、专业化的服务。

学前融合教育课程调整的实施首先需要转变课程观念,树立以人为本、开放、多元、自由民主的课程理念,为特殊幼儿提供丰富的、差异的、可供选择的课程,使"教育公平"不仅仅停留在口号上,还需要在实际教学中真正体现出来。其次需要提升教师课程调整的能力,作为课程的执行者,班级教师、资源教师在充分的沟通、合作中,了解课程调整的意义、原则、内容,掌握课程调整的方法,方能够确保融合教育幼儿园课程调整的有效落实。再次,依据特殊幼儿的个别化教育计划选择课程调整模式。

依据课程调整模式进行课程调整,常用的方法如下所述。

(1)对于学习材料采用的调整:简化、替代、补救、使用、矫治、充实。

学前教育不属于义务教育范畴,幼儿园教材的选编有多个渠道。

①无固定教材,教师依据学生需求确定主题,自己选择教学内容开展教学。该模式充分强调了幼儿的主体地位,要求老师充分了解幼儿,把握幼儿教育需求,有利于幼儿的身心成长,但是这对教师的要求较高,需要老师具备非常好的专业技能。

②当地教育机关统一采购分发。为了方便本地区幼儿园教育教学的统一要求及

管理,部分教育机关会统一采购并分发教材。该模式便于统一管理,教师有教材参考,备课任务会减轻,但是不够凸显以幼儿为中心。

③幼儿园自主采购。目前市面上的幼儿园教材较多,幼儿园选择的空间比较大,大部分幼儿园都是自选教材。有些幼儿园依据五大领域(语言活动,社会活动,健康活动,科学活动,艺术活动)分别选择配套教材,有些幼儿园会选择以主题为核心的整合课程教材。

鉴于特殊儿童的特殊性、差异性,特殊儿童学习的内容需要打破传统的"教材先行"理念,不是以教材内容决定学生学习内容,而是依据评估和学生需求去选编教材。首先在现有教材中选择合适的内容,其次可以依据学生需求、学校条件以及地方特色,创编内容。

对于在普通班级融合的特殊幼儿,我们可以采用降低难度、减少分量或者对主题活动目标进行分解、替代等方式进行调整;而对于能力较差的特殊幼儿或者在幼儿园特教班的特殊幼儿可以采用实用、矫治等方法,给予这些特殊幼儿更具功能性的学习内容,帮助其更好地适应生活;对于班级中的超常儿童则采用充实的办法,给特殊幼儿提出更高的成长需求,促进其更好地成长。

(2)对学习历程的调整:依据特殊幼儿的学习特点,可以采用合作学习、个别指导、多层次教学等方式,关注特殊幼儿的学习状况,引导特殊幼儿参与到班级学习活动中。

(3)对学习环境的调整:教师可以依据特殊幼儿的身心状况,调整特殊幼儿的座位。例如:多动症幼儿的座位不适宜安置于靠窗的位置,而是应该放置于教室内侧且靠近老师的位置,这样既不易分散注意力,也方便教师及时提醒幼儿;听障幼儿座位的安排需要考虑其听障程度,教师在课堂中的站位应该确保听障幼儿能够听到教师的声音、能够看到教师的唇语;脑瘫儿童的主要问题在于动作障碍,教师在安排其座位时,应注意考虑其动作训练需求,有时候需要将幼儿园的小椅子改为楔形椅或者楔形垫,这样的座位有助于训练特殊幼儿背肌的伸直以及髋腰肌的弯曲,从而使得特殊幼儿在参与班级活动的同时还能够接受一定的康复训练。教师也需要依据特殊幼儿的身心状况,调整教室环境。例如80%的自闭症儿童是视觉学习,为了给自闭症幼儿更好的学习环境,教师需要在教室环境创设时多增加视觉提示的内容,这样便于自闭症幼儿更好地融合。此外,教师也需要依据特殊幼儿的身心状况,调整学习资源。例如低视力幼儿,教师需要为其准备大字绘本、阅读书架、台灯等,以保障低视力幼儿能够参与班级阅读活动;对于智力障碍幼儿,教师需要准备较多的视频、动画等教学资源,生动形象的学习内容更容易调动幼儿学习的积极性,而且更利于幼儿理解学习内容。

(4)对学习评量内容及方式的调整:鉴于特殊幼儿与普通幼儿的差异性,教师需要坚持多元化评量的原则,无论是在评量的时间、地点,还是评量的形式、内容等方面,都要依据特殊幼儿的现状进行调整;还要注意评价的全面性,关于特殊幼儿的成长不仅仅是依据学习内容,还要考虑其社会适应能力、缺陷补偿情况以及潜能开发情况等。多元化、全方位的原则,有助于保障对特殊幼儿评量的客观性。

【本章摘要】

1.主题教学是确保学前融合教育中个别化教育计划落地的主要教学形式。本章节介绍了主题教学的定义、历史渊源、意义、形式等内容,并结合案例介绍了主题教学的主要内容:①熟悉班级特殊幼儿的个别化教育计划,明确本学期需要达成的目标;②确定主题名称;③生成主题目标;④进行主题分析;⑤将特殊幼儿目标配入主题。

2.教学序列与教学事件的安排要确保主题教学真正落实。本章节介绍了教学序列与教学事件的概念、意义,并结合案例介绍了教学序列与教学事件的设计方法。

3.选择合适的教学方法与教学策略,有助于个别化教育目标的达成。本章节介绍了学前融合教育个别化教育计划实施中常用的教学方法:游戏教学法、情景教学法、工作分析法。提出了个别化教育计划实施中常用的教学策略:教师协同教学、幼儿合作学习。

4.课程调整是确保个别化教育计划实施的关键。本章节介绍了课程调整的定义、意义、原则,阐述了课程调整的内容:目标调整、内容调整、实施过程调整、评价调整。本章节详细阐述了课程调整的模式以及课程调整的方法与途径。

【复习思考题】

1.试论述主题教学的主要内容。

2.试阐述学前融合教育个别化教育计划实施中常用的教学方法并举例说明。

3.选择融合教育幼儿园中的一个主题,确定主题名称、主题目标,完成主题分析,并安排该主题的教学序列与教学事件,进行课程调整。

第七章

学前融合教育中个别化教育计划的实施——教学活动设计与实施

◎ 本章聚焦

1.学前融合教育中个别化教育计划的实施——教学活动设计与实施的基本内容。

2.学前融合教育中个别化教学活动设计包含的内容。

3.学前融合教育中个别化教学活动实施的方法。

◎ 内容导览

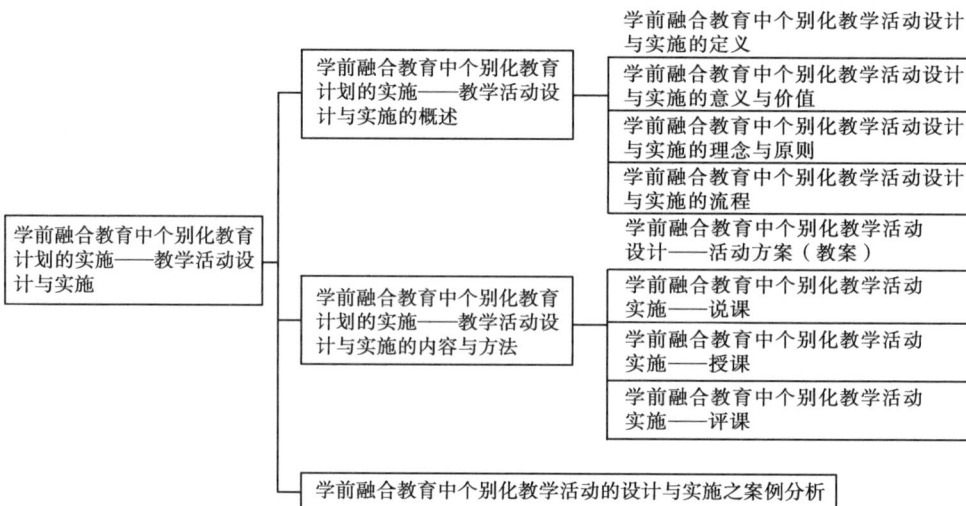

◎ 小案例

　　班级教师依据班级教学目标以及冬冬的学习目标确定了活动主题,接下来就是开展教学。班级教师依据班级中普通幼儿以及冬冬的身心发展目标,撰写活动方案,活动方案的撰写中无论是活动目标、活动重难点还是活动安排,均要考虑冬冬的发展需求,并将冬冬在每个环节如何参与等撰写其中。教师开展教学时也注意引导冬冬积极参与课堂互动,冬冬慢慢融入了班级学习活动。

◎ 大思考

1.融合教育幼儿园班级教学活动设计中该如何兼顾特殊幼儿的教育需求?

2.融合教育幼儿园班级开展教学活动时如何引导特殊幼儿参与到班级学习活动中呢?

个别化教学活动设计与实施环节是特殊儿童个别化教育与教学开展的关键,是个别化思想真正"落地"的标志,是特殊儿童教育教学质量的保证。本章主要介绍学前融合教育个别化教学活动设计与实施的基本内容,重点探讨如何设计并实施个别化教学,通过专门训练,提升设计并实施个别化教学活动的技能。

第一节　学前融合教育中个别化教育计划的实施——教学活动设计与实施概述

> ### 一、学前融合教育中个别化教学活动设计与实施的定义

教学活动,指的是以教学班为单位的课堂教学活动。它是学校教学工作的基本形式。教学活动是一个完整的教学系统,它是由一个个相互联系、前后衔接的环节构成的。

个别化教学活动设计与实施,在个别化教育计划拟订、教学进度排出以后,将计划中的目标通过方法运用,借助教材、教具、学具等媒介,教师将头脑中的构想变为实际行动。

学前融合教育中的个别化教学活动设计与实施强调依据特殊儿童的个别化教育计划,是参照幼儿园教学进度安排,选择合适的教学方法,借助学前各年级段的教材、教具,设计有特殊儿童融合的班级教学活动,并将活动设计具体实施的过程。

> ### 二、学前融合教育中个别化教学活动设计与实施的意义与价值

学前融合教育中个别化教学活动设计与实施的意义与价值包含以下五个方面。

(1)个别化教学活动设计与实施能够真正让个别化教育思想以及个别化教育计划"落地"。

拟订个别化教育计划只是个别化教育与教学实施的前半部分,若只是将撰写好的个别化教育计划"束之高阁",那这份个别化教育计划对于特殊儿童而言并未发挥任何作用。个别化教学活动设计作为特殊儿童个别化教育与教学的后半部分,重点探讨如何将特殊儿童的个别化教育计划中的长短期目标落实到日常教学中,让个别化教育计

划真正对特殊儿童发挥作用,因此个别化教学活动设计是个别化教育与教学有效实施、真正落地的关键。

（2）个别化教学活动设计与实施既可以达成班级团体目标,又能满足特殊幼儿的个别化教育需求。

就目前而言,全国越来越多的幼儿园开始接纳特殊幼儿,开展融合教育,但是调查发现融合教育的质量并不高,很多在班级中融合的幼儿都处于"随班混读""随班就坐"的状态,究其根本原因在于对特殊幼儿在班级融合的目标不明确,且班级团体目标与特殊幼儿身心发展不符,特殊幼儿无法参与班级的团体教学活动。

拟订的个别化教育计划中详细阐述了特殊儿童学期、学年目标,个别化教学活动设计要求班级教师有针对性地将特殊儿童的发展目标配入班级的团体目标中,这样既保证普通儿童的学习目标达成,又可以较有针对性地指导特殊儿童达成目标。

（3）个别化教学活动设计主张以"主题"形式组织教学,五大领域的学习整合在同一主题下,促进了幼儿园各个领域内容之间的沟通与联系,便于幼儿更好地理解知识。

（4）个别化教学活动设计与实施提升了教师课堂把控能力,促进了教师专业技能成长。

班级中融入特殊儿童,对老师的教学能力是极大的挑战。个别化教学活动设计要求老师从课前的教案撰写到课堂中的活动组织都要考虑特殊儿童,强调特殊儿童的课堂参与,避免"随班混读"现象的出现,这可以有效提升教师的课堂把控能力。

（5）个别化教学活动设计与实施促进了主班老师、配班老师、保育员之间的沟通与联系。

幼儿园中各班级老师分别承担不同的保育、教育任务,个别化教学活动设计要求在同一主题下开展五大领域的学习,主题目标的设定、主题分析、教学序列与教学事件的安排等都需要班级老师沟通、协商,这样才能保证主题教学的科学性,同时也可以避免各领域教学中出现内容交叉、冲突的情况。

> 三、学前融合教育中个别化教学活动设计与实施的理念与原则

（一）以人为本理念

以人为本理念,强调了人是发展的根本目的,也是发展的根本动力。对于学前融合教育而言,以人为本理念切合了当前学前融合教育以及社会发展的需要。学前融合教育中的个别化教学活动设计与实施需要真正做到"以幼儿为本,以幼儿发展为本",引导特殊幼儿融入班级。

特殊幼儿融入班级,关键在于课程、在于教学,只有在教学中落实特殊幼儿的学习目标,才能确保特殊幼儿真正的融合。这就要求教师在进行个别化教学活动设计过程中,既要考虑特殊幼儿的学习目标如何在"活动目标""活动重难点"中体现,同时也要关注如何引导特殊幼儿参与到班级主题"活动过程"中来。因此,关注特殊幼儿是学前融合教育中个别化教学活动设计与实施的重要原则。

(二)多感官教学原则

在传统的教学中,主要调动幼儿的视觉、听觉参与班级主题学习活动,而通过创设良好的教学环境,充分调动幼儿的视觉、听觉、触觉、嗅觉以及运动觉等各个感官接收信息刺激,引导幼儿用多感官的方式去学习、去体验,既有助于调动幼儿学习的主动性、积极性,也有助于提高学习效率。特殊幼儿与普通幼儿相比,身心某些方面的发展存在滞后现象,若要特殊幼儿也能够积极参与到学习活动中,需要老师使出浑身解数,而多感官教学原则对调动特殊幼儿学习的主动性、积极性是非常有帮助的。

(三)因材施教原则

融合教育幼儿园班级中既有普通幼儿又有特殊幼儿,普特幼儿间的身心差异要求老师在教学中要坚持因材施教原则。根据普特幼儿不同的认知水平、学习能力,选择适合幼儿的学习方法来进行指导,以激发幼儿学习的兴趣。对于特殊幼儿而言,不但要通过教学来补偿其缺陷,还要发展其潜能,帮助特殊幼儿树立学习的信心,以促进特殊幼儿的全面发展。

> 四、学前融合教育中个别化教学活动设计与实施的流程

备课:撰写活动方案 ⇨ 说课 ⇨ 授课 ⇨ 评课

学前融合教育中个别化教学活动的开展,首先需要进行活动设计,撰写活动方案,通过活动方案的撰写明确活动的目标、活动重难点以及活动的过程,然后由年级组长或教务人员组织开展说课活动,本年级教师共同探讨该活动方案的合理性,再开始授课。授课非常强调关注特殊幼儿,引导特殊幼儿参与主题学习活动,最后由授课教师进行教学反思,教研组的教师们开展评课活动,共同探讨如何把该主题教学活动开展得更好。

第二节　学前融合教育中个别化教育计划的实施——教学活动设计与实施的内容与方法

> 一、学前融合教育中个别化教学活动设计——活动方案（教案）

教案是教师为顺利而有效地开展教学活动,根据课程标准,教学大纲和教科书要求及学生的实际情况,以课时或课题为单位,对教学内容、教学步骤、教学方法等进行具体设计和安排的一种实用性教学文书。

学前融合教育教案与普通幼儿园的教案有很大的不同,因为班级中有特殊儿童,特殊儿童与普通儿童的差异性要求教师在团体教学中需要考虑普通儿童的教学目标的同时需要兼顾特殊儿童的学习需求。学前融合教育教案包括的内容有设计意图、活动目标、活动重难点、活动准备、活动方法、活动过程、活动延伸和活动反思。

（一）设计意图

设计意图是学前融合教育教案的开端,其中既要阐述活动设计主题内容选材、生成的背景,又要分析班级幼儿身心特征及表现,并对整个教学活动设计的思路进行阐述。

1.中班语言活动"小兔分萝卜"的设计意图

学龄前是幼儿语言发展的关键期,幼儿语言发展水平直接影响包括智力、思维能力、社会性等在内的身心发展的各个方面。《3~6岁儿童学习与发展指南》强调在幼儿园中开展语言活动,为幼儿"提供丰富、适宜的低幼读物,经常和幼儿一起看图书、讲故事,有利于丰富其语言表达能力,培养其良好的阅读兴趣和习惯,进一步拓展其学习经验"。

绘本通过图画传递信息,不仅具有较高的美感,与文字内容结合到一起还能发挥出叙述的作用;不仅能够提升幼儿语言理解水平、增强阅读书写能力,还能充分锻炼幼儿的语言表达能力。本次活动选择《小兔分萝卜》绘本,通过教师引导、幼儿积极参与,学习绘本内容,培养阅读习惯,体验阅读乐趣,发展语言能力,同时引导幼儿形成初步的规则、秩序意识。

2.大班故事欣赏《花婆婆》的设计意图

"语言是交流和思维的工具。"学龄前是幼儿语言发展特别是口语发展的关键期。幼儿语言发展水平直接影响包括智力、思维能力、社会性等在内的身心发展的各个方面。《3~6岁儿童学习与发展指南》指出:幼儿的语言能力是在交流和运用的过程中发展起来的。应为幼儿创设自由、宽松的语言交往环境,鼓励和支持幼儿与成人、同伴交流,让幼儿想说、敢说、喜欢说并能得到积极回应。大班上学期是儿童语言表达能力明显提高的时期,他们不但能系统地叙述生活中的见闻,而且能生动有感情地描述事物。在与成人和同伴的交谈中,以自我为中心的表达逐步减少,能依据别人的言语调整谈话内容。在讲述时能根据图片内容想象角色的心理活动,语言表达灵活多样,并力求与别人不同。

《花婆婆》是一个精彩的绘本故事,作者是美国著名女作家芭芭拉·库尼,由台湾著名儿童文学作家方素珍翻译。作者用一颗充满阳光的心灵来讲述,故事语言优美,意境温馨。本次活动设计,拟通过欣赏活动,让孩子们体会故事温馨的意境,思考"我们能做什么事情让世界变得更美丽呢?"激发幼儿对"美"的热爱和追寻,使故事中蕴涵的深意"做让世界变得更美丽的事情"在孩子们心里洒下种子。

(二)活动目标

活动目标包含三个方面内容:认知、技能、情感。其中认知目标是指幼儿在此活动的学习中,对知识的掌握以及认知能力的发展等;技能目标主要涉及操作技能、动作技能和行动等方面的目标;此外,情感目标主要包含兴趣、态度、习惯、价值观念以及社会适应能力等方面的发展。学前融合教育教案需依据学生情况撰写三个方面的教学目标,建议可以依据幼儿能力将活动目标分为普通儿童活动目标和特殊儿童活动目标。

中班语言活动"小兔分萝卜"的活动目标

分类	幼儿	
	普通幼儿	特殊幼儿
认知	对绘本故事内容有较为全面的认识,理解绘本中关键语言、语词的意思	对绘本故事有一个基本的认识
技能	掌握基本的阅读方法,积极表达自己的想法,提升语言理解能力以及语言表达能力,进一步提升幼儿的观察能力、想象能力	在活动中能够回应教师提出的问题,具有主动表达的意识
情感	感受到老爷爷与兔子们相互关爱的美好情感;形成初步的规则意识	感受老爷爷与兔子们相互关爱的情感

大班故事欣赏《花婆婆》的活动目标

分类	幼儿	
	普通幼儿	特殊幼儿
认知	能够理解故事情节和主要内容,能够说出花婆婆实现的三个愿望	基本理解故事情节和主要内容
技能	引导幼儿能够用"我长大了,要做一件事情,我要……让世界变得更美丽!"的句式表达自己的情感、愿望	能够表达自己的情感、愿望
情感	感受故事的意境,体会绘本阅读的乐趣	感受故事的意境,体会绘本阅读的乐趣

（三）活动重难点

活动重点是指幼儿必须掌握的知识与技能,是主题活动包含的核心知识;活动难点是指幼儿不易理解的知识或技能。活动难点不一定是重点,也有一些活动内容既是难点又是重点。

中班语言活动"小兔分萝卜"的活动重难点

分类	幼儿	
	普通幼儿	特殊幼儿
重点	掌握阅读方法,理解绘本内容,进一步提升语言理解能力和语言表达能力,培养规则意识	理解绘本内容,培养一定的规则意识
难点	形成良好的阅读常规,培养秩序意识	形成基本的阅读常规,培养秩序意识

大班故事欣赏《花婆婆》的活动重难点

分类	幼儿	
	普通幼儿	特殊幼儿
重点	能够理解故事情节和内容,能够说出花婆婆的三个愿望,感受故事意境	理解故事情节和内容,感受故事意境
难点	能够用"我长大了,要做一件事情,我要……让世界变得更美丽!"的句式表达自己的情感、愿望	能够用"我长大了,我要做……"的句式表达自己的情感、愿望

（四）活动准备

活动准备是指主题活动前需要完成的准备工作,其中包含物质准备和经验准备。

物质准备主要是依据主题活动内容为班级幼儿提供环境、材料等方面的支持。活动材料的准备包含玩教具准备、活动课件准备、幼儿用书等。在此需要重点说明的是玩教具的准备,玩教具是主题活动中不可或缺的工具,凭借玩教具的演示,可以更加形象地展示活动内容,帮助幼儿理解、掌握学习内容。学前融合教育中所使用的玩教具设计、制作、选用不求华丽,主要考虑是否贴近生活,是否准确揭示知识的本质。活动环境准备主要是指围绕活动内容为幼儿提供场地。

经验准备主要是指主题活动前需要幼儿具备的知识、经验。依据维果斯基的"最近发展区理论",经验准备强调教师要了解班级幼儿的已有经验,这样便于教师准确定位最近发展区,从而为幼儿提供难度适中的活动内容,调动幼儿参与活动的积极性,引导幼儿在原有经验基础上建构新的经验。

活动准备环节同样需要考虑班级普通幼儿与特殊幼儿的差异性,若需要为特殊幼儿准备特殊的材料,应在"活动准备"中标注出来。

中班语言活动"小兔分萝卜"的活动准备

1.《小兔分萝卜》绘本(教师、幼儿人手一本,低视力幼儿大绘本)、《小兔分萝卜》课件。

2.在班级中提前组织一次分玩具的活动,观察幼儿表现,引导幼儿思考。

大班故事欣赏《花婆婆》的活动准备

1.绘本 PPT;音乐;背景图 2 张。

2.让自闭症幼儿提前熟悉音乐,避免音乐播放对其产生听力刺激。

(五)活动方法(教学方法)

教学方法是指为了完成教学任务,教师与学生在教学活动中所采用的手段,其中既包含教的方法也包含学的方法。使用有效、科学的教学方法,可以调动幼儿学习的主动性与积极性,激发幼儿学习的欲望,保障幼儿学习的质量,从而激发幼儿的创造性。

幼儿园教育教学中使用的教学方法多种多样,分类角度不同方法就不同:①教学过程中教师讲解的同时向幼儿呈现实物或者提供示范性的实验,这一类的教学方法有观察法、演示法、示范法、范例法、欣赏法。②教学过程以教师讲述为主,向幼儿叙述事实、解释概念、说明道理,使幼儿获得直接知识的教学方法,其中包含讲述法、讲解法、谈话法、描述法。③教学过程以幼儿实践活动为主,在实践活动中训练幼儿的各种感官,引导幼儿理解知识、巩固技能。此类教学方法包含练习法、操作法、游戏法、表达法。

学前融合教育教学活动的开展需要依据班级幼儿的身心特点以及主题内容,选择恰当的教学方法,这样才能真正调动幼儿参与活动的主动性、积极性。

举例:中班语言活动"小兔分萝卜"的活动方法:讲述法、谈话法、游戏法。

大班故事欣赏《花婆婆》的活动方法:讲述法、谈话法、游戏法、操作法。

（六）活动过程

该部分主要阐述活动步骤,其中包括活动内容的详细安排、教学方法的具体运用以及活动时间的分配等。活动过程包括导入环节、学习巩固部分、操作运用部分。学前融合教育主题活动设计需要设计团体活动,还要依据特殊幼儿情况撰写每一个环节的班级特殊幼儿需要完成的个别活动内容。

中班语言活动"小兔分萝卜"的活动过程

活动环节	时间安排	普通幼儿	特殊幼儿
导入环节	3分钟	（一）引入活动 教师在 PPT 上呈现《小兔分萝卜》的封面,引导幼儿观察。 1.教师提问:你看到了什么/老爷爷在做什么/老爷爷准备这么多的胡萝卜要做什么? 2.引出本次活动主题——"小兔分萝卜"	教师注意提问特殊幼儿,请特殊幼儿回答问题
学习巩固	15分钟	（二）幼儿自主阅读绘本（教育中幼儿是主体,教师是主导,该环节主要给予幼儿充分的参与空间,同时也培养幼儿的阅读常规） 1.教师请幼儿分发绘本,请幼儿自行翻阅绘本 2.教师提问环节:请幼儿回答"你看到了什么",引导幼儿积极表达 3.教师请幼儿回收绘本	为特殊幼儿提供大绘本,便于幼儿阅读;注意观察特殊幼儿阅读情况,及时给予指导
		（三）教师引导幼儿阅读故事:倾听故事,理解故事内容 1.阶段一（PPT2-5）老爷爷送萝卜,小兔子们很开心 ①教师讲解绘本内容,幼儿认真聆听 ②教师提问,诱导幼儿思考并积极表达 问题一:老爷爷给小兔子们送来了什么? 问题二:小兔子们看到萝卜后表现是怎样的?（可以请幼儿来表演） ③教师总结:在大冬天能够吃到爱吃的胡萝卜,是一件多么开心的事情呀 2.阶段二（PPT6-11）兔子们想办法分萝卜,但是想出的办法都不好 ①该部分由教师边讲解边引导幼儿思考 出示 PPT6,请幼儿观察:小兔子们在干什么/这样做对不对? 出示 PPT7,请幼儿帮忙给兔子们想办法 出示 PPT8-11,请幼儿讨论兔子们想出来的两个办法好不好?（可以请幼儿来表演）	

活动环节	时间安排	普通幼儿	特殊幼儿
学习巩固	15分钟	3.阶段三(PPT12-14)兔子们想到好办法,大家都分到了好吃的萝卜 ①教师讲解绘本内容,幼儿认真聆听 ②教师提问,诱导幼儿思考并积极表达 问题一:最小的兔宝宝想到什么办法分萝卜 问题二:大家都分到萝卜了吗? 问题三:这个办法好不好? ③引导幼儿说说排队的重要性 4.阶段四(PPT15)老爷爷收到很多的兔毛 出示PPT15,教师讲解绘本内容,幼儿认真聆听并思考: 问题一:兔毛是哪里来的? 问题二:兔子们为什么会给老爷爷送礼物呢? 5.教师总结,学会排队是一件开心的事情,遵守秩序的人,大家都喜欢	为特殊幼儿提供大绘本,便于幼儿阅读;注意观察特殊幼儿阅读情况,及时给予指导
操作运用	2分钟	(四)大家一起来排排队(PPT16有音乐伴奏) 请幼儿听教师的口令到指定位置排队,进一步了解故事的主旨	助教帮忙带领特殊幼儿排队

大班故事欣赏《花婆婆》的活动过程

活动环节	时间安排	普通幼儿	特殊幼儿
导入环节	5分钟	一、教师谈话导入,激发幼儿听故事的兴趣 (一)教师出示鲁冰花的图片,引导学生观察 教师:"孩子们,老师给你们带来了两幅画,这两幅画里的花美吗?有谁知道这种花叫什么名字?(鲁冰花)鲁冰花在春天里开放,可美了!接下来老师给你们讲一个关于鲁冰花的故事,故事的名字叫《花婆婆》。" (二)教师呈现绘本,介绍绘本作者 这个故事是一个叫芭芭拉的女作家写的,她住在遥远的美国,她讲述了一个叫"花婆婆"的人的故事	特殊幼儿与教师有眼神交流

续表

活动环节	时间安排	普通幼儿	特殊幼儿
学习巩固	20分钟	二、分段欣赏故事,理解故事的情节和内容,知道花婆婆实现了哪三个愿望,并初步感受故事意境 (一)教师讲述故事第一段,引导幼儿观察画面内容,与幼儿积极对话,帮助幼儿了解故事主要人物和情节,知道艾丽丝的三个愿望是什么 教师:"这段故事里讲到了谁? 他们住在哪里?" "艾丽丝每次听完爷爷说完故事后,说也要像爷爷一样,做三件事,请问是哪三件事?"(①长大以后,要像爷爷一样去很远的地方旅行;②当我老了,也要像爷爷一样住在海边;③做一件让世界变得更美丽的事。) (二)教师讲述故事第二段,引导幼儿观察画面内容,理解故事内容,鼓励幼儿充分想象和表达"做一件什么事,能让世界变得更美丽?" 教师:"艾丽丝做到了第一件事吗? 她去了哪里旅行?" "艾丽丝做到了第二件事吗?" "艾丽丝做到了第三件事吗?" "请你帮助老艾丽丝想一想,做一件什么事,能让世界变得更美丽?" (三)教师讲述故事第三段,引导幼儿观察画面内容,知道老艾丽丝做的让世界变得更美丽的事是什么,理解故事情节和内容的发展 教师:"老艾丽丝做的让世界变得更美丽的事是什么? 刚开始她做这件事的时候别人是怎么想她的?" "老艾丽丝有没有让世界变得更美丽? 为什么?" "人们还叫她怪婆婆吗?" (四)教师讲述故事第四段,引导幼儿观察画面内容,理解故事情节和内容,再次强调"三个愿望" 花婆婆老了,也像她的爷爷一样,喜欢给小朋友们讲故事,有个小孩听完花婆婆讲的故事后,说也要像花婆婆一样,做三件事,小朋友们猜猜是哪三件事? 请小朋友们跟我一起说:"我长大后,要像你一样去很远的地方旅行。当我老了,也要像你一样住在海边。很好,但是你一定要记得做第三件事。做一件让世界变得更美丽的事。" 三、教师完整讲述一遍故事,幼儿完整欣赏	特殊幼儿能够静坐,尝试听故事

续表

活动环节	时间安排	普通幼儿	特殊幼儿
操作运用	5分钟	四、提供"三个愿望"图片,引导幼儿深入讨论、交流、表达,练习用"我长大了,要做一件事情,我要……让世界变得更美丽!"的句式充分表达自己的情感愿望 教师:"你喜欢花婆婆做的三件事吗?最喜欢她做的哪件事?" "你长大了,想不想也要做一件让世界变得更美丽的事情呢?做一件什么事情呢?"	在老师带领下完成语言描述

（七）活动延伸

活动延伸主要是指在主题活动结束以后,教师为巩固幼儿所学内容,安排、设计在课下需要完成的活动。一般主要涉及在幼儿园或幼儿园班级难以实现的活动,延伸至家庭,请家长配合完成。

中班语言活动"小兔分萝卜"的活动延伸

1.请幼儿思考,在幼儿园什么时候需要排队?哪些活动需要排队进行?

2.和爸爸妈妈外出游玩,仔细观察哪些地方需要排队?哪些活动需要排队呢?下周与班级同伴分享。

大班故事欣赏《花婆婆》的活动延伸

孩子们,请你们回家把这个故事讲给爷爷奶奶外公外婆听,然后和他们一起讨论,你要做的让世界变得更美好的一件事情是什么。

（八）活动反思（效果分析）

活动反思是在主题活动结束以后完成的,主要是针对活动开展情况进行分析,分析活动目标是否实现,活动重难点是否突出、是否解决,活动思路是否清晰,活动过程是否顺利,幼儿参与情况怎样。此外还需要阐述清楚针对存在的问题,采用什么样的策略或方法进行调整。活动反思的目的是及时发现问题、解决问题,以使教师的主题活动开展得越来越好。

> 二、学前融合教育中个别化教学活动实施——说课

（一）定义

说课就是教师口头表述主题活动的教学设想及其理论依据,也就是授课教师在备课的基础上,面对同行或教研人员,讲述自己的教学设计,然后由听者评说,达到互相

交流,共同提高的目的的一种教学研究和师资培训的活动。

（二）内容

依据编写的教案,学前融合教育教研室依据主题教学内容,开展说课活动,共同探讨教学活动设计是否合理、是否恰当,其中需要重点讨论班级特殊幼儿的教学目标在活动设计中是如何实现的,以确保融合教学活动顺利开展。具体内容包括:①活动目标是否关注到特殊幼儿;②活动过程的安排中特殊幼儿是否能够参与其中;③班级该主题活动的环境创建是否考虑特殊幼儿的需求。

（三）案例——说课稿

序号	活动项目	具体内容
1	说活动名称	今天我要说课的题目是幼儿园中班语言活动"小兔分萝卜",接下来我会从以下几个方面进行我的说课。
2	说活动意图	《3-6岁儿童学习与发展指南》强调在幼儿园中开展语言活动,为幼儿"提供丰富、适宜的低幼读物,经常和幼儿一起看图书、讲故事,有利于丰富其语言表达能力,培养良好的阅读兴趣和习惯,进一步拓展其学习经验"。 绘本通过图画传递信息,不仅具有较高的美感,与文字内容结合到一起还能发挥出叙述的作用,不仅能够提升幼儿语言理解水平、增强阅读书写能力,还能够充分锻炼幼儿的语言表达能力。 本次活动选择《小兔分萝卜》绘本,通过教师引导、幼儿积极参与,学习绘本内容,培养阅读习惯,体验阅读乐趣,发展语言能力,同时引导幼儿形成初步的规则、秩序意识。
3	说活动目标	活动目标是教育活动的起点与归宿,指引着教学活动的开展。根据中班幼儿的年龄阶段特点和基本动作的发展情况以及《幼儿园教育指导纲要》中制定的语言目标"喜欢听故事、看图书",将本次活动的目标定位如下。 认知:对绘本故事内容有较为全面的认识,理解绘本中关键语言、语词的意思; 技能:掌握基本的阅读方法,积极表达自己的想法,提升语言理解能力以及语言表达能力,进一步提升幼儿的观察能力、想象能力; 情感:感受到老爷爷与兔子们相互关爱的美好情感;形成初步的规则意识; 本次活动中特殊幼儿的活动目标是对绘本有一个基本的认识(能够说出绘本的名称,能够说出绘本大概的内容),能够回应教师简单的提问,感受老爷爷与兔子们相互关爱的情感。

序号	活动项目	具体内容
4	说活动重难点	本活动的重点在于理解绘本内容,并形成一定的规则意识。而阅读习惯、规则意识都需要长时间的培养,所以阅读习惯、规则意识也是本次活动的难点。 对于特殊幼儿而言,理解绘本内容是活动的重点,而难点也在于阅读常规的养成。
5	说活动准备	本次活动准备了视频课件,一本教师用书,每位幼儿人手一本绘本,对于低视力的特殊幼儿提供一本大绘本,这样便于特殊幼儿阅读。
6	说活动方法	本活动主要使用了讲述法、谈话法、游戏法,教师采用讲述法讲解绘本内容,引导幼儿对绘本有一个基本认识,通过谈话法引导幼儿思考,使用游戏法培养幼儿的规则意识。 对于特殊幼儿,教师也是采用上述方法,但是需要注意的是班级教师要时刻关注特殊幼儿的课堂参与情况,必要时给予协助。
7	说活动过程	本活动一共有四个环节,第一节环节教师通过提问引入,要求幼儿观察绘本的封面。第二个环节是幼儿自主翻阅绘本时间,幼儿阅读过程中教师可以提问,引导幼儿翻阅绘本。第三个环节由教师引导幼儿阅读绘本故事,理解故事内容。第四个环节是游戏环节,教师讲解排队规则,引导幼儿结合音乐玩“排排队”的游戏。 活动开展过程中,为特殊幼儿除了提供大绘本以外,教师也要依据特殊幼儿的身心现状,提供幼儿可以回答的问题,给予特殊幼儿参与课堂学习的机会。游戏环节为其安排“小同伴”,以便参与到游戏活动中。
8	说活动延伸	请小朋友和爸爸妈妈一起去游乐场玩,观察一下,哪些地方需要排队?下次活动和大家一起分享。

> 三、学前融合教育中个别化教学活动实施——授课

(一)定义

授课是教学过程的中心环节,教师依据教学安排,开展主题教学活动。

(二)方法

面对由特殊幼儿参与的班级主题活动,授课过程中教师需要注意:①特殊幼儿注意力不集中时,教师要给

予必要的提醒或协助;②活动过程中,教师的指导语要确保特殊幼儿能够理解;③以小组为单位完成活动任务时,教师要根据特殊幼儿的情况为其安排进同伴能够给与帮助的小组;④给予特殊幼儿课堂表达、表现的机会,增强学习的信心。

> ## 四、学前融合教育中个别化教学活动实施——评课

(一)定义

评课,是指对课堂教学成败得失及其原因做中肯的分析和评估,并且能够从教育理论的高度对课堂上的教育行为作出正确的解释。具体地说,是指评者对照课堂教学目标,对教师和学生在课堂教学中的活动以及由此所引起的变化进行价值的判断。

(二)内容

评课活动的开展,既可以协助授课教师查找问题与不足,同时也可以让其他教师看到自己教学中的问题,深化课堂教学改革,促进学生发展,提升教师专业水平。面对由特殊幼儿参与的班级主题活动,评课时需要关注:①特殊幼儿在本次活动中的参与情况、师幼互动情况;②特殊幼儿学习目标的达成情况;③特殊幼儿与同伴活动的情况等。

第三节　学前融合教育个别化教学活动设计与实施之案例分析

昆明学院附属经开幼儿园半日活动方案

半日融合教育 指导要点	特殊幼儿能参与到区域活动中,并且能在教师及普通幼儿帮助下在进区前插好进区卡。 普通幼儿能提醒并且在适当时候帮助特殊幼儿,让特殊幼儿在一次次的学习中养成习惯,理解简单规则。
半日生活 活动要求	1.会在教师下达上厕所、洗手、喝水的指令后自己一一完成 2.不把米饭弄洒,不挑食

续表

晨间锻炼	目标	发展幼儿的协调性,锻炼幼儿的腿部肌肉力量 懂得遵守活动规则,学会排队		
	内容	跳圈		

集中教育活动

活动名称	科学		活动内容	"会动的关节"
活动目标	1.探索身体上的各个关节 2.知道关节能使身体弯曲			
活动 重难点	重点:知道关节能使身体弯曲 难点:尝试探索身体上的各个关节			
活动准备	教学电子资源:《会动的关节》 木头人模型			
活动过程	一、教师播放电子资源中的图片,请幼儿模仿木头人的动作,初步感知、认识关节。 ——为什么我们的手可以前后摇动? 为什么我们的手指可以弯曲呢? ——原来是关节在起作用,摸摸看,连着两处骨头的地方就是关节。 二、教师展示木头人模型,让幼儿观看木头人模型,通过触摸木头人或自己来寻找关节。 ——身体的哪些地方有关节呢? —— 肩膀的地方有关节,胳膊肘的地方有关节(不必具体讲述关节名称,让幼儿了解哪些地方有关节即可)。 三、通过模仿和探索,引导幼儿结合生活体验感受关节的重要作用。 ——有了这些关节,身体才能怎样? ——没有这些关节,身体又会怎样? ——假如胳膊肘和膝盖没有关节,走路会是怎么样的? 谁来模仿一下? ——没有关节,我们的身体就变得直直的,不能弯曲,不能走路。 四、请幼儿操作木头人,摆出某种造型,其他幼儿说说木头人什么地方在动,并模仿木头人的动作。			
活动延伸	教学电子资源:将《会动的关节》投放到区角继续学习探索			

昆明学院附属经开幼儿园半日活动方案(下午)

班级:小二班　　　教师:高仲瑞　　　周次:第5周　　　日期:2019.9.23

半日融合教育指导要点	能够在老师的帮助下愉快进餐,不挑食,不剩饭		
半日生活活动要求	能够安静愉快进餐,不挑食,不剩饭 在离园前学会用湿纸巾擦拭脸部,保持脸部干净		
集中教育活动			
活动名称	语言	活动内容	"大皮球"
活动目标	融合幼儿	熟悉同伴的名字	
	普通幼儿	1.口齿清楚地学念儿歌 2.跟随儿歌内容做相应的动作	
活动重难点	重点:跟随儿歌内容做相应的动作 难点:跟随儿歌内容做相应的动作		
活动准备	1.幼儿用书:《大皮球》 2.DVD:《大皮球》		
活动过程	教师和幼儿一起阅读幼儿用书,请幼儿说说画面上的孩子在做什么动作。 进行模仿,教师用儿歌中的语言加以提示和总结。 弯弯手怎么做?(教师可以带领幼儿转转手腕) 这个小朋友在做什么动作?(弯弯腰来碰碰脚) 皮球是什么样的?请你模仿一下大皮球。(提示幼儿蹲下抱成一团模仿表演皮球) 教师播放DVD,和幼儿一起欣赏,并学念儿歌。 教师和幼儿一起边念儿歌边做动作。		
区域活动	区域活动另附		
户外体能活动			
目标	融合幼儿	在游戏中,练习双脚并拢向前跳	
	普通幼儿	1.在游戏中,练习双脚并拢向前行进跳 2.提高幼儿身体的协调能力,体验乐趣 3.锻炼幼儿的团结协作能力	
内容	双脚跳		
玩教具投放	黑色、白色、黑白相间三只小兔子的贴饰,利用废旧地垫制作的大萝卜,布置活动场地		

186

玩法	一、开始部分:扮演小兔子做热身活动,激发幼儿参与活动的兴趣 1.帮小兔子搬新家,引导幼儿注意小兔子身体的颜色和怎样走路 教师将 3 只小兔子放进新家,同时引导幼儿观察:这里有几只小兔子? 它们是什么颜色的? 它们是怎样走路的? 2.扮演小兔子 教师引导幼儿选择喜欢的小兔贴片:这里有这么多的小兔贴片,有小白兔、小黑兔,还有小花兔,你们想当什么颜色的小兔子,就拿什么颜色的小兔贴片贴在自己的衣服上,一起来当小兔子,好吗? (教师有意识地引导动作协调、身体好的幼儿选择小花兔,协调性不好、身体相对较弱的幼儿选择小黑兔) 3.小兔子做热身运动 教师:小兔子们,咱们一起来活动活动吧。 教师和小兔子们一起边唱儿歌边做动作。 二、基本部分:在游戏中练习双脚并拢向前行进跳 1.拔萝卜,练习双脚向前行进跳 (1)邀请动作协调的小兔子在大家面前跳,帮助小朋友找到正确的双脚向前行进跳的方法 教师:小兔子们,肚子饿了,咱们去找吃的吧。小兔子是怎么走路的呀? 哎呀,这只小兔子跳得真好,快到前面来跳给大家瞧瞧。 对,咱们就像他们这样,两只脚并齐,来一下一下向前跳到萝卜地里去找吃的吧。 (2)小兔和妈妈一起拔萝卜 教师:哎呀,有这么多的叶子,是什么呢? 原来是大萝卜,咱们每只小兔子拔一颗萝卜吧。我拔的是棵红萝卜,你拔的是什么颜色的萝卜呀? 2.运萝卜,练习双脚并拢向前行进跳的动作 (1)把大萝卜运回家 ①小兔子初步尝试双膝夹着萝卜向前跳 教师:咱们一起把大萝卜运回家吧! 大萝卜放在哪里好呢? 把萝卜放在两腿中间吧,试试还能向前跳吗? 对,咱们就这样让两个小膝盖把萝卜夹住运回家吧,小心别把萝卜掉出来。 ②鼓励幼儿双膝夹住萝卜向前行进跳。 教师:兔宝宝们加油! 可以慢点跳,小心别把萝卜摔到地上呀!

续表

玩法	(2)小兔子放松活动 教师:终于到家了,咱们吃大萝卜吧!洗萝卜,洗萝卜洗洗洗,切萝卜,切萝卜切切切,炒萝卜,炒萝卜炒炒炒,吃萝卜,吃萝卜吃吃吃。 三、结束部分:在"吃萝卜"游戏中做放松两腿的活动
指导要点	遵守游戏规则,掌握双脚并拢向前跳的基本动作 提醒幼儿慢慢跳,避免因身体不协调而摔倒

昆明学院附属经开幼儿园半日活动方案(下午)

班级:小二班　　教师:高榕　　周次:第6周　　日期:2019.9.29

半日融合教育 指导要点	1.能跟随老师的要求活动 2.能在老师的帮助下模仿出一个动作		
半日生活 活动要求	1.能有序排队上厕所、喝水 2.学习自己的事情自己做		
集中教育活动			
活动名称	社会活动	活动内容	"小脚猜拳"
活动目标	根据指令用脚做出不同的动作		
活动重难点	学习听指令做出正确的动作		
活动准备	学习单:《小脚猜拳》		
活动过程	一、老师和孩子一起熟悉用脚来表示剪刀、石头、布的方法 ——跟我一起做,两只脚合起来是石头,两条腿交叉是剪刀,两条腿张开是布 二、老师(或孩子)发出一个指令,说出一个口令或者用手出拳,请孩子用脚做出来 ——剪刀。看看谁做对了,谁做错了? 三、老师和孩子一起玩用脚猜拳的游戏:两人同时用脚出拳,看一看谁赢了,并把比赛结果记录下来		
活动延伸			
区域活动	区域活动另附		

户外体能活动		
目标	融合幼儿	乐意把玩足球
	普通幼儿	1.学习用手按住滚过来的球,锻炼手下的控球能力 2.体会足球活动的快乐,喜爱足球运动
内容	足球	
玩教具投放	幼儿人手一个足球	
玩法	一、开始部分 1.幼儿自由活动 2.幼儿暖身活动足球操:上肢运动——体侧运动——腰部运动——跳跃运动——整理运动 二、基本部分 1.跟足球跑 ①教师示范一次,提醒幼儿 ②幼儿练习 ③幼儿个别示范 ④集体练习,教师指导 2.按住滚过来的球 ①集合幼儿:表扬在练习中表现好的幼儿 ②介绍游戏:用手按住同伴滚过来的球 ③把幼儿分成六组站好,然后由一组幼儿把球滚过去,对面的幼儿用手按住同伴滚过来的球,注意要在球的正面出手 ④幼儿游戏,教师指导 三、结束活动 要求幼儿自己收拾活动玩具	
指导要点	1.注意听指令并作出反应 2.鼓励幼儿大胆去跑去追足球 3.提醒幼儿在游戏中小心手指被球弄伤	

昆明学院附属经开幼儿园半日活动方案(下午)

班级:小二班　　教师:苏丹　　周次:第7周　　日期:2019.10.12

半日融合教育 指导要点	学习分清左右脚,在教师帮助下穿脱鞋子		
半日生活 活动要求	学习分清左右脚,能够独立穿脱鞋子 养成便后冲水、洗手的习惯,并能够独立将衣裤整理好		
集中教育活动			
活动名称	音乐	活动内容	"头儿肩膀膝盖脚"
活动目标	融合幼儿	学习分清左右脚,在教师帮助下穿脱鞋子	
	普通幼儿	知道身体各部位的名称 学习歌曲并根据歌词内容变换动作	
活动重难点	重点:知道身体各部位的名称 难点:学习歌曲并根据歌词内容变换动作		
活动准备	幼儿用书、CD、歌曲:《头儿肩膀膝盖脚》		
活动过程	教师和幼儿玩"我说你做"的游戏,即老师说出一个身体部位,请幼儿指出相应的部位,帮助幼儿熟悉身体各部位的名称。 教师播放CD,请幼儿欣赏并熟悉歌词。 ——我们听听一首歌曲,然后告诉大家你听到了什么? 教师带领幼儿完整地学唱歌曲。 教师弹奏钢琴并一句句地带领幼儿演唱歌曲。 教师边唱边表演,带幼儿完整学唱。 请幼儿尝试跟随音乐指出相应的身体部位。		
活动延伸	在幼儿熟悉歌曲后,可对歌词进行改编		
效果分析			
区域活动	区域活动另附		
户外体能活动			
目标	融合幼儿	在教师帮助下练习双手抛接球	
	普通幼儿	练习双手抛接球 体验球类游戏的乐趣	
内容	抛接球		
玩教具 投放	投篮架3个,呼啦圈、大皮球若干		

续表

玩法	一、我和球儿做游戏 1.教师出示皮球,引导幼儿说说自己以前是怎么玩球的。请幼儿说一说后并做一做。 2.请每个幼儿拿一个球,自由玩球,如双手抓球、绕球走、滚球等,教师进行观察并指导。 二、自抛自接球 1.教师:老师有一种玩球的方法,请大家看一看吧! 教师演示抛接球,并介绍:双手捧球往上抛,看准球,双手接球抱住。这种方法叫抛接球。 三、有趣的抛接球 1.教师:抛接球还有很多其他的玩法呢!让我们一起来试试吧! 2.皮球钻圈 幼儿三人一组,中间一人手持呼啦圈,另外两名幼儿分别在呼啦圈两侧约 1 米处,相对站立。其中一名幼儿双手持球用力抛出,抛过呼啦圈,另一名幼儿双手接球,用同样的方法把球抛回。三人轮流抛接球。 3.投篮游戏 幼儿分成三队,每队前放一个投篮架,相距 2 米左右,各队幼儿轮流将球抛到篮筐内,比一比哪队投进的球最多。 篮筐的高度根据幼儿实际水平而定。
指导要点	有序抛接球,控制力度,避免砸到同伴
半日融合教育 效果分析	

【本章摘要】

1.学前融合教育个别化教育计划实施的关键在于教学活动设计与实施。个别化教学活动设计与实施的意义在于可以让个别化教育思想以及个别化教育计划"落地"。教学活动设计与实施既可以达成班级团体目标,又能满足特殊幼儿的个别化教育需求。个别化教学活动设计主张以主题形式组织教学,五大领域的学习整合在同一主题下,促进了幼儿园各个领域内容之间的沟通与联系,便于幼儿更好地理解知识。个别化教学活动设计与实施可以提升教师课堂把控能力,促进教师专业技能成长。个别化教学活动设计与实施促进了主班老师、配班老师、保育员之间的沟通与联系。

2.学前融合教育中个别化教学活动设计与实施的理念与原则:以人为本理念;多感官教学原则;因材施教原则。

3.学前融合教育中个别化教学活动设计的内容:设计意图、活动目标、活动重难点、活动准备、活动方法、活动过程、活动延伸和活动反思。

4.学前融合教育中个别化教学活动实施:说课、授课、评课。无论哪个环节,都要关注特殊幼儿,强调特殊幼儿的参与度以及学习效果,只有这样才能保证学前融合教育理念的具体落实。

【复习思考题】

1.试论述学前融合教育个别化教学活动设计与实施的意义与价值。

2.撰写一份融合教育教案,并与班级同学开展说课活动。

第八章
学前融合教育中个别化教育的实施后再评量

◎ **本章聚焦**

1. 学前融合教育中个别化教育实施后再评量的重要性。

2. 学前融合教育中个别化教育实施后再评量的方法与策略。

3. 学前融合教育中个别化教育再评量后修订的方法与策略。

◎ **内容导览**

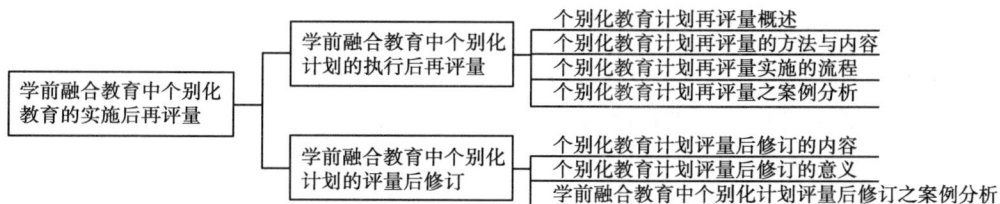

◎ **小案例**

冬冬进入普通班级参与班级学习活动,经过一个学期的学习,冬冬进步了吗? 各方面能力有所提升吗? 幼儿园老师为冬冬开展学期末的评量活动,旨在评量冬冬个别化教育计划的目标达成情况,同时依据再评量结果调整冬冬的个别化教育计划以及班级教学活动内容。

◎ **大思考**

1. 在学前融合个别化教育实施后,如何通过再评量来评价特殊幼儿的进步?

2. 在进行再评量后如何修订个别化教育计划中的目标?

第一节 学前融合教育中个别化计划的执行后再评量

> **一、学前融合教育中个别化教育计划再评量概述**

个别化教育计划根据特殊幼儿的需求制定年度目标和衡量标准,在实施一个学期或者一个学年后,幼儿园若要对实施 IEP 的效果进行追踪、管理及评价,就需要进行个别化教育计划再评量。个别化教育计划再评量是指在一个学期或一个学年后,根据个别化教育计划执行情况进行课程再评量。主要了解特殊幼儿各个领域的进步情况,以及在计划实行过程中所用的教学策略、目标、支持手段是否恰当,为下一阶段调整个别化教育计划长短期目标提供依据。

> ## 二、学前融合教育中个别化教育计划再评量的目的及意义

个别化计划再评量的核心目的是评量学生在一段时间内的进步情况,进而为接下来的个别化教育计划目标的调整和拟订提供依据。钮文英提出有效教学的概念,并分别提出教学前、教学中、教学后三个阶段。教学前阶段主要评量学生的状况,以及计划课程与教学要如何进行,需做什么样的调整,才能符合学生的需求;教学中主要实施课程计划,在实施过程中仍与课程计划保持互动,看是否修正课程计划;教学后阶段主要考评课程计划,包括监控学生进步情形和评量课程计划的成效,以作为后续实施的参考。

个别化计划再评量具有重要的意义,主要体现在:①可以更客观全面地了解学生的进步;②可以更好地监督教师的教学和康复效果;③给教师下一步制定和调整计划提供依据。

> ## 三、学前融合教育中个别化教育计划再评量的方法与内容

个别化教育计划再评量的内容主要是评量长短期目标达成的情况,个别化教育计划再评量即教学后评量,主要采用观察、工作样本分析、工作分析等方法,对学生采用课堂中的形成性评量和学期末总结性评量相结合的方式,真实反应特殊幼儿的进步情况,为教师以后的教学提供保证。

个别化教育计划再评量的内容包括:①对长短期目标达成度的评量;②对教学策略是否恰当的评估和考核;③对教学环境的评估与考核;④融合班教师及资源教师对特殊幼儿的评价;⑤特殊幼儿家长的反馈;⑥各领域课程的再评量(学年末及转衔阶段)。

> ## 四、个别化教育计划再评量实施的流程

个别化教育计划再评量实施应具有一个完整的流程,个别化教育计划再评量一般在一学期末或一学年末进行评估,短期目标也可在一个单元主题完成后进行一次评量,评量主要包括以下步骤。

（一）学期末评量（对长短期目标直接评量）

（1）资源教师配合普通班教师根据长短期目标完成情况及特殊幼儿的表现进行评量，评量可以通过观察（生态化动态评量），也可通过固定教室、固定时间、固定活动的结构化评量。

（2）对比再评量结果和拟订的长短期目标之间的差距，来决定是否继续或调整目标。

（3）结合普通班教师及家长的反馈意见，资源教师做总结分析，确定下一学期的长短期目标。

（二）学年末及转衔阶段评量

（1）由资源教师对特殊幼儿各领域课程进行再评量。

（2）资源教师、普通班教师及家长召开小型的个案会，讨论下个学年或下一阶段的长短期目标。

（3）结合幼儿园五大领域课程进行具体目标的拟订和实施。

（4）针对幼小衔接转衔阶段的特殊幼儿，资源教师需要将在幼儿园开展融合教育的资料，特别是幼儿的个别化教育计划复印件交给家长，以便下一阶段（小学）的老师可以更快更全面地了解该幼儿。

> ## 五、个别化教育计划再评量之案例分析

个别化教育计划再评量是在个别化教育计划拟订和执行一个学期后对长短期目标达成情况进行评量。

目标完成情况：0—完全未完成，1—完成25%，2—完成50%，3—完成75%，4—完成100%。

根据评量结果做出教学决定：S—更换（即目标已经达成，可以更换目标，以便让特殊幼儿各领域都可以得到成长）；P—继续（即目标没有达成，且该目标又是幼儿需要掌握的重要目标，应被设定为继续）。

下面以融合幼儿园中一个特殊幼儿的个别化计划再评量实践为例。

个别化教育长短期目标

幼儿：李S　性别：男　出生日期：2014.8.29

入园时间：2019.3　拟订日期：2019.3

计划执行日期：2019.3—2019.7　再评量日期：2019.7

负责教师：赵T、刘T、黄T　安置班级：小一班

领域	长期目标		短期目标		教学决定	测评结果	测评人员	完成情况
1.感官知觉	1.1	提高视觉运用能力	1.1.1	提高眼手协调的能力(如:能准确套杯)	S	4	赵T	71%:4 29%:3
			1.1.2	幼儿能独立在简单背景中找出指定图形	S	4		
			1.1.3	幼儿能分辨1~2种立体物的空间关系(如:上下、里外)	P	3		
	1.2	提高听觉运用能力	1.2.1	幼儿能独立执行刚才听到的命令	S	4		
			1.2.2	幼儿能依序反应刚才听到的两个命令	S	4		
	1.3	提高触觉运用能力	1.3.1	幼儿能以手部触觉分辨差异性大的物品	S	4		
			1.3.2	幼儿能在短时间内回忆其触觉经验	P	3		
2.粗大动作	2.1	提升运动与游戏技能	2.1.1	幼儿能有目标地投球	S	4		75%:4 25%:3
			2.1.2	幼儿能用绳类拉物移动	S	4		
			2.1.3	幼儿能玩躲藏类游戏	S	4		
			2.1.4	幼儿能独立模仿做操	P	3		
3.精细动作	3.1	提升作业能力	3.1.1	给一面工作板,幼儿会按任意次序工作	P	3	刘T	80%:4 20%:3
			3.1.2	幼儿能够独立将2~3个物品嵌塞到相应的塞口	S	4		
			3.1.3	幼儿能独立将小容器套入大容器内	S	4		
	3.2	提升工具使用能力	3.2.1	幼儿会自己打开水彩笔笔盖	S	4		
			3.2.2	幼儿能在协助下画直线	S	4		

领域	长期目标		短期目标		教学决定	测评结果	测评人员	完成情况
4.生活自理	4.1	提升穿着技能	4.1.1	幼儿能独立穿脱鞋子	S	4		71%:4 29%:3
			4.1.2	幼儿能独立穿脱袜子	P	3		
			4.1.3	幼儿能独立穿脱裤子	P	3		
			4.1.4	幼儿能独立穿脱衣服	S	4		
	4.2	提高如厕的能力	4.2.1	幼儿能独立到厕所小便并注意不弄脏便池和裤子	S	4		
			4.2.2	幼儿能在协助下到厕所大便,不便在身上	S	4		
	4.3	提高身体清洁的能力	4.3.1	幼儿能在协助下洗手	S	4		
5.沟通	5.1	提高内在语言能力	5.1.1	幼儿能对外界事物有好奇、探究的行为	P	3	黄 T	70%:4 30%:3
			5.1.2	幼儿能模仿简单的身体动作	S	4		
	5.2	提高听的能力	5.2.1	幼儿能对差异性大的声音作出不同的反应	S	4		
			5.2.2	幼儿能够依据老师说的否定句作出相应的反应	S	4		
			5.2.3	幼儿能够依据老师说的疑问句作出相应的反应	P	3		
	5.3	提高说的能力	5.3.1	幼儿至少能学 3 个老师的口部运动	S	4		
			5.3.2	幼儿能依据老师的口型说出至少 3 个单韵母	S	4		
	5.4	提高写的能力	5.4.1	幼儿能在教师协助下以正确的姿势拿笔	S	4		
	5.5	提高非言语沟通的能力	5.5.1	幼儿能依照日常活动的图片或照片行事	S	4		
			5.5.2	幼儿能用日常活动的符号表达需求	P	3		

续表

领域	长期目标		短期目标		教学决定	测评结果	测评人员	完成情况
6.认知	6.1	提高物体恒存性的能力	6.1.1	当某一物体消失时,幼儿能独立准确地找到物品	S	4	黄T	100%:4 0%:3
	6.2	提高记忆能力	6.2.1	幼儿能在提示下自行进行下一事项(如:上完厕所要洗手)	S	4		
			6.2.2	幼儿能独立操作积木至少2步	S	4		
	6.3	提升配对分类技能	6.3.1	幼儿能在老师的指导下将2种颜色的物品分成2堆	S	4		
			6.3.2	幼儿能在老师的指导下拿同样形状的积木	S	4		
	6.4	提高顺序工作的能力	6.4.1	幼儿能独立模仿排列至少2个物品	S	4		
7.社会适应	7.1	提高数的应用的能力	7.1.1	幼儿能够唱数1~10	S	4		75%:4 25%:3
	7.2	提高人际关系能力	7.2.1	幼儿能在提示下与他人打招呼	S	4		
			7.2.2	幼儿能以适当方式求助	P	3		
	7.3	提高家事技能	7.3.1	幼儿能自己冲洗杯子	S	4		

目标完成情况:0-完全未完成,1-完成25%,2-完成50%,3-完成75%,4-完成100%

教学决定:P-继续,S-更换

　　特殊幼儿的个别化长短期目标的实现是在幼儿园一日生活(集中教育、户外活动、区角活动、生活活动)及幼儿园五大领域(语言、科学、社会、健康、艺术)课程中进行的,只有将目标融入这些活动和课程中,特殊幼儿才能在融合环境中更好地进行学习、康复和成长。下面以一个特殊幼儿的一日生活目标和以单元主题形式的五大领域课程形式为例。

（一）长短期目标结合一日生活及五大领域形成的学期目标（长期目标）

学生基本情况	姓名：李S　　　　性别：男　　出生日期：2014.8.29 班级：小一班　　　填表日期：2019.9.7			
目前状况与分析	1.生活自理能力、沟通能力、认知能力有待提高 2.言语能力较弱，只能说出几个有意义的字，不能清楚、准确地表达自己的需求 3.没有沟通的意识和意愿 4.指令听从能力较好，在教师的提示与辅助下可以尽快跟上班级一日生活要求			

	| 学期目标（小一班上学期）			
	集中教育	户外活动	区角活动	生活活动
语言	在每日的点名活动中，叫到他的名字时可由小朋友协助举手	能听从教师指令排队	进入区角游戏时，可用手指出自己想进入的区角	在进行离园、入园等生活活动时，能说出"你好""再见"
科学	认识三种不同的小动物	在户外活动时不乱跑	能将物品按颜色分类	就餐时，可以吃一样自己不喜欢吃的食物
社会	在教师的引导下知道图片里人物的情绪（开心、不开心）	能在教师和同伴协助下参与一项喜欢的户外活动	在教师的引导下可以遵守区角的进区规则（建构区）	愿意让小朋友拉他或摸他的手，不排斥小朋友亲近他
健康	愿意在教师协助下做操	在每日做操环节中可以独立做小兔子耳朵摇摇的动作	可以在协助下把物品摆放整齐（2件物品）	洗手时可以自主独立地挽起袖子
艺术	在教师的指导下能够将大纸撕成纸条	可以在户外涂鸦墙上独立画圈圈	能够在教师的协助下握笔，给大图涂色	可以在教师或同伴协助下跟着音乐摆动身体
班级教师签字			资源教师签字	

（二）融合幼儿一日生活作息目标及测评结果

班级：小一班　　融合幼儿：　李 S　　班级教师：　张 T、李 T、周 T

资源教室教师：　赵 T　　家长：　赵 S

幼儿分析	通过上个月的适应,李 S 在生活自理能力方面有所进步:能在教师的帮助下不排斥洗手活动,能在教师的提醒下自己离开椅子盛饭。但李 S 存在的问题依然明显,如幼儿的沟通能力、认知能力和生活自理能力等的发展仍需不断地努力,需要资源教师和班级教师适时对幼儿指导。				
时间	内容	特殊幼儿的目标	教师的支持辅助	责任教师	测评结果
7:40—8:10	老师、小朋友早上好我锻炼,我健康	自己将书包放到书包柜里;跟教师用语言问好;进教室后自己插晨检卡;进教室后自己用消毒液洗手	引导幼儿放书包并与家长挥手,能说"再见";提示幼儿洗手、喝水和参与晨间锻炼	主班教师保育教师	幼儿能够将书包放到自己的书包柜里,但是还需要提示完成自己插晨检卡和用消毒液洗手
8:10—8:40	营养早餐	能安静坐在座位上专心用餐;能进食少量的幼儿挑食食物	给幼儿分餐或添菜饭时,引导幼儿说出"谢谢"	主班教师保育教师	能安静地在座位上专心用餐,但是挑食的现象还是较为明显
8:40—8:50	整理一下	静坐等待;不乱走	教师用指令提示幼儿上厕所;教师提示幼儿抬椅子找位置	主班教师	幼儿能够根据老师的提示上厕所,在座位上等待,但是静坐的时间较短
8:50—9:10	聪明宝宝爱学习	能安静地坐在座位上;不发出与活动无关的声音	配班教师提示幼儿坐好;主班教师引导幼儿与其进行简单互动	主班教师保育教师	幼儿能够在老师的提示下安静地坐在座位上 10 分钟,但是课堂主动互动不足
9:10—9:20	休息休息	在教师提示下喝水(凉水多热水少)、上厕所	教师用语言结合手势(指厕所/饮水机)提示幼儿上厕所、喝水	主班教师保育教师	幼儿能在老师的提示下喝水、上厕所

续表

时间	内容	特殊幼儿的目标	教师的支持辅助	责任教师	测评结果
9:20—10:10	户外律动、体能游戏	能够按照教师要求进行户外运动、能在教师帮助下给普通幼儿发教具	玩游戏时教师放手让幼儿自由玩(教师眼睛不能离开幼儿);提示并帮助幼儿发教具	主班教师 保育教师	幼儿能跟着队伍排队到户外参加活动,但是需要同伴的提醒(如牵着他的手)
10:10—10:30	如厕、洗手、喝水	能够在教师的提示下如厕、洗手、喝水,并能独立执行听到的指令(如静息)	教师需多次提示并用语言引起幼儿的注意来提示幼儿	主班教师 保育教师	幼儿能够在老师的提示下如厕、洗手、喝水,并在座位上坐好
10:30—11:10	区角游戏我做主	在教师的提示下选择区角并专心玩游戏,不在教室跑来跑去	教师引导幼儿用肢体动作表示选择意愿(用手指出想去哪个区角玩),并放手让幼儿玩区角	主班教师 配班教师	幼儿能够在老师的提示下选择一个区角并在区角里活动,但是还无法和同伴进行合作游戏
11:10—11:20	餐前准备	能在教师的提示下洗手、喝水、上厕所、抬椅子上桌	教师先用语言引起儿注意并用肢体动作提示幼儿(指饮水机/厕所/凳子)	主班教师 保育教师	幼儿能够在老师的提示下洗手、喝水、上厕所
11:20—11:50	香香的午餐	能坐在座位上专心、自主用餐	教师用语言提示幼儿独立执行听到的指令并且在幼儿将不喜欢的食物丢到地上时及时制止	主班教师 配班教师 保育教师	幼儿能够坐在座位上自行用餐,但是对于不喜欢的食物会选择不吃或者丢到桌子上
11:50—12:00	餐后散步	能够拉着小朋友的手一起散步	教师提示并示范幼儿拉好前面的小朋友的手	主班教师	幼儿能够在老师和同伴的协助下进行饭后散步
12:00—14:30	甜甜的梦乡	能够独立睡觉且不吵闹	教师提醒幼儿自己脱衣服、鞋子、袜子,并把物品放在指定的地方,协助幼儿睡觉	主班教师	幼儿能够在老师协助下脱衣服、鞋子、袜子并放到指定位置,但是午睡不好

续表

时间	内容	特殊幼儿的目标	教师的支持辅助	责任教师	测评结果
14:30—15:00	起床、丰富的点心	在教师提示下穿衣服、袜子、鞋子	教师帮助幼儿穿难穿的衣物,让幼儿自己穿简单的衣物	主班教师 保育教师	幼儿能够在老师的协助下穿好衣服、袜子、鞋子
15:00—15:20	聪明宝宝爱学习	能安静地坐在座位上;不发出与活动无关的声音	配班教师提示幼儿坐好;主班教师引导幼儿与其进行简单互动	主班教师 保育教师	幼儿能够安静地坐在座位上,不乱跑和发出声音
15:20—15:30	休息一下	在教师提示下喝水(凉水多热水少)、上厕所	教师用语言结合手势(指厕所/饮水机)提示幼儿上厕所、喝水	主班教师 保育教师	幼儿能在老师的提示下喝水、上厕所
15:30—16:20	健康宝宝爱运动	愿意跟随同伴进行户外运动	教师示范游戏玩法并放手让幼儿自由游戏	主班教师 保育教师	幼儿能够在提示下和同伴一同到户外参加活动
16:20—16:30	餐前准备	能在教师的提示下洗手、喝水、上厕所、抬椅子上桌	教师先用语言引起幼儿注意并用肢体动作提示幼儿(同上)	主班教师 保育教师	幼儿能够在老师的提示下洗手、喝水、上厕所
16:30—17:00	愉快晚餐	能坐在座位上专心用餐	教师用语言提示幼儿独立执行听到的指令并且在幼儿将不喜欢的食物丢到地上时及时制止	主班教师 保育教师	幼儿能够坐在座位上自行用餐,但是对于不喜欢的食物会选择不吃或者丢到桌子上
17:00—17:30	离园准备	主动找教师整理衣物,进行离园准备	教师需多次提示幼儿	主班教师 保育教师	幼儿能够在提示下找老师整理衣物,做离园准备
17:30	离园	能跟随同伴排好队,耐心等待,开开心心回家	引导幼儿与教师道别,引导幼儿说"再见"	主班教师 保育教师	幼儿能够在提示下和同伴一起排队,等待家长来接

（三）短期目标、教育措施和效果评估

		目标内容	途径	完成时间	教育教学措施	评估和改进
单元主题（宝贝一家）	语言	见到别人打招呼，教师辅助他招手以表示打招呼。见到爸爸和妈妈时能用亲吻的方式表达爱	集中教育个训家园共育	2019.3.4—3.29	教师协助同伴演示反复模仿练习	在辅助下可以和别人招手或者说"你好""再见"打招呼
	科学	科学 通过活动《亲亲宝贝》了解爸爸妈妈照顾自己的方式	集中教育个训家园共育	2019.3.4—3.29	多媒体播放图片演示教师讲解	未完成，尚未认识三角形
		数学 认识三角形，能从不同的形状中找出三角形				
	社会	说出家人的称呼	集中教育家园共育	2019.3.4—3.29	教师同伴示范教具（全家福）	部分达成，可以说出妈妈和弟弟
	健康	能够在教师协助下从高处往下跳	集中教育户外活动	2019.3.11—3.15	教师协助同伴演示反复练习	已完成
	艺术	音乐 可以在教师引导示范下跟随音乐拍节奏（教师辅助拍腿）	集中教育个训家园共育	2019.3.11—3.15	多媒体播放教师辅助	已完成
		美术 能够在教师的协助下进行粘贴画。				
班级教师签字				资源教师签字		

续表

		目标内容	途径	完成时间	教育教学措施	评估和改进
单元主题(车子叭叭叭)	语言	感受《小黑捉迷藏》的故事内容,说出故事中各种车的名称	集中教育 个训	2019.4.1—4.15	教师示范 教师辅助 反复练习	已完成
	科学	科学 知道车的一些共同特征(车窗,轮胎)	集中教育 个训 家园共育	2019.4.1—4.15	教师辅助 图片演示 同伴辅助	未完成
		数学 找相同(一组两种颜色的图片能找出指定的颜色)				
	社会	知道坐车要系安全带,初步建立安全意识	户外 集中教育 家园共育	2019.4.1—4.30	教师讲解 同伴示范 家长示范	已完成
	健康	能够在教师指令下站起来,并模仿小兔子,做早操	集中教育 个训 家园共育	2019.4.1—4.30	教师示范 教师辅助	已完成
	艺术	音乐 跟唱儿歌《小火车》,在教师的辅助下模仿火车的动作	集中教育 个训 家园共育	2019.4.1—4.30	教师辅助 同伴示范	部分完成,会模仿小火车拉前面小朋友的衣服;画画时偶尔会画在桌上。
		美术 在纸上随意画画,能控制不画在桌子上。				

班级教师签字		资源教师签字	

	目标内容		途径	完成时间	教育教学措施	评估和改进
单元主题（干净小超人）	语言		感受儿歌《洗澡》中的动物（小鸭子、小鱼）	集中教育 个训 家园共育	2019.5.3— 5.31	教师协助 反复练习	已完成
	科学	科学	通过《吹泡泡》课程，尝试将肥皂水吹出泡泡	集中教育 个训 家园共育	2019.4.1— 4.15	教师辅助 图片演示 同伴辅助	未完成
		数学	通过《相同与不同》课程，能在教师引导下将相同的玩具收在小框里				
	社会		能在看到清洁工人时说出职业名称	集中教育 个训 家园共育	2019.5.3— 5.31	教师协助 图片演示 反复练习	未完成
	健康		会用正确的方式洗手	集中教育	2019.5.3— 5.31	教师协助 反复练习	已完成，但需教师反复重复指令
	艺术	音乐	能在教师引导下伴随儿歌《大扫除》拍拍手	集中教育 个训 区角	2019.5.1— 5.31	多媒体播放 教师辅助	继续学习和练习
		美术	可以在教师的引导下尝试用油画棒涂颜色				
班级教师签字				资源教师签字		

（四）学期总评报告

学年总评报告是根据以上个别化教育再评量的结果、一日生活目标评量结果及五大领域课程评量结果综合生成，形成下一学年的教育教学的重点。

幼儿:李 s   性别:男   出生日期:2014.8.29

安置班级:小一班   报告日期:2019.7.17

负责教师:赵 T、刘 T、黄 T

本学期 IEP 完成情况	本学期李 S 在感官知觉、粗大动作、精细动作、生活自理、沟通、认知、社会适应七大领域共拟订了 21 个长期目标,43 个短期目标,其中 33 个短期目标达到了 10 分,占 76.7%,10 个短期目标达到了 3 分,占 23.3%。本学期是该幼儿入园的第一学期,主要任务在于对新环境的适应以及学习常规的培养;在感官知觉方面,幼儿能够完成简单的手眼协调活动,如套杯;听到简单的指令能够去执行,偶尔需要提示;能够通过触觉分辨差异较大的物品,但是对于分辨上下、里外仍有些困难。在粗大动作和精细动作方面,幼儿能够有目标地投球,能用绳类拉物移动,能玩简单的躲藏类的游戏,但是在独立模仿做操方面还需要加强;能够进行简单的嵌塞、打开水彩笔笔盖;能在协助下画简单的直线和横线;在生活自理方面,幼儿能够自己穿脱鞋,穿脱袜子和裤子还需要协助;能够在提示下到厕所小便并不弄脏便池和裤子;能够在协助下到厕所大便,不便在身上;能在协助下完成洗手(饭前、便后);在沟通方面,幼儿能模仿简单的身体动作;对差异性大的声音有反应,能够根据老师说的否定词作出相应的反应;能模仿学习老师的 3 个口部运动;能依据老师的口型说出 3 个单韵母;能正确握笔;能理解日常生活中常见的图片;但是幼儿对外界的好奇心不足,不会自己去探究新鲜的事物,且对日常生活中的符号理解不足。在认知方面,幼儿有物体恒存概念,能够找到刚消失的物体;在提示下能连续完成生活中常做的事情;幼儿能够独立操作积木;能在老师的指导下将物品进行分类;能够模仿老师排列物品。在生活适应方面,幼儿能够唱数 1~10;在提示下能够与他人打招呼;能自己冲洗杯子;但是还无法以恰当的方式在遇到困难时寻求帮助。 　　在一日生活中,幼儿能够较快地适应幼儿园生活;能在老师的提示和协助下完成一日活动;但是还存在比较明显的特征,如挑食、无法较长时间地安坐,且同伴互动少。
下一学期的 教育重点	1.提高大动作的模仿能力 2.提高同伴互动能力 3.减少挑食现象 4.提高复杂句的理解能力 5.提高自主表达能力
家长期望	能够更好地跟同龄小朋友一起玩耍,缩小差距

第二节　学前融合教育中个别化计划评量后修订

> 一、个别化教育计划评量后修订的内容

个别化教育计划评量后修订是根据个别化教育计划再评量结果对特殊幼儿的个别化教育计划、教学策略、教育环境、支持辅助等进行修订。

个别化教育计划修订是根据再评量结果确定修正调整新的长短期目标,将合适的、并需要继续进行的目标保留,将不适合的或者已经达成的目标去除。

教学策略的修订要根据再评量的结果,结合特殊幼儿在教学中的适应情况进行调整。教学策略是指适应或应对不同知识和不同模式的教学活动的行为对策和方略。从活动层次上说,教学策略既可以是一定教学模式的策略,也是由教学方法、方式组成的策略;从功能上说,它既执行着知识教学的直接功能,也具有教学过程监控、反思、反馈调节的功能;从涉及范围上说,它既是对教学全过程、诸因素优化设计与组合的谋划与设计,也是对每一种具体教学活动、每一个步骤教学行为的设想与调控。除此以外,个别化教育计划评量后的修订内容还包括教育环境和支持辅助的调整,这里的教育环境,主要包括融合幼儿园中的集体环境、个训环境和家庭环境的调整;支持辅助的修订包括在学习活动中的支持辅助,在生活活动中的支持辅助以及同伴间的支持辅助。

> 二、个别化教育计划评量后修订的意义

个别化教育计划评量后修订是个别化教育计划完整且有效的一个重要组成部分,具有重要的意义:

(1)个别化教育计划再评量后修订可以有助于更好地根据再评量结果及时调整特殊幼儿的目标及教学策略,使得个别化教育计划达到最优化。

(2)资源教师通过个别化教育计划再评量后修订能够提高对特殊幼儿的全面认识,提高自己的教育教学水平,从而更好地满足特殊幼儿的教育需求。

> 三、学前融合教育中个别化计划评量后修订之案例分析

个别化教育计划再评量后修订主要是修订长短期目标、目标涉及的领域以及目标实现的形式,替换已经达成的目标,继续完成上一个阶段没有完成且较为重要的目标。

以李 S 特殊幼儿的个别化教育计划再评量后修订的目标为例。

个别化教育长短期目标（修订）

幼儿：李 s　性别：男　出生日期：2014.8.29

入园时间：2018.9　修订日期：2019.1

计划执行日期：2019.3—2019.7　　责任教师：赵 T、刘 T、黄 T

安置班级：小一班

领域	长期目标		短期目标		活动领域	活动形式	完成情况
1.感官知觉	1.1	提高触觉运用能力	1.1.1	幼儿能用手触摸分辨至少两种不同质感的物品	科学	区角活动	
			1.1.2	幼儿碰到不同温度的东西时会有不同的反应或表情		生活活动	
			1.1.3	幼儿能在短时间内回忆其触觉经验		区角活动	
	1.2	提高视觉运用能力	1.2.1	幼儿能分辨1~2种立体物的空间关系（如：上下、里外）			
2.粗大动作	2.1	提升身体移动能力	2.1.1	幼儿能双脚一起向前跳	健康	户外活动	
			2.1.2	幼儿能用脚趾脚跟向前走一条直线			
		发展简单运动技能	2.1.3	幼儿能模仿简单的动作（如兔子跳）			
			2.1.4	幼儿能与人丢球接球至少3次			
3.精细动作	3.1	提升操作能力	3.1.1	幼儿会堆叠5块积木不倒	科学艺术	区角活动	
			3.1.2	幼儿会用绳子连续穿5个串珠			
			3.1.3	给一面工作板，幼儿会按任意次序工作			
	3.2	提升简单劳作技能	3.2.1	幼儿能折纸并做简单造型			
			3.2.2	幼儿能够用笔画出有形状的图案			
4.生活自理	4.1	提升饮食能力	4.1.1	幼儿能接受不同的食物	健康	生活活动	
			4.1.2	幼儿能排队等待拿食物并坐好			
			4.1.3	幼儿能在用餐后自己将餐具收拾好给老师			
	4.2	提升如厕能力	4.2.1	幼儿能在想要上厕所时主动表达			
			4.2.2	幼儿在如厕后能够自己冲水并洗手			
	4.3	提升清洁与卫生能力	4.3.1	幼儿能在手脏时自己去洗手			
			4.3.2	幼儿能自己拿卫生纸擦鼻涕			
	4.4	提升穿着能力	4.4.1	幼儿能独立穿脱袜子			
			4.4.2	幼儿能独立穿脱裤子			

领域	长期目标		短期目标		活动领域	活动形式	完成情况
5.沟通	5.1	提升内在语言能力	5.1.1	幼儿能对外界事物有好奇、探究的行为	语言社会	集中教育户外活动区角活动生活活动	
	5.2	提高语言理解能力	5.2.1	幼儿能够依据老师说的疑问句作出相应的反应			
			5.2.2	幼儿能在图片、表演或动作指示下听懂简单故事或一段话			
	5.3	提升口语表达能力	5.3.1	幼儿能正确仿说10个常见的名词			
			5.3.2	幼儿能用声音来表达自己的情绪			
	5.4	提升沟通能力	5.4.1	幼儿能用符合社会规范的方式表示基本需求或帮助			
			5.4.2	幼儿能使用符合社会规范的方式打招呼			
			5.4.3	幼儿能在提示下用符合社会规范的方式表示拒绝			
6.认知	6.1	提升模仿能力	6.1.1	幼儿能主动模仿连续的动作(如拍手+跺脚)	科学	集体教育	
	6.2	提升记忆能力	6.2.1	幼儿能从3件物品(图卡)中记住刚刚呈现的一件			
	6.3	提升概念理解能力	6.3.1	幼儿能根据物品功能进行分类			
			6.3.2	幼儿能分辨3种材质			
			6.3.2	幼儿能正确拿出6~10个数量的东西			
7.社会适应	7.1	发展自我概念	7.1.1	幼儿能认识自己常见的身体部位	社会语言科学	集中教育区角活动生活活动	
			7.1.2	幼儿知道自己家的电话号码			
	7.2	提升环境适应能力	7.2.1	幼儿能适应幼儿园内不同功能的室内环境			
			7.2.2	幼儿能完成简单的任务			
			7.2.3	幼儿能在玩具操作后放回原位			
	7.3	提升人际互动能力	7.3.1	幼儿能接受不同方式的打招呼(如招手、握手、拥抱等)			
			7.3.2	幼儿能以适当方式求助			
	7.4	发展游戏特质	7.4.1	幼儿能在提示下轮流参加游戏活动			
			7.4.2	幼儿能和同伴一起玩简单的合作性游戏(如一起搭积木)			

目标达成情况:0-完全未完成,1-完成25%,2-完成50%,3-完成75%,4-完成100%

活动形式:集体活动,小组活动,个训课

个别化教育计划再评量后对长短期目标进行修订,再结合主题活动,将目标融入主题活动中:

		目标内容	途径	完成时间	教育教学措施	评估和改进
单元主题(小鱼游游游)	语言		通过《彩虹鱼》活动,在教师引导下尝试正确发音"彩虹"	集中教育 个训 家园共育	2019.6.3—9.30	教师引导 多媒体播放 反复模仿练习	
	科学	科学	了解自己的身体部位(嘴巴),并能在老师的引导下摸一下嘴巴	集中教育 个训 家园共育	2019.9.3—9.30	教师辅助 图片演示 反复练习	
		数学	能初步比较较大的书本和较小的书本				
	社会		通过《鱼儿多多》活动,能给小金鱼喂食	集中教育 家园共育	2019.6.3—6.30	教师示范 教师辅助	
	健康		能在垫子上四肢着地向前爬行4米	户外 个训	2019.6.3—6.30	教师示范 教师辅助	
	艺术	音乐	能在教师引导下,伴随儿歌《小鱼儿》将两只手合拢,做小鱼的动作	集中教育 个训 家园共育	2019.6.3—6.30	教师辅助 图片演示 反复练习	已完成
		美术	能在教师提供的图片上涂色,能控制自己不涂在桌子上				
班级教师签字				资源教师签字		

		目标内容	途径	完成时间	教育教学措施	评估和改进
单元主题（小鱼游游游）	语言	感受故事《爱吃水果的牛》中不同的水果	集中教育 个训 家园共育	2019.10.8— 10.31	多媒体播放 教师讲解	
	科学	科学 在教师帮助下知道《水果长在哪里》中的水果长在哪里	集中教育 个训	2019.10.8— 10.31	教师讲解 绘本阅读 教师指导 反复练习	
		数学 在教师辅助下从2张图片中找出与教师手中相同的图片				
	社会	通过观看图片，愿意聆听教师讲解不同水果的名称	集中教育 家园共育	2019.10.8— 10.31	观看图片 教师讲解 观看视频	
	健康	在教师的提示下不捡地上的饭粒吃	户外 个训	2019.10.8— 10.31	教师提示 幼儿示范	
	艺术	音乐 跟随教师的节奏拍手或拍腿	集中教育 个训 家园共育	2019.10.8— 10.31	教师辅助 图片演示 反复练习	
		美术 乐意接受教师手把手地辅助画出大圆和小圆				
班级教师签字				资源教师签字		

【本章摘要】

1.学前融合教育中个别化计划再评量的意义主要体现在：①可以更客观全面地了解学生的进步；②可以更好地监控教师的教学和康复效果；③给教师下一步制定和调整计划提供依据。

2.学前融合教育个别化教育计划再评量的内容包括：①对长短期目标达成度的评量；②对教学策略是否恰当的评估和考核；③对教学环境的评估与考核；④融合班教师

及资源教师对特殊幼儿的评价;⑤特殊幼儿家长的反馈;⑥各领域课程的再评量(学年末及转衔阶段)。

3.学前融合教育个别化教育计划再评量实施的流程包括:①学期末评量(对长短期目标直接评量);②学年末及转衔阶段评量。

4.个别化教育计划评量后修订是根据个别化教育计划再评量结果对特殊幼儿的个别化教育计划、教学策略、教育环境、支持辅助等进行修订。

【复习思考题】

1.个别化教育计划再评量的定义是什么?

2.个别化教育计划再评量的目的和意义是什么?

3.个别化教育计划再评量修订的内容是什么?